LEA S...
DIE F...
DEINER AURA

Wie wir lernen können,
unsere Aura und unsere Chakren
zu sehen, um uns besser
zu verstehen

Aus dem Amerikanischen übertragen
von Wulfing von Rohr

GANZHEITLICH HEILEN
GOLDMANN

Deutsche Erstausgabe

Dieser Band ist bereits als
Goldmann Taschenbuch Nr. 11844 erschienen.

Umwelthinweis:
Alle bedruckten Materialien dieses Taschenbuches
sind chlorfrei und umweltschonend.

Der Goldmann Verlag
ist ein Unternehmen der Verlagsgruppe Bertelsmann

Deutsche Erstausgabe März 1989
© 1989 Wilhelm Goldmann Verlag, München
© 1988 by Lea Sanders and Wulfing von Rohr
© 1987 of the English Version by Lea Sanders
Umschlaggestaltung: Design Team München
Umschlagfoto: G + J/Photonica
Satz: IBV Satz- und Datentechnik GmbH, Berlin
Druck: Presse-Druck Augsburg
Verlagsnummer: 13792
Lektorat: Michael Görden
Ba · Herstellung: Gisela Ernst/sc
Made in Germany
ISBN 3-442-13792-6

4. Auflage

Inhaltsverzeichnis

Einleitung 7

1
Regenbogen, Apfelblüten und der Zauber der Kindheit   13

2
Auf Wiedersehen ihr Bücher, Träume und herrlichen
Flüsse 24

3
Die steinige Straße des Lebens 30

4
Die letzte Grenze unserer Chakren 43

5
Austausch und Wandel im Aura-Feld 61

6
Die Datenbank unserer Vergangenheit 71

7
Veränderung der planetarischen Energie 76

8
Wiederholung von Verhaltensmustern aus der
Vergangenheit 81

9
Vergangenene Leben und vertraute Menschen 92

10
Die Kraft der Chakren 99

11
Gehirn und Bewußtsein 103

12
Das Akzeptieren persönlicher Verpflichtungen 114

13
Die Aura als Schutz 121

14
Die Bedeutung des positiven Denkens 129

Danksagungen 133

Anhang 135

Darstellung der Chakren und Erklärung 145

Einleitung

Lea Sanders wiegte sich langsam vor und zurück in ihrem hochlehnigen, früh-amerikanischen Schaukelstuhl. Ich saß ihr gegenüber. Etwa drei Meter spannungsgeladener Raum trennten mich von ihr und dem Schaukelstuhl, der ihr außerordentlich strahlendes Wesen umgab. Sie war in reines Weiß gekleidet und hatte sich eine rosenrote Blume in voller Blüte direkt über dem Herzen befestigt. Zuerst war ich etwas überwältigt, doch dann machte meine Ehrfurcht einem unerklärlichen Gefühl der Dankbarkeit Platz. Ich fühlte mich geehrt, einen solchen Augenblick erleben zu dürfen.

Da saß ich also, der Moderator und Produzent von »Cosmosis«, einer wöchentlichen Musik- und Talk-Show von Radio Santa Fe, um mir die Arbeit eines zukünftigen Gasts meiner Show anzusehen – und dann war ich es, der eine seltsame Demut in der Gegenwart dieser statuenhaften Frau spürte! Während ich ihr einfach eingerichtetes Wohnzimmer betrachtete, floß mein Herz und meine Seele zu ihr hin – zu jemandem, den ich kaum kannte, und meine innere Stimme sagte: »Es gibt keine Zufälle. Laß sie dir jetzt helfen; später kannst du dann etwas in den Medien für sie tun.«

Trotz der vielen Gäste, die ich im Laufe der letzten vier Jahre für unseren Sender interviewt habe, mit denen ich magische Momente in Diskussionen über das menschliche Potential, Selbsterkenntnis und Tausende von Themen, die unseren gesamten Planeten betreffen, geteilt habe, standen mir nun die Haare zu Berge, und ich hatte eine Gänsehaut im Vorgeschmack auf das, was nun kommen sollte. Lea hatte mir als Vorbereitung für unsere gemeinsame Show angeboten, meine Chakren zu lesen. »Ha!« hallte es durch meinen Kopf, »es gibt keine Zufälle.«

Leas besonderes Talent – oder besser, ihre göttliche Gabe – wurde mir deutlich, als sie mit sanfter und doch bestimmter Art erklärte, was bei einer Sitzung vor sich geht. »Ich lese deine Chakren (das sind Energie- oder Kraftzentren, soweit ich wußte), die Strahlen, die davon ausgehen, die Farben und zum Schluß deine früheren Leben. Ich glaube, daß ›Past Lives‹ ungeheuer wichtig sind«, meinte sie, »denn sie werden von den Farbstrahlen zum Ausdruck gebracht. Wenn unsere vergangenen Leben schmerzhaft waren – und das gilt für neunzig Prozent aller früheren Leben –, dann halten die Zellen so lange an diesen Schmerzen fest, bis wir sie freisetzen.«

Ich dachte an Karma, die Beziehung zwischen Ursache und Wirkung in unseren Leben, und mir wurde klar, daß ich wirklich glaube, daß wir »ernten, was wir säen«. Ich habe immer versucht, die Goldene Regel zu leben »Was du nicht willst, daß man dir tu', das füg auch keinem anderen zu«. Nun haben wir aber schon in diesem Leben so viele Dinge in unserem Unterbewußtsein angesammelt – ganz zu schweigen von karmischen Lektionen, die wir aus früheren Leben mitgebracht haben, um sie heute oder irgendwann in der Zukunft auszuarbeiten.

Während Lea fortfuhr und mir eine Farbtafel mit den verschiedenen Farbschattierungen zeigte und deren emotionale Bedeutung erklärte, wußte ich, daß sie mir eine höhere Wahrheit vermittelte. Jedes Chakra, jede Farbe, hat negative und positive Eigenschaften; und Lea sah diese Farben, ihre Stärke, Form, Richtung und Dimension als ein Ergebnis meines heutigen und meiner früheren Leben, meines Charakters und des innersten Dranges meiner Seele.

Es war klar, daß mein Ego hier bloßgelegt werden würde. Aber wenn ich mich normalerweise versteckt hätte, um meine verwundbarsten Teile zu schützen, fühlte ich hier keinerlei Notwendigkeit. Im Gegenteil, ich fühlte mich so ruhig und ausgesprochen wohl, daß ich mich noch weiter öffnete. Ich dachte: »Vor Gott kannst du dich nicht verstecken«, und wußte einfach, daß Lea Sanders ein Gottesgeschenk für mich war und für jeden, der ihre Wahrheit annehmen kann. Woher wußte ich das? Ich fühlte eine bedingungslose Liebe von ihr ausgehen, verbunden mit einem tiefen Mitgefühl für alle Menschen.

Lea konzentrierte sich auf meine Magengegend und stimmte sich auf meine Schwingungen ein. Ihr Blick schien durch meinen physischen Körper hindurch und darüber hinauszugehen. Obwohl nicht in Trance, empfing sie ganz offensichtlich Informationen aus einer äußerst ungewöhnlichen Quelle. Sie sprach von Liebe und Angst, Selbstvertrauen und Unsicherheit, Verurteilung und Vergebung, Wohlbefinden und Krankheit. Sie sprach von Gegensatzpaaren; vom Yin und Yang des Lebens.

Mit erstaunlicher Präzision beschrieb sie die Generation, zu der ich gehöre: die Moralvorstellungen, die Naivität und den Materialismus der fünfziger Jahre; die Friedensbewegung und den Protest der sechziger Jahre, und pendelte dabei ständig vom Generellen zum Persönlichen und wieder zurück. Generelle Aussagen betrafen die Dynamik sozialer, spiritueller und bewußtseinsmäßiger Veränderungen auf unserem Planeten. Das Persönliche bezog sich auf meinen Charakter, mein Elternhaus, Kindheit, Karriere und meine Beziehungen. Sie ging ständig auf meine Schwächen und Stärken ein und traf aufs genaueste bestimmte Zeiträume und manchmal auch bestimmte Umstände. Jede Wahrheit traf mich ein wenig tiefer, und immer wieder rollten mir Freudentränen über das Gesicht, wenn ich neue Möglichkeiten für mein inneres Wachstum erkannte.

In die persönlichen Aspekte der Sitzung flocht sie immer wieder ein paar prägnante Sätze allgemein philosophischer Natur ein. Sie erwähnte ihre Arbeit mit Obdachlosen und den weniger begünstigten Mitgliedern unserer Gesellschaft. Sie sprach von unserer generellen Unbewußtheit, von der Mißhandlung unseres Planeten, der Vergiftung unseres Wassers und der Erde. Sie erinnerte mich daran, wie verbreitet der saure Regen schon ist, und ich dachte an radioaktive Vergiftung, Unfälle an Atomreaktoren, Industrieabfälle, Ozonlöcher, Terrorismus, Hunger, Krieg und an eine Welt, die aus dem Gleichgewicht geraten ist... Und dennoch war ich von innerem Frieden erfüllt.

Ich schweifte kurz ab und dachte: »Heute ist es wichtiger denn je, daß jeder einzelne sich aufmacht, höhere Wahrheiten zu erkennen, die Macht des Bewußtseins erfährt, und vielleicht, als das Wichtigste von allem: die Macht des Herzens – der Liebe.«

Wie Lea es so schön ausdrückt: »Wir müssen uns selbst erkennen und unsere Beziehung zum Ganzen.« Die Erde ist ein lebendiges, atmendes Wesen, von dem wir ein untrennbarer Teil sind. Wir können kein Wesen, das außerhalb von uns selbst zu existieren scheint, verletzen oder beschränken, ohne uns selbst das gleiche anzutun. Und diese vereinende Kraft, die alles zusammenhält, ist die Liebe.

Vier Stunden später war die Sitzung zum Abschluß gekommen, und ich sah einen neuen, ganz persönlichen Sinn in meinem Leben. Vielleicht gibt es noch mehr Leute wie Lea Sanders – wir können sie weiß Gott gebrauchen! Der eine würde sie vielleicht einen Propheten nennen, ein anderer »Gedankenleser« oder »Lichtbringer«, und was weiß ich noch alles. Ich halte ihre Arbeit für unschätzbar, egal welche Bezeichnung wir ihr geben. Als ein Mensch, der im Medien- und Kommunikationsbereich tätig ist, habe ich mir jedenfalls fest vorgenommen, sie in jeder Hinsicht in ihrem Wirken zu unterstützen.

Alan Hutner, Moderator der »Cosmosis«-Radiosendung, Santa Fe, New Mexico, April 1987.

Wo ein Ursprung ist,
da ist ein Traum,
und dieser Traum heißt Liebe.
Hart wohl zuerst, mit Kampf und viel Querelen,
doch durch die Macht,
die deinem Ziele innewohnt,
kannst du dich nicht verlieren.
Du siehst die Sonne untergehen,
wo andre blind am Ufer stehen.
Du siehst den fernen Stern,
wo andre nicht durchs Dunkel dringen,
und siehst in ihrem Herz verborgen,
was immer je zu finden ist.

Doch mit Hilfe und Führung von innen
beginnst du neue Höhen zu erklimmen,
und die Liebe,
dein höchstes Ziel, wird sich emporschwingen
wie die Vögel
in ihrem wilden, freien Flug.

Stephanie Jo Rogers

1
Regenbogen, Apfelblüten und der Zauber der Kindheit

Es war einmal ein kleines Mädchen, das oft mit seiner geliebten alten Großmutter in der Abenddämmerung saß und ihr die größten Geheimnisse anvertraute. Es erzählte der Großmutter von den schönen Apfelblüten, von Schmetterlingen und Mistkäfern, die sich auf den Rücken rollten und totstellten, wenn sie nicht gestört werden wollten; vor allem aber versuchte sie der Großmutter zu erklären, daß sie Regenbogen um die Leute herum sah. Die Großmutter wollte das nicht glauben, aber das Mädchen beharrte auf ihrer Geschichte, und dann sagte die Großmutter immer: »Erzähle nicht solche Sachen. Laß es gut sein.«

»Großmutter, warum sind die ganzen Farben so schön?«

»Red nicht über Regenbogen um Leute herum, Kind. Das sieht kein Mensch, und du tust anderen weh.«

Das konnte das kleine Mädchen nicht verstehen; aber es ging zu Bett und träumte von den wunderbaren, farbigen Regenbogen, die um alle, die sie lieb hatte, herumtanzten. Im Traum brauchte sie sich keine Mühe zu geben, etwas anderes zu sehen, als das, was da war, denn im Traum ist alles richtig.

Ihr Onkel Woody, der gerne malte und Zeichnungen machte, war grün. Die Erwachsenen sagten, er sei ein schöpferischer Mensch, und so lernte das kleine Mädchen, daß das hübsche Kieferngrün bedeutete, daß Leute gerne etwas herstellen. Da waren auch andere grüne Leute, wie der Onkel Wayne, der immer Geldsorgen hatte. Sein Grün lag irgendwo zwischen grün und braun, und diese Farbe gefiel ihr nicht besonders, obwohl sie den Onkel selbst sehr lieb hatte. Er war immer pünktlich. Er kümmerte sich besser als alle anderen um ihren Fuß, als sie sich einen rostigen Nagel hineingetreten hatte, während sie dem Rotkehlchen hinterherrannte, das gerade mit einem fetten Wurm davongeflogen war. Im Land der Träume hatte alles seinen Sinn, denn jeder weiß schließlich, daß man dort nichts zu verändern braucht und niemand im Traumland schöne, bunte Farben verachtet.

Das kleine Mädchen wußte, daß die Regenbogen um die Leute in dieser Welt herum genauso schön waren, wie die in der Traumwelt. Aber die Erwachsenen wußten das nicht, und so versuchte das Mädchen, die Menschenregenbogen in ihr Traumland mitzunehmen und niemandem etwas davon zu verraten. Und so war es nicht verwunderlich, daß es alle Leute, die es kannte, in bunten Farben sah, aber keinem Erwachsenen viel davon erzählte. Sie war ein liebevolles Kind und wollte niemandes Gefühle verletzen.

Sehr viel später, als die Großmutter sie einmal fragte,

ob sie sich an die Zeit erinnern könnte, in der sie Farben aus den Menschen herauskommen sah, verfärbte sich die Großmutter und wurde ganz seltsam rosa und sah verlegen aus. Von da an wußte das Mädchen, daß verlegene Leute einen tiefrosa Regenbogen ausstrahlen. Das war allerdings nicht das gleiche Rosa wie das ihrer Tante, wenn sie ihr liebevoll die Haare bürstete. Sie lernte früh, daß Liebe sich in einem schönen, weichen Rosa zeigt, und diese Schattierung war ihr die liebste Farbe von allen.

Eines Abends, als sich ein Regenbogen über den Himmel spannte, fragte sie ihre Großmutter, ob man ihn wohl einfangen könnte.

»Nein«, sagte die Großmutter, »aber wenn es dir doch irgendwann gelingt, dann findest du am einen Ende einen Goldschatz und am anderen Ende ein Kleid in den Farben des Regenbogens.«

»Wie fühlt sich ein Regenbogen an, Großmutter?«

»Das weiß ich nicht. Ich habe noch keinen gefühlt.«

»Wo geht er hin, wenn er verschwunden ist?«

»Ich weiß es nicht, Kind. Warum fragst du so alberne Sachen?«

Das kleine Mädchen wußte, daß es irgendwo einen Regenbogen finden würde, aber wahrscheinlich mußte es das ganz allein schaffen. Offenbar war es genauso sinnlos, über Himmelsregenbogen zu sprechen wie über Menschenregenbogen, und so war das Mädchen einfach ganz still und fühlte den eigenen Regenbogen.

Das kleine Mädchen verbrachte viel Zeit in seinem eigenen Zimmer im oberen Stockwerk des Hauses und betrachtete die geliebten Menschen seiner Familie dort unten auf dem Hof. Immer sah es die Regenbogen um diese geliebten Seelen herum, die es so gut kannte. Der Regenbogen der Großmutter war der schönste von allen. Sie hatte viel von dem kreativen Grün, das auch der Onkel Woody hatte. Wenn sie Gedichte schrieb, und das tat sie oft, dann floß das Grün überall um die Großmutter herum, bis auf den Fußboden. Wenn sie die Blumen, die das kleine Mädchen auf den Bergen gepflückt hatte, in eine Vase stellte, sah sie auch grün aus. Wenn sie einen Kuchen mit weißem Zuckerguß übergoß, war sie völlig in dieses Grün getaucht. Das kleine Mädchen meinte, daß das Grün doch eigentlich auf den Kuchen abfärben müßte, aber das tat es nie.

Manchmal, wenn die Großmutter die Damen von der Kirche zum Tee einlud, nachdem sie vorher stundenlang das Silber und alle Gläser geputzt hatte, dann hatte sie merkwürdige orangefarbene Flecken. Das verstand das kleine Mädchen nicht, denn es war noch zu jung, um zu verstehen, daß selbst Erwachsene manchmal etwas vortäuschen. Aber wenn die Großmutter es auf ihrem Schoß wiegte und ein kleines Lied summte, dann war alles in perfekter Ordnung. Dann wünschte es, daß dieses Gefühl nie aufhören würde und es der Großmutter für immer zuhören könnte, während die rosa Liebe weit über ihren Kopf hinausstrahlte und wieder auf das kleine Mädchen herabrieselte, bis es glücklich einschlief.

Der Großvater hatte mehr Blau an sich als irgend jemand sonst in der Familie. Er meinte, daß alles auf ganz bestimmte Art getan werden sollte, und wenn das nicht geschah, dann verfärbte sich sein Regenbogen, wurde ganz, ganz rot und die Großmutter sagte: »Also John, denk lieber noch mal darüber nach, bevor du allzu böse wirst.« Und so lernte das kleine Mädchen sehr bald, daß Rot Wut bedeutete. Es war ein sehr unangenehmes Gefühl, wenn jemand böse oder unglücklich war. Aber am Sonntag, wenn die Nachbarn in ihren Sonntagskleidern zu Besuch kamen und im Wohnzimmer saßen, dann sprach der Großvater davon, wie jeder dem anderen helfen sollte, und die weichen blauen Farben flossen ungehindert aus seinem Herzen heraus. Dann sah der Großvater froh aus, und das kleine Mädchen wußte, daß er ein wundervoller Mann war und alle Menschen sehr lieb hatte. Nicht so wie die Großmutter mit ihrem Rosa, die imstande war, die Leute in die Küche zu schleppen und ihnen selbstgebackenes Brot anzubieten – der Großvater liebte alle auf eine Weise, die ihnen das Beste wünschte.

So wuchs das kleine Mädchen heran, und die Apfelblüten öffneten sich für sie, die Schmetterlinge trieben im Wind, und die Eichen ließen ihre Früchte fallen, aber nie gelang es ihr, einen Regenbogen einzufangen. Sie hatte einen guten Blick, und wenn sie den Leuten in die Seele hineinsah und durch Wände hindurchblickte, dann kam es ihr vor, als hätte sie die Augen der Adler, die ihre Nester auf die hohen Klippen zu beiden Seiten ihres Hauses bauten. Niemand in der ganzen Familie hatte Augen wie sie, und alle sahen ganz verstört aus, wenn sie versuchte ihnen zu erklären, was sie wahrnahm.

Eines Tages lag sie in einer Wiese von hochgewachsener Luzerne mit ihren lavendelfarbenen Blüten. Sie hatte sich genausogut versteckt wie die kleinen Faune, denen sie tiefer im Wald begegnet war, und wußte, daß der große Adler über ihr in der Luft sie sehr wohl sehen konnte und sich überlegte, ob sie nicht eine gute Mahlzeit für ihn abgeben würde. Da wurde sie plötzlich ganz traurig und fragte sich, ob die Familie sie aus diesem Grund nicht mochte, daß sie Augen hatte, die sahen, was niemand sonst sah. Sie betrachtete ihren eigenen Körper. Vielleicht war sie zum Teil ein Adler und gar kein kleines Mädchen! Aber nein, sie sah genau wie ein kleines Mädchen aus. Dann gewahrte sie eine Libelle, und diese hatte einen so seltsamen Körper und ein transparentes Licht darum herum, daß sie sofort wieder alles vergaß und hinter der Libelle herjagte. Jeder Tautropfen auf jeder Luzerne war ein Regenbogen, zu einem winzigen Ball zusammengerollt. Der ganze Himmel über den violetten Blumen war samtblau. Am Rande eines Wassergrabens stand eine würdevolle alte Sonnenblume und tropfte gelbe Lichter von ihrem Gesicht auf ihre Blätter. Für einen Moment wunderte sich das Mädchen, warum die Blumen Lichter in der Farbe ihres Gesichts abgaben, die Libelle aber nur ein durchsichtiges Licht hatte. Sie hielt sich nicht lange damit auf, denn kleine Mädchen im Märchenland sehen so viele interessante Sachen, daß sie keine Zeit haben, sich lange mit Einzelheiten aufzuhalten.

So tanzte sie in kindlicher Unschuld über die Wiesen, aber nie gelang es ihr, einen Regenbogen einzufangen. Statt dessen formten die Farben einen hohen Bogen über ihrem Kopf, und daraus lernte sie allmählich ihre Bedeutung zu erkennen. Was sie sah und lernte aber verbarg sie vor den anderen, denn die anderen in der Menschenwelt wollten nichts über ihre Wunderwelt hören.

»Ich muß den Goldschatz und das schöne Kleid am

anderen Ende des Regenbogens finden«, rief sie, als sie aus dem Haus rannte, über die Felder und in die Kiefern- und Wacholderwälder hinein. Da tanzten die Farben und sangen ihr Lied. Sie verlangsamte ihren Schritt und wiegte sich mit ihnen und vergaß, weshalb sie eigentlich gekommen war, bis es Zeit wurde, wieder nach Hause zu gehen.

So wuchs das kleine Mädchen in einer glorreichen Stille auf, während Farben in ihren zartesten Schattierungen sich vor ihr auftaten – alle verschieden und doch aus einem Licht. Das blaue Himmelsrund stand still, während sie nur schaute und staunte und sich selbst über all den Farben vergaß.

Je mehr sie lernte, desto klarer wurde ihr, warum ihr eigener Körper sich nun mit gelben Strahlen umgab. Auf einmal sah sie, daß die Farben um die Leute herum sich ausdehnten, wenn sie sie betrachtete, und manchmal schwammen Bilder aus anderen Zeiten herauf, wie auf einer Wendeltreppe, in den Farben, die aus ihren Köpfen herauskamen. Nie wußte sie, was sie als nächstes sehen würde. Manchmal sah sie gar nichts; zu anderen Zeiten sah sie Bilder und Formen, aber die Figuren trugen altmodische Kostüme, wie die Leute in ihrem Geschichtsbuch. Das war alles sehr schön anzusehen, bloß fühlte sie sich immer schuldbewußt, wenn jemand sie dabei ertappte, andere Menschen zu beobachten. Es war leider nicht möglich, ihnen klarzumachen, daß sie die Leute nur noch mehr liebte, wenn diese Figuren aus ihren Köpfen kamen. Aber solange sie andere nicht allzu offen anstarrte, kümmerte sich kaum einer um sie, und so begnügte sie sich damit, einfach neben den Leuten zu stehen und die Figuren zu beobachten, die in herrlichen Farben in die Höhe stiegen und sich in der blauen Luft verloren.

Ihr Lieblingsfach in der Schule war »Fremde Länder«. Dort lernte sie, daß der Onkel Woody mit all seinem Grün Gestalten über dem Kopf schweben hatte, die von ihrem Lehrer als Eingeborene des fernen Indien beschrieben wurden. Wenn Onkel Woody darüber sprach, daß die Regierung die Armen unterstützen sollte, dann strömte das Blau so schnell aus ihm heraus, daß man kaum noch das Grün sah, welches er beim Malen hatte. Figuren von Mönchen kamen ebenfalls aus ihm heraus, und sie fragte sich, ob Mönche genauso interessiert an der Unterstützung von Hungernden waren wie Onkel Woody.

Aber die Tante Ora war hübscher als alle anderen in der Familie. Alle bezeichneten sie als eine Schönheit, obwohl sie selbst nicht schöner war, als die lieblichen Frauengestalten, die sich unter das Rosa, Grün und Blau mischten, welches sie ohnehin umgab. Außerdem hatte Tante Ora ein wunderbares weißes Licht um sich, und wenn sie in einem Buch las, hatte sie einen gelblichen Schimmer. Aber das hielt nie lange an, weil sie sich gern bewegte und aktiv war, und dann kehrten die Blaus, Grüns und Rosas zurück. Nachdem sie sich verliebt und geheiratet hatte, war oft ein leuchtendes Rot in ihren Farben. Das kleine Mädchen fragte sich, ob die Frauengestalten, die aus Oras Kopf kamen, auch rote Flecken hatten. In der Schule lernte sie dann, daß die wundervollen Kostüme dieser Frauen an den alten Königshöfen Englands getragen wurden und daß Leute, die sich besonders aufputzten, viel Rot um sich herum haben.

Im Frühling konnte sie sich die Energieschwingungen um die neuen Blätter und Gräser herum anschauen. Die Obstblüten hatten die phantastischsten Dinge um sich herum, während die Bienen über ihren Kelchen schwebten und die Farben in alle Richtungen verteilten. Der Sommer mit all seinem Wachstum machte ihr große Freude. Sie liebte auch den Herbst mit seiner Erntezeit, aber den Winter mit seinem Frost liebte sie am meisten. Sie stellte sich den Herrn Frost als einen kleinen, weißgekleideten Mann vor, der nachts schöne Bilder an ihr Fenster malte, während sie schlief. Seine Bilder waren immer meisterlich und vollkommen; manchmal waren es Palmen, manchmal das zarteste Farnkraut, aber immer befand sich über den winzigen, verzweigten Mustern ein Energiemuster, das genauso geformt war wie das Original. Jeden Morgen betrachtete sie diese Muster – bis die Hitze von Großvaters neu entfachtem Ofenfeuer alles zerschmolz.

Das Leben war spannend. Das kleine Mädchen schaute seiner Großmutter gern bei der Arbeit zu, denn alles, was die Großmutter tat, war bunt. Am hübschesten sah es aus, wenn die Großmutter Butter machte. Im Winter war die Sahne nicht so gelb wie im Sommer, wenn die Kühe grünes Gras gefressen hatten. Die Großmutter färbte die Butter dann mit einer geriebenen Karotte, die sie in heißer Milch eingeweicht hatte und über die abgekühlte Sahne goß. Das machte die Sahne fast orange und die geschlagene Butter schön gelb. Die Karottenfarbe war am interessantesten. Das Orange stieg hoch in die Luft, dann brachen sich die Strahlen und explodierten in allen möglichen geometrischen Formen. Aber wenn die Großmutter die Karotte in die heiße Milch senkte, verschwanden alle Farben, und dann tat sie dem kleinen Mädchen richtig leid.

Die Familie und alle Freunde hielten sich am liebsten in der großen alten Küche des Hauses auf, während das Wohnzimmer nur sonntags und wenn der Pfarrer kam benutzt wurde. Das kleine Mädchen fühlte sich in der Küche am wohlsten, denn sie war weißer und röter als alle anderen Zimmer. Da hingen rote und weiße Geranien, die alle ihren eigenen Glanz über ihre Blätter schütteten. Die Großmutter saß immer am östlichen Küchenfenster in ihrem Schaukelstuhl und nähte, während sich ihr Rosa in die Luft erhob und wieder auf sie herunterfiel. Die Farben all der geliebten Menschen flossen um ihre Körper herum; das Kiefernholz brannte im alten Kamin und wärmte diesen Lieblingsraum und machte ihn so gemütlich, daß das kleine Mädchen vollkommen glücklich war und die Welt ganz in Ordnung schien. In diesen Momenten gefiel ihr die Menschenwelt fast genausogut wie die Regenbogenwelt.

Sie konnte einfach nicht begreifen, warum keiner diese Welt mit ihr teilen konnte. Da gab es so unendlich viel zu sehen, daß der Tag schon vorüber war, bevor sie es überhaupt merkte! Da spielten die Hasen miteinander, da rannten Eichhörnchen hinter den Krumen her, die sie ihnen hingeworfen hatte. Sie trugen sie zu ihrem Bau und kamen wieder angerannt, um mehr zu holen. Das kleine Mädchen hockte sich auf den Boden und betrachtete still für sich, was für Energien um die Eichhörnchen herumtanzten. Sie waren den Menschen nicht unähnlich. Wenn sie gierig waren, bog sich ihre Energie an beiden Enden hoch. Wenn sie wütend waren, zuckte die Energie blitzartig hin und her. Die Farben der Tiere waren nicht dieselben wie die der Menschen, aber man sah, daß sie sich doch in den gleichen Mustern bewegten. Und so beobachtete sie die Energie der Tiere stundenlang, um herauszufinden, wie diese sich fühlten. Indem sie die Blumen, die Bäume und die Geschöpfe des Waldes verstehen lernte, verstand sie auch, daß alle wilden Kreaturen im Regenbogenland in Harmonie miteinander lebten. Die kleinen Tiere des Waldes machten es sich in ihren Nestern und Höhlen bequem, wenn der Abend kam und bevor die großen Raubtiere, deren Futter die Kleinen waren, aufwachten. Die kleinen Käfer und Ameisen beeilten sich, nach Hause zu kommen, und waren schon fest eingeschlafen, wenn der Mond über den Bäumen aufging.

Von dem Gott der Pfarrer und Priester wußte das Mädchen nicht viel. Aber wenn sie in der Abenddämmerung nach Hause lief und sich den letzten Streit zwischen einer Elster und einem Eichelhäher anhörte, dann spürte sie eine maßlose Energie – größer noch, als die der Großmutter – und diese Energie hielt alle Welten zusammen. Sie konnte diese Energie nicht sehen, aber sie wußte, daß sie dennoch existierte. Wenn sie im Hof ihres Hauses angelangt war, dann begann das Mondlicht schon mit Großmutters Stockrosen zu verschmelzen. Es machte nichts, daß die Großmutter schimpfte, weil sie so lange im Regenbogenland geblieben war. Das Gefühl dieser ungeheuerlichen Energie brachte alles ins rechte Lot.

2
Auf Wiedersehen, ihr Bücher, Träume und herrlichen Flüsse

Meine Welt bestand hauptsächlich aus Regenbogen, Schmetterlingen und Apfelblüten – bis ich sechs Jahre alt war und meine kleine Schwester starb. Drei Jahre darauf starb auch mein kleiner Bruder. Die Erwachsenen sprachen dann von einer dunklen Wolke, die über dem Haus hängt, wenn jemand stirbt, und vom Himmel und den Engeln. Mein einfaches Gemüt begann sofort, viele Fragen zu stellen. Ich wußte, daß ich nicht zum erstenmal lebte und daß Schwester und Bruder zurückkommen würden, um wieder bei uns zu sein, und fragte mich ständig, warum die Großen das nicht sehen konnten. Ich sehnte mich nach meinen Geschwistern, aber mehr noch nach einem Menschen, mit dem ich über die Farben reden konnte, die ich überall sah. Ich war vollkommen überzeugt davon, daß die beiden in neuen Körpern zurückkommen würden.

Die Zeit verging; ich war zwölf Jahre alt, und mein Körper begann, sich zu entwickeln. Ich las Liebesgeschichten und fing an, mich für das andere Geschlecht zu interessieren. Und die ganze Zeit wußte ich, daß ich meine Hellsichtigkeit und meine seltsame Gedankenwelt verbergen mußte. Mein Aussehen war mir wichtig, und ich trug mein braunes Haar nun in Locken anstelle von Zöpfen. Ich bemalte mir die Lippen und begab mich, ganz allgemein, in den oberflächlichsten Abschnitt meines Lebens. Noch immer ritt ich allein auf meinem alten Pferd über die Mesas, aber nun träumte ich von einem phantastischen Mann, der kommen und mich heiraten würde. Edel, liebevoll und zartfühlend war er, und er verstand mich total. Er sah die Farben um die Leute herum, genau wie ich, und wenn er mich endlich gefunden hatte, dann konnten wir darüber sprechen...

So verschwand das »Kind des Waldes« allmählich, und ich wurde geselliger. Die anderen jungen Leute mochten mich gut leiden, solange ich mit ihren Ansichten übereinstimmte. Auch junge Männer mochten mich, und ich entwickelte geniale Fähigkeiten, ein Interesse meinerseits vorzutäuschen. Aber ich wußte, was sie sagen würden, bevor sie das nächste Wort aussprachen. Ich las ihre Gedanken und spielte die Unwissende. Nur wenn ich allein unter den Apfelbäumen und im Wald spazierenging, war ich noch ich selbst.

Und dann war ich dreizehn. Eine meiner Großmütter war gestorben, und nun gab die andere ihr Bestes, um aus mir eine wohlgesittete junge Dame zu machen. Ich war auch zu dieser Zeit schon fast unbelehrbar, aber der biologische Trieb der Jugend war stark genug, mich zu anderen jungen Leuten hinzuziehen und diese zu mir. Woher sollte ich wissen, daß Gott mir damals half, andere zu verstehen, um mich später zum Heiler zu machen? Damals wußte ich noch nicht, daß ich eine Vorreiterin werden, die Menschen heilen und ausbilden sollte, während unser alter Planet ins Wassermannzeitalter eintrat. Zu dieser Zeit war meine Energie fast ausschließlich auf mich selbst gerichtet, und ich glaubte fest daran, daß eine Welt der vollkommenen Liebe auf mich wartete, sobald der »Richtige« daherkam.

Als ich fünfzehn war, kam der Krieg, und die jungen Männer in meinem Bekanntenkreis gingen fast ausnahmslos nach England, um Bomben über Europa abzuwerfen. Einer nach dem anderen kam dabei ums Leben. Die Wochenzeitung in New Mexico veröffentlichte jede Woche eine Liste der Toten, und jedesmal war jemand dabei, den ich persönlich kannte. Die Bauernjungen aus unserer Gegend hatten sich am Tage nach Pearl Harbour alle freiwillig gemeldet, und diese ersten Kriegsfreiwilligen traf es am schlimmsten. Ich war mit diesen Jungen aufgewachsen, im Schulbus mit ihnen gefahren und hatte ihnen später Briefe ins Ausland geschickt; aber trotz aller Unterstützung, die sie von unserer kleinen Gemeinde erfuhren, kam nur einer von ihnen lebend zurück.

Wenn ich heute meinen Klienten aus früheren Leben lese, muß ich oft an sie denken, denn ich treffe andauernd auf junge Leute, die den Krieg absolut verabscheuen. Einige davon sind Wehrdienstverweigerer, die keinem Aufruf der Regierung folgen würden – so sagen sie zum mindesten. Sie erinnern sich an ihre Jugend im Zweiten Weltkrieg, an ihren Tod und daran, wie ihre Körper in Stücke zerrissen wurden. Oder wie sie mit ihren Flugzeugen abgestürzt sind. Dann versuchten sie vielleicht, in ihre zerfetzten Körper zurückzuschlüpfen, aber vergeblich. Und dann erinnern sie sich daran, daß sie mutlos und traurig zur anderen Seite gingen und sich selber schworen, nie wieder zu kämpfen.

Manchmal, wenn jemand vor mir sitzt und mir aus seinem vergangenen Leben im Zweiten Weltkrieg erzählt, dann frage ich mich, ob er einer dieser Bauernjungen ist oder einen davon kannte. Diese Leute sagen, daß sie nie wieder in einen Krieg ziehen, und wenn genügend Seelen das gleiche sagen, dann können die Politiker sich anstrengen soviel sie wollen – keiner von diesen Jungen wird ihnen gehorchen.

Keiner meiner bisherigen Klienten ist in Vietnam ums Leben gekommen. Vielleicht haben die Vietnamkämpfer ihre Pflicht getan und den Planeten gereinigt, oder sie warten die weltweite Bewußtseinsveränderung erst ab, bevor sie zurückkommen. Ich glaube, sie warten, bis sie auf eine gereinigte Erde zurückkehren können.

Mitten im Zweiten Weltkrieg verliebte ich mich in einen Mann, der sich weigerte, freiwillig in den Krieg zu ziehen. Zur gleichen Zeit machte ich meinen Pilotenschein und flog Passagiere von Dalhart in Texas nach Amarillo, wo sie Anschluß an die Hauptfluglinien hatten. In meiner Erinnerung sind Verliebtsein und Fliegen seither untrennbar verbunden. Ich schwärmte vom Fliegen, und hoch über der Erde dachte ich oft an die Buntheit meiner Kindertage. Noch immer sah ich Farben um die Leute herum, aber ich hatte es längst aufgegeben, auf jemanden zu hoffen, der die Schönheit der Aura so zu schätzen wußte wie ich. Das Wort »Aura« war mir damals noch nicht geläufig, aber das tat ihrer

Bedeutsamkeit keinen Abbruch, denn jeder lief schließlich in seinem eigenen Regenbogen herum.

Mein Ehemann war ein Mensch mit einer starken Ausstrahlung, und in den nächsten Jahren entwickelte ich mich unter seinen Fittichen, und wir führten ein sehr viel anspruchsvolleres Leben als das, was ich von meiner Landjugend her gewohnt war. Ich lernte viel von den Leuten, und allmählich wußte ich, was die einzelnen Chakra-Strahlen bedeuteten, ohne je eine Person gefunden zu haben, mit der ich über Chakren reden konnte. Niemand sonst sah irgendwelche Farben. Das Wort »Chakra« selbst gehörte noch nicht zu meinem Vokabular.

Ein paar Monate nach dem Ende des Krieges zogen mein Mann und ich nach Montana. Das nördliche New Mexico war von der Landwirtschaft geprägt und sehr konventionell, und in den vierziger Jahren waren die Leute dort noch sehr unschuldig. Aber Montana, das »Land des weiten Himmels«, übertraf alles andere an Spießbürgerlichkeit. Im stillen dachte ich, daß ich meine Regenbogen besser begraben sollte – aber gleichzeitig sagte ein kleiner Rebell in meinem Herzen: »Absolut nicht!«

Fünf weitere Jahre vergingen. Das waren glückliche Jahre, in denen ich meinem Mann bei der Geschäftsführung half, meine beiden wunderbaren Kinder bekam und heimlich jubelte, als ich die Großmutter, die in meinem zehnten Lebensjahr gestorben war, wieder als kleine Tochter in den Armen hielt. Mein Junge war mir ebenfalls schon von einem Bild aus meiner Kindheit bekannt. Man hatte mir erzählt, daß mein Onkel Mort, der jüngste Bruder meines Großvaters mütterlicherseits, im Ersten Weltkrieg einen Heldentod gestorben war. Während ich heranwuchs, war er immer ein Gegenstand großer Bewunderung gewesen, und ich hatte mich oft gefragt, woher ich den Onkel schon kannte. Selbst damals wußte ich, daß zwischen mir und diesem Kriegsopfer eine ganze besondere Verbindung bestand. Vielleicht haßte ich den Krieg deshalb schon damals so sehr. Zwanzig Jahre nachdem er in Flanders Feldern in Frankreich gefallen war, lüpfte ich die Decke, in die das Neugeborene gewickelt war, und sagte als erstes: »Onkel Mort, du bist ein süßer Kerl.« Eine Seele war zurückgekehrt, um mit einem altbekannten Freund zusammenzusein. Umgeben von unserem Regenbogenlicht wandern wir auf unserem Lebensweg, wieder und wieder mit altbekannten Seelen aus früheren Leben. Noch heute stehen die Fotos von Onkel Mort und meinem Sohn nebeneinander im Gästezimmer. Beide Bilder sind aus der Zeit ihres Schulabschlusses, und Besucher können nicht glauben, daß es sich hier um zwei verschiedene Personen handeln soll.

Die nächsten fünf Jahre vergingen, während wir eine Familie großzogen. Aber gleichzeitig sah und lernte ich mehr und mehr auf dem eigenen Weg, und immer öfter kamen Freunde mit ihren Problemen zu mir. Eine neue Seite in meinem Lebensbuch wurde aufgeschlagen und ich ergab mich meinem Schicksal, denn dieses Schicksal war von Regenbogen umringt.

3
Die steinige Straße des Lebens

Nachdem viele Jahre vergangen und mein Haar ergraut war, hatte ich meine meisten Fragen über die Energiezentren des Körpers beantwortet, und das war gut, denn nun war meine Reifezeit gekommen. Ich hatte mir schon immer Zeit zum Lesen genommen, auch wenn der Wald und die Tiere mir sehr viel bedeutet haben. Ich beschäftigte mich gerne mit Erdkunde und den Kulturen fremder Länder. Mit der Zeit hatte ich ein tieferes Gefühl dafür bekommen, wer ich selbst war, und mich an viele frühere Leben erinnert. Meine Freunde und Bekannten glaubten nicht an frühere Leben, aber ich wußte, daß ich nicht nur einmal, sondern schon viele Male auf dieser Erde war.

Wenn ich mich im Spiegel betrachtete, war meine Aura schon ziemlich groß geworden, und ich wußte, daß sie verborgene Dinge über das Seelenleben offenbarte, frühere Leben eingeschlossen. Ein Leben, das mich nie losließ, habe ich seit meinem zweiten Lebensjahr ständig im Traum erlebt. Im Alter von zwei Jahren hatte ich noch nie eine Kobra gesehen, und doch hatte ich im Traum eine Kobra am Hals gepackt. Ich würgte diese Schlange, die so völlig anders als die Klapperschlangen und Vipern meiner Heimat in New Mexico aussah. Ich hielt diese Schlange in die Höhe, während sie mit ihrer ganzen Länge ausholte und meinen Körper peitschte. Ich ließ nicht los, bis sich ihre Augen verglasten und ich wußte, daß sie tot war. Dann ließ ich sie fallen und wachte schreiend auf. Mein ganzer Körper war schweißgebadet, und ich hatte eine grauenhafte Angst. Mein lieber Vater wachte jedesmal auf und tröstete mich, aber hinterher war meine Energie noch für Stunden völlig verändert. Dieser Traum kam mir immer wieder, bis ich vierzig wurde. Ich bekam ein Buch in die Hände, das die Handlungen in meinem Traum als Einweihungsritual für die Heiler an ägyptischen Königshöfen beschrieb. Nun verstand ich, wie dieser Traum zu anderen Erinnerungen paßte, in denen ich mich am Ufer des Nils der Antike befand. Nachdem ich dieses Buch gelesen hatte, kam der Traum nie wieder. Im tiefsten Grunde meines Herzens wußte ich allerdings schon als Zweijährige, daß der Traum etwas mit meinen früheren Leben zu tun hatte.

Ich war fünf, als eine kleine Schwester in unsere Familie hineingeboren wurde. Ich liebte sie sofort mit einer Intensität, die mich ahnen ließ, daß sie meine eigene Tochter in einem früheren Leben gewesen war. Ich wußte, daß wir in einem kleinen Haus mit Strohdach in England gelebt hatten. Ein Teich und viele bunte Blumen waren in der Nähe des Hauses. Ich war mit einem jungen Mann verheiratet, der bei einem benachbarten Bauern angestellt war, und ich hatte das Kind tagelang ständig nur in meinen Armen gewiegt und die winzigen Ringellöckchen auf seinem Haupt bewundert. Das Kind war noch im Säuglingsalter, als ich es eines Tages in der Wiege zurückließ, um meinem Mann das Abendbrot zu bringen. Als ich zurückkam, war das Kind tot. Damals, im sechzehnten Jahrhundert, war der Schock eines Wiegentodes nicht geringer als heute. Ich trauerte für den Rest meines Lebens, und selbst im jetzigen Leben hatte ich Angst, meine Kinder alleine im Zimmer zu lassen, solange sie noch klein waren.

Als mir dieses Kind in Form meiner Schwester zurückgegeben wurde, war ich genauso hingerissen wie ihr Vater, der im letzten Leben ihr Ehemann gewesen war. Unsere Liebe war groß, aber schon nach zwei Monaten bekam sie eine Lungenentzündung und starb aufs neue. Heute weiß ich, daß man bestimmte Verhaltensmuster formt, auch was den Tod betrifft, und daß diese Verhaltensmuster manchmal schwer zu verändern sind. Möglicherweise bleiben die Seelen aber auch aus freien Stücken nur eine kurze Zeit, um das Bewußtsein der anderen zu fördern. Wir lernen durch Leiden, und der Schmerz, den mein Vater und ich durchlitten, als wir dieses Baby zum zweiten Mal verloren, war groß. Aber ich bin sicher, daß unser Bewußtsein sich dadurch erweitert hat.

Wenn jemand bezweifelt, daß wir uns immer wieder in dieselbe Familie inkarnieren, bin ich immer bereit, meine eigene Familiengeschichte zu erzählen. Neun Monate nachdem die erste kleine Schwester am 15. Januar 1934 gestorben war, erschienen Zwillingsbrüder auf der Bildfläche, und diese zwei tauchten auch später bei Rückblicken auf meine früheren Leben wieder auf.

Einer war mein Bruder in einem Steinzeitleben, in dem wir beide Krieger waren; zu der Zeit, als die Steinzeit dem Bronzezeitalter Platz machte. Dieses Leben wird nachfolgend im Buch behandelt. Der andere Zwilling, den ich ständig bemutterte, kehrte auch mehrmals zu mir zurück. Eines der gefühlsmäßig bewegtesten Leben spielte sich in der Schweiz des 16. Jahrhunderts ab. In diesem Leben hatte ich sechs Kinder und starb im Kindbett, als dieser Zwilling sechs Jahre alt war. Die ganze Familie hatte sich um mein Sterbelager versammelt, und in den letzten Minuten meines Lebens schrie er wutenbrannt: »Warum verläßt du mich?«

Im jetzigen Leben wurde dieses Kind genau zwei Jahre und 27 Tage alt, bevor es ins Jenseits ging. Ich, als damals Achtjährige, fühlte mich bei seinem Hinscheiden, als würde ich mein eigenes Kind beerdigen. Ich kletterte auf einen meiner Apfelbäume und saß dort ganz allein, während mir das Herz zerbrach. Dort ließ ich meine Kindheit zurück, und eine unglückliche kleine Erwachsene nahm von ihren Büchern, Flüssen, Apfelblüten und Träumen Abschied.

Das Seltsame an den Inkarnationen aus dieser Zeit war, daß mir jeder Hellseher in den nächsten zweiunddreißig Jahren sagte: »Wissen Sie, daß ein kleiner Junge zu Ihren Füßen sitzt?«

»Ja«, antwortete ich und sandte meinem kleinen Bruder einen Liebesstrom, wie er dort an meinen Knien hing. Als ich selbst eine Familie gründete, hoffte ich, daß er durch mich zurückkommen würde, aber er war keines der beiden Kinder, die ich zur Welt brachte, obwohl diese ebenfalls schon früher zur Fa-

33

milie gehörten. Die Medien sagten immer noch: »Sie haben einen kleinen Jungen neben sich stehen.«

Neunzehn Jahre später, als meine Tochter ihr erstes Kind bekam, hatte er es immer noch nicht eilig. Den Ärzten zufolge hätte er am 10. Dezember 1967 zur Welt kommen müssen. Ich blieb den ganzen Monat bei meiner Tochter in San Diego, bis er endlich am 15. Januar 1968 geboren wurde – genau 34 Jahre nachdem er als Zwilling geboren und 32 Jahre nachdem er gestorben war. Er blieb vier Wochen länger im Mutterleib, als die Ärzte vorausgesagt hatten, und wurde am selben Tag wie in seinem letzten Leben geboren. Er wog beinahe zwölf Pfund, und so fing er gleich gut an. Ich wußte sofort, wer er war, kaum daß ich ihn – diesmal als meinen Enkelsohn – in den Armen hielt. Zweimal schon in diesem Leben war er zu mir gekommen. Es ist wohl überflüssig zu sagen, daß die Medien nun keinen kleinen Jungen mehr neben mir stehen sahen.

Aber hier endet die Geschichte keineswegs. Zehn Jahre später hatte ich das Gefühl, nicht länger im Geschäft bleiben zu können, und ich entschied mich, den Ort, an dem ich meiner gesamten Familie nahe gewesen war, zu verlassen. Die Zeit war reif, da ich mich Gott und mir selbst verpflichtet fühlte, an einen Platz zu gehen, wo ich mich ganz der Arbeit mit anderen widmen konnte. Die Zeit des Heilens war gekommen. Meine Fähigkeit, Chakren zu sehen, war mittlerweile voll ausgereift, und ich mußte sie anwenden. Meine Familie verstand das nicht und sträubte sich dagegen, aber mein Enkelsohn äußerte nicht nur Mißfallen, sondern war regelrecht wütend. Er schaute mich mit flammenden Augen an und fragte: »Warum verläßt du mich?« Dasselbe hatte er im 16. Jahrhundert in unserem Schweizer Leben zu mir gesagt. Es bedarf keiner weiteren Erwähnung, daß ich diesen Enkel über alles liebe. Er hat die Trennung immer noch nicht ganz verwunden, aber jetzt ist er erwachsener geworden und versteht, daß wir alle auf dem Weg bleiben müssen, den wir schon vor unserer Rückkehr auf diesen Planeten gewählt haben.

Auch mit dem anderen Zwilling habe ich mehrere Leben geteilt; das schmerzhafteste davon in der Zeit, als sich die Höhlenmenschen gerade die europäischen Steppenlandschaften erschlossen. Von Skandinavien und den Pyrenäen ausgehend, verbreiteten sie sich, während das Eis zurückging. Wir gehörten zu dem Volksstamm in der Region der Pyrenäen. Unsere Höhlen waren übervölkert, und wir begannen Behausungen zu bauen, die wie Lehm-Iglus aussahen. Dazu wurde ein langer, biegsamer Baum, wahrscheinlich eine Weide, und etwa drei Meter lang, mit beiden Enden in der Erde verankert. Wir plazierten diese Baumstämme dicht nebeneinander und verschmierten die Zwischenräume mit Lehm. Diese Unterkünfte befanden sich im allgemeinen nicht weit von den Höhlen. Mein Zwillingsbruder und ich waren große, behaarte Männer, mit Fellen und Lederfetzen bekleidet und einer Art von Riemensandalen an den Füßen.

Irgendwie hatten wir herausgefunden, wie man Kupfer in Metall verwandelt, und dieses Metall zu langen Speerspitzen gehämmert. Diese waren an langen Knüppeln befestigt, und wir hielten sie für das neueste in der Kriegsführung. Das war unsere Vorstellung vom »Krieg der Sterne«. Den Kriegern von heute nicht unähnlich, beschlossen wir, unsere neue Waffe zu testen, und zwar an den Leuten, die die Lehmhütten der benachbarten Höhlen bewohnten, denn diese gehörten nicht direkt zu unserem Stamm. Ich ergriff meinen Speer und schlitzte mehreren Menschen die Bäuche auf, tötete sie und fühlte mich ungeheuer stark. Mein Bruder stand mir zur Seite, zertrümmerte verschiedene Schädel und lachte dabei wie ein Wilder – das gleiche Gelächter, das er auch in diesem Leben hatte. Ich weiß nicht, wie viele Leute wir ermordeten, aber wir waren schon beim dritten Lehmhütten-Dorf angelangt, als uns ein paar andere Krieger mit Pfeil und Bogen von hinten niederstreckten.

Während einer »Past-Life«-Sitzung sah ich meinen toten Körper und dachte, daß wir wirklich nicht besonders geistreich gewesen waren. Auch mußten wir das Karma aus diesem Leben nun irgendwann begleichen. Ich muß manchmal daran denken, wie oft der große »Computer« auf der anderen Seite uns schon deutlich gemacht hat, daß wir unsere Taten von damals ausgleichen müssen – und wie oft wir beide uns immer noch eine Lebenszeit ausgebeten haben, ohne zu bezahlen.

Aber dann kam das jetzige Leben, und mein Bruder verschrieb sich einer fundamental-religiösen Kirche mit Leib und Seele, während ich von Anfang an zur Metaphysik neigte. Es ging darum, unser Karma als Höhlenmenschen auszuarbeiten, und Gott ist sehr einfallsreich, also gab er uns hier eine Gelegenheit.

Ich war vollkommen gesund, bis ich meine Kinder mit fünf Kaiserschnitten zur Welt brachte. Man hat als Schwangere keine andere Wahl, wenn man nicht normal gebären kann. Fünfzehn Jahre später mußte mein Bauch noch vier weitere Male aufgeschnitten werden, um mein Leben zu retten. Neun ist die Zahl des Abschlusses – und neunmal wurde ich aufgeschnitten, um das Karma als Höhlenmensch zu beenden.

Bei meiner letzten Operation erklärte man mich für klinisch tot. Mein Körper lag im Krankenhaus, aber ich wandelte einen steilen Hügel hinab, welcher mit trockenem Gras und Steinen bedeckt war. Am Fuße des Hügels befand sich ein plätschernder Bach, und die Großmutter, die mich schon im Krankenhaus besucht hatte, stand neben mir. Wir gingen den Fluß entlang und schwiegen. Dann sah ich am anderen Ufer des Flusses die herrlichste Landschaft mit bunten Blumen und Vögeln mit leuchtendem Gefieder, und eine Stimme sagte: »Lea, du kannst zu uns kommen oder auf der Erde bleiben. Du hast die Wahl.«

Ich überlegte nicht, sondern sprach direkt aus meinem Herzen und sagte: »Ich bleibe auf der Erde. Mein Vater soll nicht noch ein Kind begraben.« Mein Vater war ein guter Mensch und hatte schon zwei seiner vier Kinder begraben, und mein einziger lebender Bruder war in den letzten Monaten zweimal an Gehirntumoren operiert worden. Meine Entscheidung, am Leben zu bleiben, war ein Ausdruck meiner tiefsten Gefühle. Meine Großmutter verschwand sofort, und ich lag im Krankenhaus mit großen Schmerzen. Aber irgendwie wußte ich, daß ich gesund werden und Gottes Werk noch viele Jahre tun würde. Mein Karma war abbezahlt.

Nach dieser Todeserfahrung machte mein Leben eine Kehrtwendung und gestaltete sich völlig neu. Ich wollte nicht mehr im Geschäft arbeiten, und obwohl es mich weitere sieben Jahre kostete, mich davon loszusagen, war es doch diese Todeserfahrung, die aus mir letztlich die alte Heilerin machte, die heute in einem kleinen Reihenhaus in Santa Fe lebt.

Mein Karma war also abbezahlt, aber mein Bruder aus der Steinzeit fing gerade erst an, das seinige zu begleichen. Ich war in diesem Leben schon in etwa fünfzig frühere Inkarnationen zurückgereist und hatte karmische Zusammenhänge besser verstehen gelernt. Nachdem mein Bruder vier weitere Gehirnoperationen an Tumoren hinter sich gebracht hatte, die die Ärzte allesamt für harmlos hielten, sagte ich zu meiner Tochter: »Bei der neunten Operation stirbt Onkel Jerry.«

Sie antwortete: »O Mutter, so lange hält er es doch nicht mehr aus! Er ist doch jetzt schon fast auf der anderen Seite.«

»Neun ist die Zahl des Abschlusses«, sagte ich. Vier Jahre später starb er bei seiner neunten Operation. Er hatte für die Morde, die er als unwissender Krieger zu Beginn der Steinzeit begangen hatte, gezahlt.

Jedes Mal, wenn wir auf die andere Seite gehen, entscheiden wir uns für ein bestimmtes Lebensprogramm, und die alte Seele macht sich wieder auf den Weg, mitsamt ihren Regenbogenfarben und allem, was sie vorher gelernt hat.

Ich sehe die Farben, die von den Leuten ausgehen, bei vollem Bewußtsein, und diese Fähigkeit spiegelt den Sinn meines jetzigen Lebens auf verschiedene Weise wider. Ich hatte diese Gabe schon immer. Manchen Leuten ist es unangenehm, wenn ich ihre Aura lese, während andere mich geradezu drängen, ihnen zu sagen, was ich sehe. Die Tatsachen lassen sich nicht verleugnen, aber als Heilerin und verständnisvoller

Mensch liegt die Verantwortung bei mir, zu wissen, wieviel man Leuten am jeweiligen Punkt ihres seelischen Wachstums offenbaren kann. Ich versuche, vollkommen ehrlich zu sein, es sei denn, ich sehe einen bevorstehenden Todesfall.

Die Kraftzentren oder Chakren sind den Menschen schon seit Jahrtausenden bekannt. Der Körper hat viele Chakren, aber die sieben entlang der Körpermitte zeigen Einzelheiten über das Leben der Person am deutlichsten auf. Diese Kraftzentren haben ihren Ursprung an der Wirbelsäule und strahlen ihre Energie durch bestimmte Drüsen auf spezielle Punkte am Vorderkörper aus. Die Energie der Chakren wird als Licht wahrgenommen, das in unterschiedlichen Frequenzen vibriert.

Das erste Chakra befindet sich am Steißbein und schwingt am langsamsten von allen sieben Haupt-Chakren. Man sieht es als rote Farbe. Von unten nach oben gelesen folgen die Schwingungsfrequenzen den Farben des Regenbogens, von Rot bis Violett. Wenn ich die feinen Unterschiede in den Farbschattierungen beobachte, bin ich in der Lage, daraus Schlüsse auf den physischen, emotionalen und spirituellen Zustand der jeweiligen Person zu ziehen. Größe, Form, Tiefe des Farbtons und die Qualität der Schwingung wie auch geometrische Formen in der Aura sind von Mensch zu Mensch verschieden.

Die vielen verschiedenen Merkmale der Aura verraten jede Einzelheit über eine Person. Gedanken, Gefühle, Talente und Fähigkeiten werden genauso angezeigt wie Blockaden, die Probleme verursachen. Meine Erfahrung hat mich gelehrt, was die einzelnen Strahlen bedeuten. Aber selbst nach einem Leben als Hellsichtige begegnet mir hin und wieder ein Strahl, den ich noch nie gesehen habe, dessen Bedeutung aber meist während der Arbeit mit dem Klienten klar wird.

Da ich schon von Geburt an Farben um die Leute herum wahrnahm, entstand mein Wissen über die Bedeutung der verschiedenen Strahlen aus meiner Arbeit in Sitzungen und auch einfach durch das tägliche Leben. Ich habe keine konventionelle Ausbildung auf diesem Gebiet, aber was ich weiß, sagt mir, daß die meisten Bücher über dieses Thema nicht ganz akkurat sind.

Jeder hat Kontrolle über die eigene Aura, wenn er sich entschließt, sie zu regulieren. Es ist doch offensichtlich, daß uns nichts mehr persönlichen Freiraum gibt, als die tagtägliche Bestimmung unseres eigenen Bewußtseinszustandes – ganz gleich, was ringsumher vor sich geht. Wenn jeder Massage-Therapeut oder Mediziner etwas davon verstehen würde, wie die Aura entsteht, gereinigt und belebt wird, dann könnten wir einen großen Sprung nach vorn machen, was die Heilkunst betrifft. Wenn wir wirklich auf die intelligenteste und erfolgreichste Weise helfen wollen, müssen wir etwas von den Farben verstehen, die sich bestimmten Schmerzen und Krankheiten zuordnen.

Die Aura mit ihren Farben ist eine Realität, die wahrnehmbar wird, sobald ein Mensch das Karma im letzten sogenannten »Ausarbeitungs-Chakra«, dem Kehlkopf, bewältigt hat. Das setzt voraus, daß selbstgerechte oder verurteilende Gedanken über sich selbst und andere losgelassen werden. Indem wir uns von diesen blockierenden Einflüssen befreien, wird unsere Kommunikation zum Ausdruck ungehinderter, bedingungsloser

Liebe. Wie Thomas Sugrue so schön sagte: »Der Geist ist der Baumeister; ungelebtes Wissen wird zur Sünde. Kritisiere nichts an irgendeinem Menschen, sondern suche nach den Dingen, für die du deinen Schöpfer liebst, denn du gelangst nur in das Himmelreich Gottes gestützt auf den Arm eines Menschen, dem du geholfen hast.«

Wie bereits erwähnt, fühlt sich jeder zu der Farbe hingezogen, die derzeitig in seiner Aura am stärksten hervortritt. Meine Tochter zum Beispiel hat immer Rosa getragen, weil die Farbe am besten zu ihrer Energie paßte. Sie ist ein liebevoller Mensch. Die momentane Verfassung und Stabilität der Aura beeinflußt unser Umweltverhalten auf grundlegende Weise. Wenn wir müde, schwach und energielos sind, werden wir empfänglicher für äußere Einflüsse, wie von Leuten, dem Wetter und ähnlichem. Solche Störungen im eigenen Energiefeld auf Grund von Fremdeinflüssen können zu Krankheiten und Unwohlsein führen. Unsere Aura ist dementsprechend widerstandsfähiger, wenn wir gesund und munter sind.

Wenn wir unsere Seele öffnen, dann zeigt Gott uns den Weg, der uns zur höchsten Entwicklung in diesem Leben führt. Für Leute, die einen zusätzlichen Anstoß brauchen, um ihre Seelen und Chakren zu öffnen, sind Medien wie ich auf der Welt. Die Aura offenbart unsere Realität, was wir denken und fühlen. Sie liegt geübten Aura- und Chakra-Experten offen und ist jederzeit spürbar. Ich freue mich schon auf die Zeit, wenn wir ehrlich miteinander sprechen können, ohne uns hinter einer Maske von Konventionalität verstecken zu müssen. Dann wird das »New Age« wirklich anbrechen, und Gottes Liebe wird sich auf dem gesamten Planeten verbreiten. Soweit ich das sehen kann, wird dieses Zeitalter für viele in den nächsten fünfundzwanzig bis fünfzig Jahren anbrechen. Überall auf der Welt sehe ich Leute hart daran arbeiten, das Gottesbewußtsein zu verwirklichen. Und während diese Entwicklung stattfindet, wird sich eine neue Zivilisation bilden, eine Gesellschaft, die in der Wahrheit lebt. Das wird möglich, wenn alle Menschen auf der ganze Erde Auren wahrnehmen.

4

Die letzte Grenze unserer Chakren

In einem meiner letzten Leben war ich ein Feudalherrscher in Japan, ein *Shogun,* der ausnahmsweise für das Wohlergehen seiner Leute sorgte. Ich hatte zwar sehr rigide Vorstellungen davon, was falsch und was richtig war, behandelte meine Untertanen aber als Menschen, was ziemlich ungewöhnlich war, wenn man bedenkt, was wir aus der Geschichte über *Shogune* und ihre Praktiken wissen. Ich glaube, daß meine Loyalität zu anderen und die Erwartungen, die andere in diesem Leben an mich stellen, aus dieser Zeit stammen. In vielen früheren Leben habe ich mich um das Wohlergehen von anderen gekümmert und mich bemüht, ihre Gefühle zu verstehen. Deshalb glaube ich nicht, daß es ein Zufall ist, daß ich Chakren sehen kann. Ich habe lange, hart und viele Leben dafür gearbeitet, in die Seelen anderer hineinzusehen. Diese Fähigkeit habe ich mir geschaffen, so wie jeder von uns sich die eigene Realität schafft.

Obwohl wir dazu neigen, die heutige Zeit als eine

Zeit großer Erkenntnisse zu betrachten, ist es dennoch dringend notwendig, über die Grenzen traditionellen Denkens hinauszugehen. Der »mind«, unser rationaler Verstand, ist diese letzte Grenze. Ich meine, daß das die größte Entdeckungsreise ist, die je auf diesem Planeten unternommen wurde. Wenn die Erde ein friedlicher Planet gewesen wäre, auf dem wir uns unter den günstigsten Umständen entwickelt hätten, dann hätten wir mit der Arbeit am ersten Chakra angefangen und uns langsam von den roten Strahlen bis zu den violetten hochgearbeitet, um schließlich eine weiße Aura zu verwirklichen, die sämtliche vorangegangenen Farben vereint und Merkmal einer weisen und liebenden Seele ist. Aber die menschliche Evolution ging nicht so gradlinig und ordentlich voran.

Die Strahlen der Kraftzentren

Das erste Chakra
Die ersten beiden Strahlen des ersten Chakras sind dermaßen stark und energiegeladen, daß sie unsere grundsätzliche aktive Energie bestimmen. Der negative Aspekt des ersten Strahls drückt sich in einer Art Ellenbogenenergie aus. In jedem Chakra wird die jeweilige Energie also sowohl positiv als auch negativ ausgedrückt. Wahrscheinlich hat der erste Mensch mit dieser Art von Aktionsenergie die Menschheit auf den langen Weg des Kampfes gegen Machtmißbrauch geschickt und für Gerechtigkeit gekämpft. Hierbei muß der negative Aspekt derselben Energie – die ge-

waltsame Unterdrückung anderer – allerdings unbenutzt geblieben sein.

Der zweite Energiestrahl ist ein Ausdruck unserer Sexualität und daher Teil des fundamentalen Arterhaltungsinstinktes. Als zum ersten Mal ein Mensch mit der negativen Ellenbogenenergie einem anderen seinen Willen physisch oder sexuell aufgezwungen hat, entstand auch der Masochismus. Masochismus gebiert immer neue Gewalttätigkeit, und wenn jemand durch physische Gewalttätigkeit angeregt wird, erzeugt er gleichzeitig auch Haß, Wut, Abscheu und so weiter. Daher sehe ich alle diese Gefühle im ersten, dem roten Chakra, entstehen. Wenn man sich die Strahlen aller Chakren genau betrachtet, dann wird einem klar, daß alle negative Energie auf Herrschsucht – dem Wunsch zu dominieren und sich zu nehmen, was man will – basiert. Diese Energiestrahlen stehen im Kampf mit der Umwelt. Die positive Energie dagegen wirkt offen, sie fließt harmonisch in die Umgebung ein und drückt sich in Mitgefühl aus.

Ich glaube, auf der positiven Seite von Rot waren immer Menschen, die versucht haben, Dinge in Gang zu setzen, und wenn das mit der Hilfe anderer geschah, dann entwickelte sich dieses Rot zum rosa Strahl der Menschenliebe. Wenn man jemanden liebt, will man ihm natürlich bei der Lösung seiner Probleme helfen, ganz gleich, um welches Problem es sich auch handeln mag.

Das zweite Chakra

Das zweite oder orangefarbene Chakra ist insofern außergewöhnlich, als es sich im Laufe des Lebens mehr als alle anderen verändert. Die positive Seite dieses Chakras wird in Menschen beobachtet, die anpassungsfähig sind und das beste aus der jeweiligen Situation zu machen verstehen. Hier drückt sich Gemeinschaftssinn und ein aufrichtiges Bestreben aus, das Leben expansiv und sinnvoll zu gestalten. Der stärkste Energiestrahl in diesem Chakra ist der Wunsch nach Ausdehnung, Wachstum, Erweiterung des geistigen Horizonts und die Ansammlung neuer Erfahrungen. Das Ego macht sich hier deutlich bemerkbar. Die orangefarbenen Strahlen öffnen sich und strömen aus jungen Leuten heraus, die im Begriff sind, das Elternhaus zu verlassen und ins College zu gehen. Hier wird ein Schritt in neues inneres Wachstum unternommen. Indem der Jugendliche sich von den Begrenzungen des Elternhauses befreit, erschließt er sich neue Möglichkeiten. Ich glaube, daß dieser Strahl in Abrahams Aura weit offen war, als er das Land Ur verließ und nach Israel ging. Christoph Kolumbus muß wie ein orangefarbener Ball ausgesehen haben, als er auszog, um die Neue Welt zu entdecken.

Auf der positiven Seite der orangefarbenen Energie befindet sich auch unser Selbstwertgefühl, ein Resultat unseres Vorstoßes in neue Gebiete und des Erreichens von Zielen. Dagegen finden wir auf der negativen Seite ein Konkurrenzverhalten, so etwas wie »mit den Nachbarn mithalten müssen« und ähnliches. In dieses Bild paßt auch eine gewisse Faulheit. Mit anderen Worten: Warum arbeiten, wenn jemand anders es für mich machen kann? Dieser unreine orangefarbene Strahl behindert die expansive Energie, das Wachstum und den Fortschritt. In früheren Zeiten wurde diese Energie am deutlichsten von Reichen und Mächtigen, dem Adel, Führern und Meistern aller Art und Regierungs- und Familienoberhäuptern demonstriert. Konkurrenzdenken, dieser häßliche orangefarbene Strahl, wird in Amerika wie auch in vielen anderen Kulturen dieser Welt gefördert. Das fängt schon an, wenn Mütter ihre Kleinkinder mit anderen vergleichen: »Mein Baby konnte schon mit zehn Monaten laufen.«

»Ja, das ist prima, aber meins fing schon mit sieben Monaten an zu laufen!«

So früh wie möglich werden unsere Kinder in die Schule geschickt. Viele Familien verlangen von Söhnen, daß sie an dem amerikanischen *Football*-Spiel teilnehmen. Unsere Kinder haben gute oder bessere Noten nach Hause zu bringen als die Nachbarskinder. Die Liste der Forderungen ist endlos, und so werden unsere Kinder zum Konkurrenzdenken erzogen. Dieser Energiestrahl ist bei einigen schließlich derart ausgeprägt, daß sie allein dadurch einen Großteil ihrer sonstigen Energie verlieren. Dabei messen wir unsere persönliche Stärke nur ständig mit anderen, wenn nicht sogar mit den eigenen Idealen, um zu beherrschen, über andere zu siegen und zu triumphieren. Ein Konkurrenzkämpfer hat nur wenige seiner Chakra-Strahlen geöffnet, und dieses Verhalten ist äußerst ungesund, weil man nicht nur andere, sondern auch sich selbst damit degradiert. Es erinnert an den Überlebenskampf im roten Chakra und steht damit in direkter Beziehung. Dieser Strahl taucht auch sofort auf, wenn wir uns auf selbstgefällige Weise miteinander vergleichen, sei es, daß wir andere wissen lassen, wieviel gescheiter unser Kind ist, daß wir mehr Geld verdienen oder schlichtweg, daß wir bessere Menschen sind. Diese Verhaltensweisen finden eine Entsprechung in den selbstgerechten Strahlen des Kehlkopf-Chakras.

Selbsttäuschung ist eine natürliche Folge allen Konkurrenzdenkens. »Wenn ich schon nicht mit anderen mithalten kann, dann tue ich wenigstens so, selbst wenn es nicht stimmt. Und wenn ich etwas lange genug vortäusche, dann glaube ich es schließlich selbst.« Während das Ego sich aufbläst und anschwillt, verlieren wir den Kontakt mit dem Selbst. Durch diese Identifikation mit dem Ego haben wir uns dermaßen viele Illusionen geschaffen, daß wir uns selbst erfolgreich zum Narren halten und damit ständig behindern. Heimlichtuerei und Verlogenheit gehören zu diesem Strahl. Indem wir unsere wahren Gefühle und Problembereiche verleugnen, unterdrücken wir diese, und damit muß das Ego sie geheimhalten: »Ein so wundervoller Mensch wie ich darf doch keine Schwächen haben! Also verstecke ich das Ganze am besten.«

Ich bin überzeugt, daß Heimlichtuerei oder Mangel an Offenheit die größten Hindernisse beim Wachstum sind.

Das dritte Chakra

Als nächstes kommt der gelbe Strahl. Die erste negative Energie im gelben Chakra ist Angst; eine universelle Erfahrung, die tief in unserem fundamentalen Bewußtsein verwurzelt ist. Angst, da sie ganz allgemein in den verschiedensten Bereichen und Situationen erfahren wird, kann durch alle möglichen Umstände ausgelöst werden. Sie tritt als Angst vor dem Unbekannten auf, als Angst vor Verletzung, Angst, andere zu verletzen, oder äußert sich einfach in einer Angst vor Veränderungen. Was diesen unreinen gelben Strahl wieder ins Gleichgewicht bringt, ist der reine, starke Strahl der Mutigkeit. Diese tapfere, mutige Energie macht es uns möglich, der zusammengezogenen Angstenergie entgegenzutreten und sie zu überwinden. Darüber hinaus können die weiteren positiven Gelbstrahlen des Wissens und der Suche nach der Wahrheit bei der Reinigung des negativen Aspekts behilflich sein. Wissen ist Macht; die Wahrheit erlöst uns von unserer Unwissenheit. Oder anders betrachtet, wenn wir den Naturgesetzen folgen, öffnet Gott unseren getrübten Blick, und wir nehmen die Einheit aller Dinge wahr. Angst kann in diesem Bewußtseinszustand nicht länger existieren.

Der zweite negative gelbe Strahl – selbstgewählte Ignoranz – steht der reinen Erkenntnis ebenfalls entgegen. Dieser Strahl entsteht aus den Strahlen der Selbsttäuschung, Faulheit und der Angst vor Veränderungen: »Ich muß zusehen, daß ich alles vermeide, was Veränderungen oder neue Ideen hervorrufen könnte, sonst muß ich umlernen. Also bleibe ich lieber unwissend und hüte mich vor allem Neuen.« Eingebildetsein, Dünkelhaftigkeit ist ein weiterer Grund für diesen Strahl: »Ich weiß, was gut und richtig ist, und zwar besser als jeder andere. Also brauche ich mich nicht fortzubilden und nichts Neues zu sehen, zu hören oder zu denken.«

Während wir uns in unseren Schutzpanzer von negativem Gelb zurückziehen, entsteht ein weiterer Strahl und fügt dem Ganzen eine weitere Schicht hinzu: Feigheit. Ein Feigling ist von Angst beherrscht, und diese Angst kann sich auch in Verfolgungswahn, Zurückgezogenheit oder defensivem Verhalten äußern.

Der vierte negative gelbe Strahl ist Besorgnis. Er ist grundsätzlich das Produkt aller vorangegangenen negativen Strahlen, denn wir machen uns Sorgen, weil wir Angst haben; das heißt, wir sind von unserem höheren Selbst, unserem allwissenden inneren Zentrum abgeschnitten. Der Verstand eines chronischen »Sorgenbündels« steht normalerweise nie still, der Strom der ängstlichen Gedanken hört nie auf, und wir fangen an, uns alles mögliche vorzustellen: »Was soll ich bloß machen? Meine Tochter ist schon zwanzig Minuten zu spät, ich bin sicher, daß sie einen Unfall gehabt hat oder daß ihr etwas zugestoßen ist.« Das ist Besorgnis. Das ist Im-voraus-Leiden. Wenn man sich Sorgen macht, projiziert man seine Angst auf andere oder die Umgebung. Aber wie gesagt, der Schutzpanzer, der von den negativen Strahlen hergestellt wird, kann nur durch positive Energien wie Mut, Wahrheitsliebe und Einsicht durchbrochen werden.

Das vierte Chakra
Das schöpferische Grün kommt als nächstes.

Der erste negative Strahl der grünen Farbe ist die Gier nach Geld und Macht. Für viele Menschen ist »Geld« das gleiche wie »Gott«. Mit Geld kann man Macht und Einfluß kaufen – alles, was man haben will. Es kann starke Gefühle erzeugen.

Der zweite negative Strahl ist das Streben nach Kontrolle. Ein gutes Beispiel für diese Art von Kontrolle ist das internationale Wettrüsten – der Glaube, daß wir durch die Anhäufung von Waffen eine andere Nation zum Gehorsam zwingen können, obwohl wir mittlerweile genügend Rüstung haben, um den Planeten mehrmals zu vernichten. Ein Schritt weiter, und wir müssen uns vor der Opposition und der Kontrolle anderer schützen, um selbst sicher zu sein. Ein anderes Beispiel sind Eltern, die versuchen, das Benehmen, die Umwelt und sämtliche Entscheidungen ihrer Kinder zu kontrollieren. Je älter das Kind wird, desto eigenwilliger wird es – und desto massiver der Kontrollversuch von seiten der Eltern. Das Kind reagiert immer heftiger auf jede Einschränkung, und das Problem wird größer und tiefer und endet schließlich in einer kaputten Beziehung.

Mit dem Vorangegangenen hängt auch der dritte negative Strahl der grünen Farbe zusammen, denn hier wird er zur Manipulation. Aus Angst, die Kontrolle oder unsere Sicherheit zu verlieren, versuchen wir zu manipulieren.

Der nächste negative Strahl ist das Besitzergreifen. Es leuchtet ein, daß man Geld, Macht und viele Dinge braucht, wenn man nach Kontrolle, Sicherheit und Einfluß auf die Umgebung strebt – nur so kann man sich ein wenig sicherer und in Kontrolle fühlen. Eine Person, die wir total kontrollieren können, erscheint uns als unser Besitz.

Es fällt mir leicht, den nächsten negativen Strahl zu erkennen: Hypochondrie, Krankheitswahn. Nun weiß ich ja, daß Gott nicht alles auf dieser Welt perfekt gemacht hat, daher zweifle ich nicht an diesem Strahl – aber warum an dieser Stelle, Gott? Vielleicht liegt es daran, daß ein Hypochonder dermaßen viel Energie in die negativen Strahlen gesteckt und soviel Chaos im eigenen Energiehaushalt verursacht hat, daß er jetzt schwach und erschöpft ist. Weil ein Großteil der Energie geblockt ist, hat die Aura nur eine sehr schwache Strahlung. Das bringt natürlich jeden aus dem Gleichgewicht. Hypochondrie wird generell von Leuten erzeugt, die sich einsam, ungeliebt und »nicht der Liebe wert« fühlen. Solche Leute gehen sogar zum Arzt und bezahlen ihn für seine Aufmerksamkeit und sein Mitgefühl. Sie schreien nach Liebe. Ich habe noch nie einen Hypochonder gesehen, der den ersten positiven Strahl in der grünen Farbskala frei herausließ und anderen auf kreative Weise geholfen und mit ihnen geteilt hat, was er besitzt. Ein Mensch, der sich diesem Strahl geöffnet hat, hat einfach keine Zeit zum Kranksein. Es ist ein Energiestrahl der Heilung, der Fürsorge, der anderen Energie zufließen läßt und einen selbst aus der Beengung befreit.

Der zweite positive Energiestrahl unter den grünen beinhaltet die Fähigkeit, Probleme zu lösen. Er benutzt die Kraft des ersten grünen Strahls, fügt ihm aber eine neue Kreativität hinzu, wenn es darum geht, Lösungen zu finden. Dieser Strahl benutzt positive Energien, wie Mut, Wissen und Wahrheitsliebe, und darüber hinaus die Offenheit, die man braucht, um anderen helfen zu wollen. Zu dem Wunsch, anderen zu helfen, gehört auch das Feingefühl, das wahrnimmt, was andere fühlen. Daher ist Sensibilität der dritte positive Strahl des grünen. Wenn wir jemanden lieben, fühlen wir uns ihm automatisch nahe. Wir fühlen seine Liebe. Liebe ist ansteckend. Sie strömt in unsere Umwelt, breitet sich aus und eröffnet uns soziale Freiheiten. Wenn wir uns selbst mögen, sind wir wahrscheinlich auch körperlich und seelisch gesund. Einer der letzten Strahlen auf der positiven Seite des grünen ist ein Ausdruck dieser Gesundheit: Selbstbewußtsein; sich im eigenen Sein sicher fühlen.

Das fünfte Chakra

Wenn wir diese Strahlen nun in der gottgewollten, ordnungsgemäßen Reihenfolge geöffnet hätten, dann wäre es ein glatter, wirkungsvoller und angenehmer Prozeß gewesen. Aber manchmal entscheiden wir uns für eine andere Reihenfolge, und dann kann es ungemütlich für uns und andere werden. Ein Beispiel ist der erste negative blaue Strahl, der aus Eifersucht, Selbstsucht und Haßliebe geboren wird. Diese Gefühle sind schwer zu überwinden, selbst wenn wir alle positiven Strahlen vom roten Chakra bis zum blauen schon geöffnet haben. Wenn der positive Strahl – also Gefühle von Loyalität, Verantwortungsbewußtsein, wahres Mitgefühl, mentale Fähigkeiten, Hingabe, Idealismus, die Liebe zur Familie und die Intuition – geöffnet ist, die Person aber trotzdem noch die Energie dieses negativen Strahls fühlt, wie Eifersucht, Selbstsucht, Haßliebe und Schuldbewußtsein – dann wird es schmerzhaft. Man will sich nicht mit Schuldgefühlen belasten, aber die Projektion dieses negativen Strahls auf andere führt dazu, daß man sich selbst verurteilt – und damit werden Schuldgefühle hergestellt.

Hier beginnt der Mensch dann, konventionelle Ideen zu kultivieren, und wendet sich oft einer traditionellen Religion zu, weil ein strukturiertes, reguliertes Leben sich gut anfühlt. Je mehr er diese althergebrachten und meist starren Ideen übernimmt, desto tiefer begibt er sich in eine überbetonte Förmlichkeit – ein negativer Ausdruck des blauen Strahls.

Der nächste negative Strahl im blauen Chakra ist die Überheblichkeit, eine natürliche Folge von übertriebener Förmlichkeit, rigiden Ideen und dogmatischen Ansichten. Der Überheblichkeits-Strahl bewirkt eine Wertverschiebung zum Negativen, wobei die Betonung hauptsächlich auf sozialem Status, dem großen Haus und den flotten Autos liegt. Für diese Person zählt nur das Materielle. Wenn man in diesen Energien verfangen ist, kann es sich in einem Verhalten äußern, das nur nach Macht und materieller Sicherheit strebt, ganz gleich, wer dabei verletzt wird und wie kriminell die Handlungen sind. In diesem Fall ist es schwer, die negativen blauen Strahlen auszulösen. Machtgier hat von der Person Besitz ergriffen und bildet ein ernstzunehmendes Hindernis für eine offene, liebevolle Aura-Strahlung. Je länger dieser Zustand aufrechterhalten wird, desto schwieriger wird es, den letzten negativen Strahl des blauen Chakras zu reinigen: Selbstgefälligkeit und rigide Ansichten. Im allgemeinen lernt ein solcher Mensch wenig über Spiritualität in diesem Leben und muß wiedergeboren werden, um es das nächste Mal vielleicht besser zu machen. Leider aber wird eine solche Seele von Eltern geboren, deren Energie vom Vater oder der Mutter her mit der neuen Seele übereinstimmt. Diese Eltern sind ihrerseits in Machtgier, Überheblichkeit und Konventionalität verstrickt – jeder ein Spiegel für den anderen.

Aber wir können uns nicht weiterentwickeln, ohne diese negativen blauen Energien zu reinigen.

Das sechste Chakra*

Wenn uns die Klärung dieser Strahlen gelungen ist, gehen wir weiter zum ersten negativen Strahl des Kehlkopf-Chakras, zu den indigoblauen Farben. Hier befinden wir uns in Aufruhr und Unsicherheit. Normalerweise braucht man eine ziemlich lange Zeit, um die blauen Strahlen zu reinigen – ich glaube, nur die roten haben uns ähnlich lange aufgehalten. Meiner Meinung nach sehen diese negativen bläulichen Strahlen häßlich aus, aber sie hatten ihren Platz in der Sozialstruktur der Vergangenheit.

Sobald wir nun in die violette Skala vordringen, wissen wir nicht mehr, was wir machen sollen, und unsere gesamte bisherige Lebensordnung bricht zusammen. Nicht jeder erfährt diese Energie, aber wenn man sie erfährt, dann ist es äußerst unkomfortabel. Und sehr bald macht sich dann auch der zweite Negativstrahl in der violetten Skala bemerkbar: das Verurteilen. ...Schon möglich, daß wir ein bißchen durcheinander sind, aber wir wissen, wieviel harte Arbeit und Leiden es uns gekostet hat, bis zu diesem Punkt zu wachsen, und so erwarten wir dasselbe natürlich auch von allen anderen. Wir fangen an, andere mit uns selbst zu vergleichen und dementsprechend zu beurteilen. Ist die blaue Negativenergie besonders ausgeprägt, so ist unser Urteil erbarmungslos. Ich sehe diesen Verurteilungsstrahl erstmal seine Kreise um das Gesicht ziehen, bevor er den Körper des Menschen verläßt. insofern unterscheidet er

---

* Anmerkung: Mit fortschreitender seelischer Entwicklung verwandeln sich die Farben dieses Chakras von Indigoblau zu Rotviolett und dann von Lavendelfarben zu rein Weiß.

sich von den anderen Chakra-Strahlen, die parallel zueinander vom Körper ausgehen.

Der dritte und manchmal auch der vierte Strahl des Violetten ist Selbstgerechtigkeit. Mit Hilfe von subtilen Urteilen und Vergleichen, besonders aber dem Gedanken »Ich bin Gott«, und darüber hinaus der heranreifenden Fähigkeit, Wünsche zu manifestieren, kommt man sich schon ziemlich »toll« vor. Aber Vorsicht vor diesem violetten Strahl! Ich habe zu oft bei »Past-Life«-Lesungen gesehen, daß man hier seine ganze Macht verlieren kann, besonders wenn die vier negativen Strahlen starr und rigide bleiben. Ein solcher Mensch geht das Risiko ein, seine Macht gänzlich zu verlieren und von großer Höhe herabzustürzen. Das ist mir in mindestens einem Leben passiert, und ich habe es bei Freunden gesehen. Es ist eine gefährliche Situation. Sobald die positiven violetten Strahlen hervorgebracht sind, hat man wahrscheinlich auch Geld und einen gewissen Ruhm erlangt, aber dann kann man geizig werden. Solche Leute werden sehr egoistisch, und wenn sie bis zu ihrem Tod auf diesem Verhalten beharren, verlieren sie alles, was sie sich erarbeitet haben. Also versucht man das Ganze noch einmal. Meist wächst die Seele danach sehr schnell, weil die Aura schon vorher einigermaßen klar war, aber man muß natürlich wieder über die gleichen Hürden springen: innerer Aufruhr und Unsicherheit, Verurteilung, Selbstgefälligkeit und Unbeugsamkeit.

Auf der anderen Seite stehen die positiven violetten Energiestrahlen, die wir alle als angenehm und wundervoll empfinden. Der erste davon ist Freiheit und Einfachheit. Unsere Freiheit drücken wir aus, indem wir uns von den alten, »blauen« Regeln, die uns für Tausende von Jahren gefangenhielten, befreien. Einfachheit bedeutet Loslassen, sich von Unklarheiten und Illusionen lösen. Ich habe noch nie einen spirituellen Menschen getroffen, der sich nicht nach Freiheit sehnte. Der zweite Strahl in dieser Reihe ist Friedensliebe. Dieser entwickelt sich von selbst, denn alles andere als Friede wird an diesem Punkt als unangenehm empfunden. Als nächstes kommt der sogenannte Visualisationsstrahl, mit dem wir nicht nur den tieferen Wesensgrund des Lebens erfassen, sondern auch Menschen besser verstehen – als könnten wir den Grund für alle ihre Entscheidungen wahrnehmen. Von hier aus geht es schnell voran, immer in Richtung universelle Liebe, denn nun erkennen wir das Potential, die Göttlichkeit, in jedem. Der vierte violette Strahl ist universelle Liebe. Oh, wie herrlich, alles zu lieben, was einem begegnet! Sobald man begreift, daß jeder genau den richtigen Weg für sich wählt, hört man auf, andere zu verurteilen. Jeder marschiert zu seiner eigenen Musik, und selbst wenn er nicht mit uns in Harmonie ist, müssen wir einsehen, daß dies seine eigene karmische Wahl ist. Vielleicht hat er eine klarere Sicht als wir; vielleicht versucht er sogar, den Abgrund zwischen uns und der universellen Liebe zu überbrücken. Menschen sind unvollkommen und sehr materialistisch und eine der schwierigsten Lektionen in universeller Liebe ist diese: »Gott, vergib mir dafür, daß ich von meinen Mitmenschen erwarte, was nur dem Göttlichen möglich ist.«

Der fünfte violette Strahl ist die Kunst des Vermittelns, welche im siebenten Strahl der Kommunikation verfeinert wird und zur Blüte kommt. Wenn wir fähig sind, von unserem hohen Roß herabzusteigen und eine gewisse Ebene des Verständnisses mit anderen zu erreichen, dann entwickeln wir die Kunst des Ver- und Übermittelns.

Der sechste violette Strahl ist ebenfalls etwas Ungewöhnliches. Ich verstehe nicht viel von dieser Energie, die mit sexuellen Neigungen zu tun hat, welche sich in der Zahl von roten Punkten auf diesem Strahl erkenntlich machen. Eine größere Anzahl von roten Punkten weist auf homoerotische oder bisexuelle Tendenzen hin. Wenige rote Punkte deuten auf einen heterosexuellen Lebensstil. Ich glaube, daß dieser Strahl in den nächsten hundert Jahren besser verständlich wird. Wir erleben eine sexuelle Revolution, in der das Verschmelzen von Gedanken und Gefühlen wichtiger wird als das Verschmelzen von Körpern. Wie beim Tantra-Yoga werden männliche und weibliche Energien in ein Gleichgewicht gebracht, wodurch innerliche Einheit und sexuelle Ausgewogenheit entstehen. Interessant ist, daß dieser Strahl neben dem letzten Strahl sitzt, den man mit Arbeit und Mühe in irgendeiner Form verbinden kann. Die Entwicklung dieser Energie stellt das größte Erwachen für unsere gesamte Gesellschaft dar. Beziehungen werden weit weniger schmerzhaft mit der Reinigung von unausgearbeiteten Gefühlen. Es werden weniger Kinder in die Welt gesetzt, diese wenigen aber sind erwünscht und werden geliebt. Die Eltern haben einen hohen Grad von Selbstsicherheit entwickelt, und die Kinder werden nicht sofort in Verwirrung gestürzt, weil sie nicht wissen, was sie denken sollen.

Der letzte violette Strahl hat mit Kommunikation zu

tun. Dieser Strahl bedeutet nicht nur die Fähigkeit, mühelos mit anderen zu kommunizieren, sondern auch das Talent, mit unserem höheren Selbst und unserem inneren Wissen in Kontakt zu bleiben. Ich sage es noch einmal: Ich glaube, daß wir nur eine oberflächliche Ahnung haben, wie Kommunikation in hundert Jahren aussieht. In den kommenden Jahren werden wir über alles hinausgehen, was wir uns heute in unseren kühnsten Träumen vorstellen können. Heutzutage sind wir dabei, diesen Strahl zu öffnen, und tun damit einen wichtigen Schritt für die gesamte Menschheit.

So, und nun, da wir uns durch die sechs »Arbeits-Chakren« hochgearbeitet haben, kommen wir zum dritten Auge in der Stirnmitte. Das dritte Auge ist ein individuelles Geschenk – es öffnet sich nur, wenn alle vorherigen negativen Strahlen transformiert sind und die Energie frei fließt. Das dritte Auge nimmt weder Energien in sich auf noch strahlt es sie aus. Wenn es sich öffnet, werden wir ganz schlicht und einfach hellsichtig.

Das siebente Chakra

Auf dem Scheitel befindet sich das Kronen-Chakra oder, wie ich es nenne, das Fächer-Chakra. Es strahlt die gesamte Energie aller vorangegangenen Chakren aus. Hier wird die Energiemischung aus allen anderen Zentren sichtbar und entweicht mit einer ungeheuren Geschwindigkeit durch die Schädeldecke. Niemand kann Energie durch das Kopf-Chakra aufnehmen. Sie bewegt sich aufwärts, hinaus und fällt wieder auf die Person herab – um wieder aufgesammelt und durch sämtliche Chakren heraufgezogen zu werden. Positive

Energie vermischt sich hierbei nicht mit negativer. Ein Blick auf diesen Energiefächer sagt einem Hellseher sofort eine ganze Menge über die jeweilige Person. Energie, auf die richtige Weise abgegeben, vermischt sich wieder mit der gleichen Energie, und auf diese Weise entsteht der weiße Lichtfächer, der eine hochentwikkelte Seele kennzeichnet. Mit anderen Worten: Die reinen, positiven Strahlen aller Chakren vermischen sich und bilden das weiße Licht.

Es gibt Menschen mit einer weißen Aura. Hier vermischt sich der ganze Regenbogen von Farben und zeigt an, daß die Seele viel an sich gearbeitet hat. Auf der nächsten Stufe wird die Aura silbern oder transparent. Ich glaube, daß viele der großen Lehrer und Meister silberne Auren gehabt haben, aber leider hatte ich noch nicht das Vergnügen, eine solche Aura zu lesen. Silber ist sehr ungewöhnlich. Wenn ich lange meditiert habe und mich selbst sehr liebe, habe ich silberne Flekken in meiner normalerweise weißen Aura. Aber wenn ich wütend werde, verwandeln sich diese Flecken auch als erstes in Rot. Wenn das geschieht, bringe ich Liebe in meine Seele zurück, damit das Silber zurückkommt. Die Menschheit ist dazu bestimmt, in Liebe zu leben, und wir sind es uns selbst schuldig, immer in diesem Zustand zu bleiben.

5
Austausch und Wandel im Aura-Feld

Negative Energie kann sich nicht mit positiver vermischen, und daraus ergeben sich eine Reihe von merkwürdigen Situationen. Eine von diesen Situationen ist die, in der ein Mensch sich befindet, der sich so weit entwickelt hat, daß seine Aura leicht violett oder weiß ist. Er geht zu einer Massenveranstaltung und fängt sofort an, sich unwohl zu fühlen, und will gleich wieder nach Hause. Wissenschaftlich läßt sich das damit erklären, daß das Höhere immer vor dem Niederen zurückweicht. Höhere Frequenzen werden immer von den niedrigeren Schwingungen verschluckt, und so verliert eine höher entwickelte Person ihre Energie in einer Ansammlung von weniger entwickelten Personen.

Die meisten Leute auf dieser Welt arbeiten noch an den blauen Aura-Strahlen, wo sie lernen, mit anderen umzugehen. Außerdem hat der Durchschnittsmensch einen riesigen Energieblock am untersten Strahl des grünen Chakras. Hier zeigt sich die Beziehung zum Geld. Die meisten Leute haben Gottes Gebot »Du

sollst nicht Gott und dem Mammon zugleich dienen«
nicht verstanden. In unserer Kultur wird die Anhäufung von Reichtum als die einzig lohnende Beschäftigung betrachtet. Wenn ein solcher Mensch neben einer Person steht, deren Aura frei fließt und sich nicht um Besitz schert, dann saugt der erste dem zweiten die Energie ab. Letzterem wird allmählich fast schlecht, weil er die Energie aus seinem Solarplexus verliert.

Wenn du mir nicht glaubst und jemand bist, der versucht, seine materialistischen Tendenzen auszubalancieren, dann gehe am Sonnabendnachmittag mal in einen Supermarkt, wo Eheleute ihren wöchentlichen Großeinkauf machen. Es wird nicht lange dauern, bis du dich schwach fühlst, und dieses Unwohlsein sitzt direkt unter dem Sonnengeflecht. Das liegt daran, daß so viele Leute um dich herum Angst haben, nicht genügend Geld für das Essen der nächsten Woche aufbringen zu können. Allein dadurch, daß du neben diesen Leuten stehst, verschmelzen eure Energiefelder, ohne daß du es merkst, und wenn du relativ frei von Geldsorgen bist, dann ziehen sie deine Energie an sich, einfach, weil deine die stärkere und klarere ist. Die Wissenschaft sagt: »Das Größere ernährt das Geringere.«

Manchmal ist das Verhältnis zum Geld, ausgedrückt im untersten grünen Strahl, so gestört, daß es die roten, orangefarbenen und gelben Strahlen zurückhält und mit seinem Grün dominiert. Wenn das geschieht, ergibt sich ein trübes Braun in der Aura. Sieh dir eine Gruppe von Börsenmaklern an, nachdem Wall Street zwanzig Punkte gefallen ist. Wenn sie überhaupt irgendwelche Farben ausstrahlen, dann ein schmuddeliges Braun. Auch das verursacht Unwohlsein in einer Person mit einer klaren Aura.

Ein anderer Fall, in dem sich negative nicht mit positiven Farben vermischen, tritt auf, wenn zwei sehr verschiedenfarbige Menschen heiraten. Heutzutage reicht der höher entwickelte Partner meistens sehr schnell die Scheidung ein, weil dieser Partner seine Energie ständig an den anderen verliert. Meist ist ihm allerdings nicht klar, warum er sich elend fühlt und das Zusammensein mit dem anderen vermeidet, denn er (oder sie) versteht nichts vom Energieaustausch der Auren. Je nachdem, welches Chakra ausgelaugt wird, kann dies dazu führen, daß der höher entwickelte Partner sich weigert, die Familie weiterhin finanziell zu unterstützen. Unterdessen bekommt der schwächere Partner immer mehr Energie für seine Chakren und fängt sogar in seinen blockiertesten Bereichen zu strahlen an. Folgerichtig will der Schwächere die Ehe erhalten, möglichst für immer, denn diesem Partner geht es gut, und er wächst jeden Tag etwas mehr. In der Vergangenheit, als es noch keine Scheidung gab, war die Frau dem Göttlichen oft näher, am weitesten entwickelt und verwandelte sich dann im Laufe der Ehe in einen Hausdrachen, ein Fischweib, das immer an ihrem Ehemann herumnörgelte, weil der Energieverlust sie unglücklich machte. Sie haßte ihren Ehemann, ohne zu begreifen, warum. Die Nachbarn wunderten sich dann, warum ein braver Mann eine solche Frau abbekommen hatte, während dieser in Wirklichkeit jahrelang die Energie seiner Frau abgesaugt hatte und dadurch ein besserer Mensch geworden war.

Nehmen wir einmal an, daß der Fall umgekehrt und

der Mann der höher entwickelte Partner ist. Für eine Weile macht es ihm Spaß, seine Energie der eher hilflosen Frau zu geben, sein männliches Ego wird dadurch gestärkt. Aber nach einiger Zeit beginnt er einen Widerwillen zu spüren. Zu diesem Zeitpunkt hat er wahrscheinlich auch einen Beruf, der ihn ganz in Anspruch nimmt, und wenn er nach Hause kommt, nimmt ihm die Frau den letzten Rest der Energie aus den Chakren, ohne daß er es recht merkt. Aber seine Liebe schwindet dahin, und zum Schluß verläßt er die Frau. In früheren Zeiten war dies die Sorte von Mann, die ihre Familie aus Gründen, die allen anderen schleierhaft waren, verließ. Heutzutage lassen sich solche Männer einfach scheiden.

Wenn die Sexualität dazukommt, sieht man diese Art von Energiediebstahl am ehesten. Im Liebesakt verschmelzen sämtliche Energien beider Partner. Die Bibel nennt es »Einswerden«. Nach dem Geschlechtsverkehr bleiben die Energien für mindestens eine Stunde verschmolzen und halten sich in einer Weise, die selbst mich verblüfft. Als ich zum Beispiel vor ein paar Jahren am College lehrte, leitete ich ein Seminar, bei dem es die Regel war, daß Leute, die sich sexuell zueinander hingezogen fühlten, nicht nebeneinander saßen, um die anderen Schüler nicht zu stören. Eines Tages sah ich zwei Leute zu spät zur Klasse kommen. Meinen alten, hellsichtigen Augen konnte es nicht verborgen bleiben, daß die beiden kurz vorher Geschlechtsverkehr gehabt hatten, denn ihre Auren waren noch verschmolzen. Das Mädchen setzte sich etwa sieben Meter entfernt von ihrem Partner auf einen Stuhl, während die Energiemixtur ihr folgte, sich über die Köpfe der anderen

Studenten emporhob und wie ein Regenbogen zwischen den beiden erhalten blieb. Dann verblaßte der Bogen allmählich, und jede Farbe zog sich in den ursprünglichen Eigentümer zurück, eine nach der anderen. Ich hatte diesem Liebespaar schon vorher erklärt, daß sie ruhig an Heirat denken dürften, also ist dies ein etwas außergewöhnlicher Fall, da ihre Farben einander so ähnlich waren, aber dieser Fall verdeutlicht die Kraft der Aura-Energien. Um die Geschichte zu beenden – die beiden heirateten kurz darauf und zogen nach Oregon, wo sie acht Jahre später noch immer glücklich verheiratet sind. Es würde mich sehr wundern, wenn diese Ehe scheitert. Dieses Paar wird gemeinsam wachsen, jeder in der Lage, zu gleichen Teilen zu geben und zu nehmen, während sie zusammen alt werden. Es ist möglich, daß sie im nächsten Leben als *soul mates*, als untrennbare Seelenpartner zurückkommen.

Ein anderer Fall, von dem ich oft berichte, ist meine Freundin. Sie gehörte zu den Menschen, die bereits am violetten Chakra arbeiten, und machte große Fortschritte, als sie einen Mann kennenlernte, der zehn Jahre älter war als sie. Er hatte vier Jungen, die acht, zehn, zwölf und vierzehn Jahre alt waren. Er war ein guter Mensch, aber noch dem Orange des Prestigedenkens, dem Orange der Expansionslust und dem Grün des Strebens nach absoluter Kontrolle verhaftet. Dieses Bedürfnis, alle zu Untergebenen zu machen, ist ein negativer Aspekt des grünen Chakras. Noch vor fünfzig Jahren, als Männer ganz allgemein als der »Herr im Haus« betrachtet wurden, hatten die meisten Männer ganz sicher eine Blockade in diesem Chakra. Wie dem auch sei, dieser Mann hatte den zweiten grünen Strahl ziemlich fest zusammengezogen. Sein gelbes Chakra war einigermaßen klar, weil er intelligent war, aber der gelbe Energiestrahl, der anzeigt, wenn jemand sich Sorgen macht, war ebenfalls verhärtet. Er war einfallsreich, was das Geldverdienen anlangte, und zeigte auch keinen Geiz. Der Rest seiner grünen Strahlen war nicht sonderlich entwickelt, außer dem Strahl, der auf gute Gesundheit hinweist.

Die Kreativität meiner Freundin stand in völligem Gegensatz dazu, denn ihre grünen Farben flogen und strömten nur so aus ihr heraus. Das Blau war bei beiden ziemlich klar; beide liebten das Familienleben, die Kirche und die Gemeinde, aber wiederum war der Strahl, der die Gefühle für Gott und Religion anzeigt, bei dem Mann sehr stark zusammengezogen. Hierin offenbarten sich seine übermäßig traditionelle Einstellung zur Religion und eine Vorliebe für Regeln.

Er lehnte es ab, zu einer meiner Sitzungen zu kommen, weil er meine Hellsichtigkeit für ein Werk des Teufels hielt. Das war vor zwanzig Jahren, und damals wurde alles Ungewohnte als Teufelswerk bezeichnet. Viele hielten das Fernsehen, ärmellose Kleider und Badeanzüge für eine Erfindung des Gehörnten, daher überraschte es mich nicht, daß er mir seine Farben nicht zeigen wollte. Allerdings war ich ihm schon oft genug begegnet, um seine Aura in- und auswendig zu kennen, ungeachtet seiner ständigen Weigerung. Ich falle einfach hin und wieder in einen meditativen Zustand, ob ich will oder nicht. Meine Freundin bat mich um meine Meinung, aber sie war bereits ziemlich verliebt in den Mann und trug seinen Verlobungsring, und ich wußte, daß sie ihre eigenen Pläne ausführen würde, ganz gleich, was ich sagte. Also versuchte ich mit aller Vorsicht, ihr klarzumachen, in welchen Bereichen ihre Energie am meisten angezapft werden würde, und erklärte ihr auch, daß Kinder die größten Energiesauger von allen sind und diese vier Jungen seit Jahren keine Mutterliebe mehr gespürt hatten, also eine Menge erwarten würden.

Die beiden heirateten wie geplant, und für kurze Zeit leuchtete meine Freundin. Dann fiel mir auf, daß ihre Ausstrahlung rapide abnahm und ihre Aura immer kleiner wurde. Ich besuchte sie in ihrem Heim, und mir wurde klar, daß sämtliche Kinder um ihre Aufmerksamkeit kämpften und überall Unordnung herrschte. Wir müssen uns daran erinnern, daß Männer zu dieser Zeit grundsätzlich nicht im Haushalt halfen. Der Vater wünschte nicht, daß seine Söhne sich mit Frauenarbeit abgaben und rührte selbst keinen Finger im Hause. Er verlangte, daß die ganze Familie sonntags, mittwochs und sonnabends zur Kirche ging, und zwar mit gestärkten Hemden und frischgeputzten Schuhen, was eine Menge Arbeit für meine Freundin bedeutete.

Es dauerte kein Jahr und ihre Energie war völlig ausgelaugt. Ihre Schwingungen hatten sich so verlangsamt, daß sie Arthritis bekam. Die Ärzte verschrieben ihr sofort ein Medikament, das ihre Glieder anschwellen ließ, bis sie ein Gesicht wie ein Kürbis hatte. Sie litt unter unerträglichen Schmerzen und konnte überhaupt keine Hausarbeit mehr verrichten, weil sie nun an einen Rollstuhl gefesselt war.

In den ersten sechs Monaten der Heirat hatten der Mann und die Kinder von der Energie meiner Freundin gelebt und selbst zu strahlen begonnen. Dann, wie über

Nacht, war sie die Nehmende geworden, und seine Aura verlor an Strahlkraft. Die Auren von Kindern werden nur in Extremfällen, wie Kindesmißhandlung oder wenn die Eltern sterben, kleiner, aber die Auren dieser Jungen wurden ganz still. So ging das drei Jahre lang, in denen ich meine Freundin leiden sah und mit ihr litt. Ich meinte, ich hätte mich doch mehr bemühen sollen, sie vor der Verbindung mit diesem Mann und seinen Kindern zu warnen. Dieser zutiefst religiöse Mann, der die Welt noch immer in Extremen von Schwarz und Weiß betrachtete, war es schließlich eines Tages leid, seine Energie einer Invalidin zu geben und ließ sie mitsamt den Kindern allein. Die Großmutter übernahm die Kinder, und meine Freundin blieb allein in ihrem Rollstuhl zurück. Sie ging dann zu ihrer Schwester, die eine hochentwickelte Seele war und keine Schwierigkeiten hatte, ihre Energie meiner ausgelaugten Freundin zu widmen. Es dauerte keine sechs Monate, und sie konnte den Rollstuhl verlassen, sich die eigenen Mahlzeiten kochen und in jeder Hinsicht für sich selbst sorgen. Ein Jahr später arbeitete sie wieder, und ihre Aura war leuchtender denn je. Diese Erfahrung des gegenseitigen Energiediebstahls hat ihr viel über das Leben gezeigt. Später begegnete sie einem spirituellen Mann, der zu lieben gelernt hatte und verstand, daß man Gott alles Urteilen auf diesem Planeten überlassen sollte. Die beiden sind noch immer glücklich verheiratet, und jeder nährt die Aura des anderen.

Ein anderer Fall, der verdeutlicht, wie Auren verheiratete Leute beeinflussen können, ist der eines meiner spirituellen Freunde. Dieser Mann hat eine der schönsten Auren, die ich je gesehen habe. Gestalten von

Mönchen und heiligen Männern strömen aus seiner Aura, was bedeutet, daß er in vielen vergangenen Leben an seiner Seele gearbeitet hat. Die einzig schwachen Stellen in seiner Aura befinden sich im Grün des »Geldhaben-Wollens« und im negativen gelben Strahl der Angst.

Er gründete ein spirituelles Unternehmen und machte aus diesem Geschäft einen der schönsten Träume, die ich je verwirklicht gesehen habe. Er wurde wohlhabend und verbreitete dabei die Botschaft der Liebe und Heilung. Vielleicht waren seine Preise ein wenig höher als notwendig, und vielleicht war er ein bißchen zu sehr auf den eigenen Vorteil bedacht... Wie gesagt, der grüne Geld-Strahl war zusammengezogen bei ihm, aber gleichzeitig war er weiterhin kreativ. Dann lernte er eine sehr viel jüngere Frau kennen, verliebte sich Hals über Kopf und heiratete. Beide waren in der Bronx (New York) aufgewachsen und hatten viele Gemeinsamkeiten, insbesondere den gelben Angst-Strahl und die grüne Geldgier. Dazu kam, daß die Frau eine Blockierung im orangefarbenen Chakra hatte und zu den oberen Gesellschaftsschichten ihrer kleinen Stadt gehören wollte.

Die Heirat war eine Katastrophe. Beide waren in den gleichen Gebieten blockiert; keiner konnte dem anderen das Gleichgewicht geben, das er brauchte, und so wurden beide immer geldgieriger. Das Bedürfnis der Frau nach gesellschaftlicher Anerkennung blieb dem liebenden Ehemann, der ihr jeden Wunsch von den Augen ablesen wollte, natürlich nicht verborgen. Also wurde sein Geschäft mehr und mehr zum Ausdruck der Habgier, Verlogenheit und Hinterlist – von Manövern, die sich nur ein hochentwickelter Geist wie der seine hätte ausdenken können. Folge davon war, daß viele unschuldige, spirituelle Leute geschädigt wurden, er Tausende von Dollars verlor und bankrott ging. Er wurde verklagt und beschuldigt, Tausende von Dollars buchstäblich von Leuten gestohlen zu haben, die auf seine trickreiche Art hereingefallen waren. So wie ich das sehe, wäre dieser Mann noch heute geschäftlich erfolgreich, wenn er eine Frau geheiratet hätte, die den Strahl des Mutes im gelben Chakra aufweist und deren Grün ungehemmt fließt; kurz, einen Menschen, der die Tatsache erkannt hat, daß Gott den Seinen gibt und uns alles, was wir brauchen, zufließen läßt.

Nichts ist wichtiger für die Seelenentwicklung, als die Liebe zu Gott oder dem Guten (was beinahe dasselbe ist) und ein Partner, mit dem die Energien Tag für Tag verschmelzen. Mein größter Wunsch ist, daß alle einen Partner finden mögen, dessen Aura die eigene ergänzt.

6
Die Datenbank unserer Vergangenheit

Jeder hat ein tiefgehendes Gedächtnis, in dem alles Wissen aus vergangenen Leben gespeichert ist. Ich glaube, daß es in der rechten Gehirnhälfte sitzt, denn die Bilder aus früheren Leben, die ich während meiner Sitzungen sehe, erscheinen in diesem Kopfteil. Die Art, wie frühere Leben in der Aura auftauchen, zeigt mir, daß jeder Mensch am Ende seines Lebens mit der ätherischen Datenbank (Akashic Records) Verbindung aufnimmt. Das höhere oder göttliche Selbst ist der Teil, der jede Handlung, jeden Gedanken und jedes Gefühl wahrnimmt, um alle diese Erfahrungen dann in der Datenbank wie in einem Archiv zu speichern und zu verwahren. Das höhere Selbst strebt nach spirituellem Wachstum, und mit Hilfe der Intuition tritt man damit in Verbindung und kann so die Informationen im eigenen ätherischen Computer abrufen. So erfahren wir, welche Schritte mit welchen Menschen in welche Richtung im kommenden Leben unternommen werden sollen.

In der Zeit zwischen den Leben entscheiden wir uns für zukünftige Partner, Familienmitglieder und sämtliche wichtigen Beziehungen. Die generelle Tendenz ist, sich immer aufs neue mit denselben Seelen zu inkarnieren, teils weil wir diese Leute lieben, teils weil wir karmisch gefesselt sind. Vor jeder Inkarnation findet eine Kommunikation zwischen verbundenen Seelen statt, bei der entschieden wird, welche Formen und Beziehungen am hilfreichsten im kommenden Leben sind.

Aber nicht nur, daß wir alle bedeutsamen Beziehungen vor jeder Inkarnation festlegen, wir suchen uns auch die grundlegenden karmischen Themen aus, an denen wir arbeiten wollen. Manchmal gelingt es uns, ein karmisches Problem zu lösen; manchmal auch nicht. Erfolg ist oft auch von dem Schwierigkeitsgrad des gewählten Karmas abhängig, und manchmal ist es einfach zu schmerzhaft, den ursprünglichen Plan auszuführen. Manche Menschen treten nur deshalb in unser Leben, weil sie uns bei der Auflösung von Karma und von blockierten Energien helfen sollen. So war es, als ich Eddie, einem vierunddreißigjährigen Musiker aus New Orleans, begegnete.

Ich hatte Freunden versprochen, sie am Nachmittag in einem Restaurant in Santa Fe zu treffen. Als ich ankam, war das Restaurant geschlossen, und der einzige Mensch weit und breit war ein junger Mann, der am Türeingang lehnte. Eine Stimme tief in meinem Inneren sagte: »Den Mann kennst du!«

Ich, eine grauhaarige alte Dame, ging auf ihn zu, und dann fragte er mich: »Warum haben sie dich mir weggenommen?«

Er nahm mich in seine Arme, und ich wußte sofort,

daß diese Arme mich schon oft umfangen hatten. Bevor ich seine Aura gelesen hatte, wußte ich, daß wir viele Leben miteinander verbracht haben. Da war er nun und erklärte mir, daß meine Freunde ihn gebeten hatten, mir zu sagen, wo ich sie finden konnte.

Am nächsten Tag, als ich seine Aura las, stellte sich heraus, daß er mein Kind, mein Bruder, meine Schwester und in einem ganz besonderen Leben mein Ehemann gewesen war. In diesem Leben war er weit fortschrittlicher gewesen als die meisten Männer der gleichen Epoche in China und hatte mir das Schreiben, Lesen, Rechnen und Reiten beigebracht. Wir waren durch eine tiefe Liebe verbunden und verbrachten einen Großteil unserer Zeit mit Reiten und anderen Vergnügungen der herrschenden Klasse. Eines Nachmittags waren wir ausgeritten, als wir von einer Horde Mongolen überfallen wurden. Die Pferde und ich wurden eingefangen und verschleppt. Obwohl Eddie den Angriff überlebte und mehrere weitere Frauen und Kinder nach mir hatte, während er den Seidenhandel der Familie weiterführte, war der Satz: »Warum haben sie dich mir weggenommen?« für immer in sein Gedächtnis gegraben.

Wir waren uns sofort wieder sehr nahe, und sehr bald sah ich, daß er mir gesandt worden war, um mir die Gelegenheit zu geben, dieses Leben im 16. Jahrhundert aufzuarbeiten. Ich war schon mehrmals in dieses Leben zurückgereist und sah mich auch jedesmal von den Mongolen entführt werden. Dann verliebte ich mich in den Führer dieser gesetzlosen Bande und teilte für etwa zwei Jahre das Zelt mit ihm. Eines Tages kam seine Bande von einem Beutezug zurück, und mein Geliebter lag tot über dem Sattel seines Pferdes. Ich begann wie wahnsinnig zu schreien und hätte für immer weiterschreien können. Das war der Punkt, an dem ich nie weiterkam mit diesem Leben, ganz gleich, wie begabt der jeweilige Therapeut war. Hier brach ich einfach jedesmal vollkommen zusammen.

Eddie, der ja mein Ehemann in diesem Leben gewesen war, konnte die Szenen nach meiner Verschleppung natürlich nicht sehen, aber wir verbrachten Stunden mit Erinnerungen an unsere chinesische Jugendzeit und hatten ein Gefühl des Heimkommens. Er ging wieder nach New Orleans zurück, aber nach unzähligen Telefonaten und Briefen entschloß er sich drei Monate später, nach Santa Fe zu kommen, um mir dabei zu helfen, diesen eingefrorenen Teil meines Gefühlslebens zur Auflösung zu bringen. Drei Tage lang schauten wir uns die Szenen unserer gemeinsamen Erinnerungen an und hielten zahllose Kristalle in den Händen. Endlich, am dritten Abend, schwammen Teile der letzten Jahre jenes Lebens in meinem Gedächtnis herauf. Es waren Bruchstücke, aber nun sah ich endlich ein paar Bilder.

Am nächsten Tag machten Eddie und ich uns auf den Weg in das »Light-Institute«, das von meiner Freundin Chris Griscom (bekannt geworden durch Shirley McLaine) geleitet wird. Eddie war es nicht erlaubt, ihr bei der Arbeit zuzusehen, und so stand er vor der Tür und konzentrierte sich auf seinen Kristall, um mich zu unterstützen. Es dauerte nicht lange, und ich sah meinen Entführer tot über dem Sattel liegen. Für einen Moment war ich wie versteinert und wollte dann zu schreien anfangen. Chris spürte, was in mir vorging, und begann sofort, an einem der Punkte zu arbeiten, die bei der Akupunktur auf frühere Leben wirken. Dann kamen mir weitere Erinnerungen, und trotz der ganzen Wut, dem Schmerz und der Angst, die ich damals ausgestanden habe, gelang mir endlich der Durchbruch, und ein Großteil der Bürde, die ich seither durch alle weiteren Leben getragen habe, fiel von mir ab.

Damals, im 16. Jahrhundert, haben Eddie und ich uns nicht mehr wiedergesehen, aber in diesem Leben verhalf mir sein Auftauchen zu einem Durchbruch, einfach weil durch ihn das tiefste Zellengedächtnis geweckt wurde, und das hat mir sehr geholfen.

7
Veränderung der planetarischen Energie

Ich weiß, daß nicht alle meine Überlegungen und Ansichten von allen Lesern geteilt werden können. Dennoch möchte ich auch einige sehr persönlich, subjektive Gedanken äußern.

Das Lesen der Aura ist keine geheime Kunst, die nur Eingeweihten vorbehalten ist. Andererseits kann man Auren aber nur dann richtig lesen, wenn man sich das Fachwissen durch ein langes, fortgesetztes Studium und ein ehrliches Interesse an anderen Menschen erworben hat. Dazu gehören auch frühere Leben, so glaube ich, denn du mußt durch die eigene Aura hindurchsehen, um die eines anderen lesen zu können. Deshalb muß die eigene Aura transparent weiß sein, besonders im Kehlkopfbereich. Wenn man gelernt hat, weder sich selbst noch andere zu verurteilen, seine Selbstgerechtigkeit aufgegeben hat und aus Liebe heraus kommuniziert, dann wird der blauviolette Strahl dieses Chakras lavendelfarben und allmählich weiß. Die Farben dieses Chakras kreisen erst um das Gesicht, bevor sie sich mit dem Regenbogen des restlichen Körpers vermischen.

Mit dem Erlernen dieser letzten und härtesten Lektionen des seelischen Wachstums beginnen wir, durch die eigene Aura hindurch die Farben der anderen zu sehen; anfangs wahrscheinlich etwas heller, als sie wirklich sind. An diesem Punkt sieht man Farben, nimmt Schwingungen wahr und sieht manchmal auch geometrische Formen. Ein paar Leute haben mir erzählt, daß sie hin und wieder Bilder auf der rechten Seite des Energiestroms sehen. Mir fällt es leicht, aber andere scheinen Schwierigkeiten zu haben, diese Bilder wahrzunehmen.

Mit einer vollkommen klaren Aura, so wie Jesus sie gehabt hat, sieht man alles, ohne in einen veränderten Bewußtseinszustand gehen zu müssen, und dahin wollen wir natürlich alle kommen.

Im Laufe der Jahre habe ich gelernt, bestimmte Fragen zu stellen, die dann in den blockierten Bereichen des Klienten einen Bilderfluß auslösen. Diese Bilder beschreibe ich, und dadurch wird ein Strom von Gefühlen, meist mit Gänsehaut und Tränen verbunden, in ihm in Gang gesetzt. Ich beschreibe seine Kleidung und die geschichtliche Periode, soweit ich das sehen kann, und meistens bricht das jeweilige Chakra dann förmlich auf, wie ein Damm, über den die Fluten von aufgestauten Emotionen hereinbrechen. Ich habe gehört, daß inzwischen ein Apparat entwickelt worden ist, der jedem ermöglicht, Auren zu sehen, aber ich glaube nicht, daß uns das sehr viel weiter hilft, solange wir Bilder nicht deuten können.

Farben hängen von der jeweiligen Schwingungsfrequenz des Lichtes ab. Die Aura entsteht gewissermaßen durch Licht und ist ein Ausdruck der Seele, die diese Farben hervorbringt. Unsere Fähigkeit, Farben zu sehen, erweitert sich mit der Erweiterung des Bewußtseins. Noch vor fünfzig Jahren wurde die Farbe Rosa nur selten in der amerikanischen Kultur benutzt, obwohl sie in der europäischen Kunst und in der Kleidung selbst normaler Leute in anderen Kulturen häufig verwendet wurde. Nie werde ich die Freude vergessen, die ich empfand, als ich Rosa zum ersten Mal in einem Buch sah. Ich fand die Farbe in einer Kinderfibel bei einer Abbildung von Stockrosen. Natürlich hatte ich die Rosen meiner Großmutter im Garten gesehen, aber die Farbe auf Papier gedruckt zu sehen, war eine Sensation. Ich betrachtete dieses Bild für Stunden und verglich die Farbe mit dem Rosa in der Aura meiner Mitmenschen. Damals wie heute wußte ich, daß die reine Liebe, die ohne Urteil und Erwartung einer Gegenleistung liebt, mit rosa Strahlen verbunden ist. Ich nenne diese Liebe Menschenliebe, aber genaugenommen muß man sie als bedingungslose Liebe bezeichnen und geistig bis zu einem hohen Grad entwickelt sein, um sie zu empfinden. Jesus hat oft davon gesprochen und sie auch als »brüderliche Liebe« bezeichnet. Am stärksten tritt diese Farbe bei Leuten auf, deren Horoskop zeigt, daß sie den absteigenden Mondknoten im Steinbock und den aufsteigenden Mondknoten im Krebs haben. Meistens sehe ich sofort, daß sie anderen helfen wollen und interessiert sind, diese Fähigkeiten noch weiter zu entwickeln. Es gibt eine Menge Leute auf diesem Planeten, die auch heute schon zu universeller Liebe fähig sind.

Was Jesus gelehrt hat, löst Schwingungen im indigoblauen Chakra aus, wie alle Themen der Brüderlichkeit und Urteilslosigkeit. Erst als die Menschheit nach diesen Prinzipien zu lieben begann (und dazu muß man nicht dem Christentum angehören), lernte sie die heilende Wirkung der Farben zu schätzen. Die Lehren Jesu öffnen die blauen Schwingungen (brüderliche Liebe). Wenn er sagte: »Geht aus und verbreitet das Wort«, dann meinte er nicht: »Geht aus und verurteilt andere Leute in anderen Kulturen.« Treue und das Einhalten von Verpflichtungen und Versprechen gehören ebenso zu den blauen Strahlen und wurden in den letzten zweitausend Jahren stark betont, aber unsere Fähigkeit, Blau als Farbe zu sehen, ist noch sehr jung.

Der »Blaue Nil« war in Afrika nicht unter diesem Namen bekannt, sondern wurde »Gehirn« genannt. Homer beschreibt das Mittelmeer in der Odyssee nicht als blau, sondern als »dunkelweinrote See«, was mich annehmen läßt, daß er sich noch nicht bis zur Wahrnehmung der blauen Strahlen entwickelt hatte. Offenbar konnte er das Meer nur als rot oder braun wahrnehmen. Ganz ähnlich hat Aristoteles nur drei der Farben des Regenbogens wahrgenommen: Rot, Gelb und Grün. Das deutet darauf hin, daß die Menschheit als Ganzes zu seiner Zeit nicht in der Lage war, Blau und Violett wahrzunehmen.

Ich bin sicher, daß unsere Augen heutzutage eine größere Farbskala wahrnehmen als noch vor hundert Jahren. Tatsache ist, daß viele hochentwickelte Seelen weitsichtig sind. Mit zunehmendem Alter wird man ebenfalls oft weitsichtig. Weisheit kommt mit dem Alter, und so ist Weitsichtigkeit manchmal auch ein Zeichen zunehmender Weisheit bei alten Leuten.

Wir haben ganz allgemein große Fortschritte gemacht – wenn ich an die Mentalität der Leute vor den vierziger Jahren zurückdenke, wird mir klar, daß damals das Mißtrauen Fremden gegenüber sehr viel mehr verbreitet war und daß man meinte, Macht nur durch Gewalt erlangen zu können. Generell war man überzeugt, die Weltsituation nur mit Anwendung von rohen Kräften verändern zu können. Auch jetzt passieren viele tragische Dinge auf diesem Planeten, aber diese Dinge finden so offen vor den Augen der Welt statt, daß ich meine, wir können nicht umhin, die Ursachen dieser Negativität direkt anzugehen. Wenn wir die Energieverhärtungen im Rassenbewußtsein heilen, dann wird die Erde zu dem Paradies, das ihre ursprüngliche Daseinsbestimmung ist, denn dieses Rassendenken ist der Ursprung all unserer Konflikte. Wenn jeder Mann, jede Frau und ihre Kinder ihr eigenes kleines Grundstück und vielleicht ihr eigenes kleines Familiengeschäft haben, dann sehe ich keinen Grund, warum nicht alle Auren weiß werden sollen. Und dann leben wir in einem zweiten Garten Eden, der von Liebe und Brüderlichkeit beherrscht wird. Meiner Meinung nach ist diese Zeit nicht fern.

8
Wiederholung von Verhaltensmustern aus der Vergangenheit

Es macht mir Angst, wenn ich spirituelle Leute sagen höre: »Es gibt keinen Gott.« Solche Leute sind meistens sehr selbstsüchtig in der Art, wie sie andere behandeln. Sie meinen, die persönliche Macht schon ziemlich weit entwickelt zu haben, und beenden ihre Ausführungen mit einem Satz wie: »Wir sind über Gott hinausgewachsen.« Der grüne Strahl, der auf Manipulation hinweist, ist bei solchen Leuten dann fest zusammengezogen und fließt überhaupt nicht. Hier handelt es sich um eine nicht sonderlich subtile Art von Egoismus.

Ich sehe das Universum aus Energie bestehend, und für mich steht außer Frage, daß Astrologie eine reine Wissenschaft ist. Unsere Welt ist ein Teil der göttlichen Energie – das Resultat von Energien, die sich im ganzen Universum verteilen. Sie ist nur ein Teil der ungeheuren Energiemassen, die alles Leben hervorrufen. Himmel und Erde werden, wie ich das sehe, auf tausenderlei Weise von Energie bewegt. Ich halte Gott für eine Zusammenballung sämtlicher Energien und meine, daß Er-Sie-Es mit der Erweiterung des menschlichen Bewußtseins stärker geworden ist. Diese Bewußtseinserweiterung wird unseren Planeten in naher Zukunft in eine Gartenlandschaft von großer Schönheit verwandeln – und jedes bißchen Wissen aller alten Meister hat dazu beigetragen.

Der erste negative Strahl im blauen Chakra zeigt negative Gefühle über religiöse Dinge an. Dieser Tage lehnen höher entwickelte Menschen die traditionelle Kirche ab. Ich sage dann immer: »Laßt sie machen. Die Kirchen heben das Bewußtsein von Leuten, die eine dominante Führungskraft brauchen. Diese Leute kommen oft aus autoritären Elternhäusern oder Umgebungen, in denen sie ihr freies Denken nicht entwickeln konnten. Diese Kirchen müssen ihre Pforten schließen, wenn sie nicht mehr von Leuten mit einem Vater, der ihnen mit dem langen Stock auf die Finger klopft, unterstützt werden.«

Das höhere Selbst ist der Gott im eigenen Inneren, und doch ist es nicht der grenzenlose Gott, sondern nur ein Teil davon. Es gibt einen Gott, der gleichbedeutend mit allem Guten im Universum ist. Wir sind nur ein kleiner Teil davon.

In letzter Zeit hatte ich ein paar Sitzungen mit Leuten, die gesagt haben: »Alle Kraft ist in mir, und es gibt keinen Gott.« Da ich sehe, wie Energie von den Pflanzen zu den Menschen und von den Menschen in die Luft fließt und wieder zurück, und weiß, was der Strom dieser zurückkehrenden Energie in uns bewirkt, kann ich nicht akzeptieren, daß es keine größere Quelle der Energie geben soll als unsere kollektive Erdenergie, aus deren Zentrum heraus wir ernährt werden. Selbst wenn wir nie wieder ein Wort lesen oder einen Gedanken denken, wachsen wir dennoch weiter, einfach weil wir uns auf diesem Planeten befinden, aber wenn man lernt, denkt, betet und meditiert, geht es natürlich schneller. Den Körper mit einer guten Diät zu reinigen hilft ebenfalls, und es ist gut, in die Natur hinauszugehen.

Jeder von uns hat tiefe Erinnerungen, die offenbar in der rechten Gehirnhälfte gespeichert sind, denn aus dieser Hälfte entweichen die Bilder von früheren Leben, und alte Verhaltensmuster werden hier deutlich. Beispielsweise kann jemand jetzt einen negativen Manipulationsstrahl aufweisen (negatives Grün), und dann sieht man, daß er diesen aus seinem früheren Leben mitgebracht hat, weil er nicht an diesem Problem gearbeitet hat, bevor er zur anderen Seite hinüberging. Schon von frühster Kindheit an sitzt dieser Strahl also in seiner Aura und zeigt, daß er versucht hat, andere zu kontrollieren. Wenn ich so etwas in der Sitzung erwähne, strömt meistens eine Bilderflut aus der rechten Kopfhälfte des Betreffenden, ob er mir zustimmt oder nicht. Ich nehme zum mindesten das höhere Selbst wahr, was die anderen, weniger bewußten Teile dort in diesem früheren Leben getan haben. Wenn ich der Person dann erzähle, was für Bilder ich sehe, löst das normalerweise eine weitere Bilderflut aus.

In unseren Köpfen ist dermaßen viel Wissen gespeichert, daß ich mich frage, wie soviel Material dort eigentlich Platz finden kann. Die Art, wie die Bilder den Kopf in Energieform verlassen, gibt mir das Gefühl, daß jeder Mensch am Ende seines Lebens durch die ätherische Datenbank geht. Das höhere Selbst speichert das Gesamtwissen und erinnert den irdischen Teil daher an einen Computer, in dem sämtliche Erfahrungen aller vergangenen Leben und darüber hinaus die jetzige, momentane Erfahrung gespeichert sind. Während die Seele mit der Gotteskraft verbunden auf der anderen Seite steht, sucht sie sich aus, wen sie in ihrem zukünftigen Leben treffen wird, skizziert, welches Karma aufgearbeitet werden soll und mit wem sie eine Familie gründen möchte. Meistens suchen wir uns Bekannte aus und planen die nächste »Schulklasse« auf der Erde nach besten Kräften gemeinsam. Wer immer als nächstes an der Reihe ist, geht auf die Erde zurück und macht sich auf den steinigen Pfad nach oben.

Manchmal gelingt es uns, die eigenen Erwartungen zu erfüllen, und manchmal nicht. Das hängt davon ab, wie hart das Karma ist, das wir auflösen müssen. Aber eins ist gewiß: die Richtung geht von Leben zu Leben nach oben. Jeder sucht sich immer wieder dieselben Seelen aus, zum Teil, weil Liebe die verbindende Kraft ist, und zum Teil, weil karmische Schuld einen dazu treibt. Fast jedesmal findet man einen Grund, mit den alten Freunden zusammenzukommen, und sei es auch nur für kurze Zeit.

Schau dir deine Handflächen an – wenn die Handlinien ein klares Dreieck bilden, bist du zurückgekehrt, um anderen bei der Bewältigung ihres Karmas zu helfen. Solche Leute werden ausnahmslos zu Lehrern, Therapeuten, Heilern und anderen Helfern. Man kann die Seele eines anderen Menschen nicht verändern, aber wenn man rosafarbene Menschenliebe ausstrahlt, verbreitet man auf jeden Fall eine hilfreiche Energie.

Wie ich das sehe, arbeitet man sein Karma am schnellsten ab, wenn man wieder wie ein kleines Kind wird. Ein Kind kann zwar sehr wütend werden, aber wenn ihm Liebe entgegengebracht wird, fühlt es sich sofort besser und ist wieder bereit, zu lachen. Je weniger Unterstützung ein Kind im Elternhaus erfährt, desto enger wird seine Aura. Kinder akzeptieren, daß sie bestimmte Dinge nicht tun sollen, und wiederholen das Verhalten dann einfach nicht. Ist das nicht, was wir alle in unserem Leben erreichen möchten? Manchmal werde ich richtig traurig, wenn ich zu einer Schulabschlußfeier gehe. Meistens sind die Teenager voller Idealismus, solange sie bei ihren Eltern leben. Ich habe dieses Muster jetzt schon bei drei Generationen beobachtet und festgestellt, daß College-Studenten sogar noch mehr Idealismus zeigen, sofern sie unterstützt werden und nicht zu hart arbeiten müssen, um sich ihre Ausbildung zu verdienen. Dann kommt der Beruf, Heirat, soziales Ansehen, Überarbeitung und Erschöpfung. Der junge Mensch lernt ziemlich bald, daß er sämtliche Leute, die in sein Leben treten, nach besten Kräften ausnutzen muß, um in dieser Welt erfolgreich zu sein.

Neulich las ich einen Artikel über das Verhalten von Karrieremachern. Solche Menschen wenden sich von Freunden und der Familie ab und verbringen ihre ganze Zeit ausschließlich mit Leuten, die der Karriere förderlich sind. Wo bleibt da die Liebe, Treue, die Empfindsamkeit für die Gefühle anderer? Das sind die positiven Strahlen in den entsprechenden Chakren:

Liebe im roten, Treue und Mitgefühl im blauen Chakra.

Auf diesen Gebieten müßte die Regierung sich darauf einstellen, den menschlichen Bedürfnissen absoluten Vorrang vor allem anderen einzuräumen. Manche Nationen sind diesem Ziel schon näher als andere, aber noch immer gibt es keine Regierung, die eine solche Art von Feingefühl in den Bürgern reflektiert. Ich meine, daß Alkoholismus und Drogenmißbrauch von legalen wie auch illegalen Drogen auf eine unerträgliche Angst vor Armut zurückzuführen sind, und die Angst wird von unseren Regierungen gefördert. Aber die rote Energie brutaler Machtanwendung und Manipulation der heutigen Regierungen wird eines Tages der Humanität und Fürsorge, die im blauen Strahl ausgedrückt wird, Platz machen. Ein anderer Strahl, der die Handlungen unserer Regierungen reflektiert, ist die orangefarbene Energie des Egoismus im Chakra des Fortschritts und der Expansion. Ein Blick auf die Weltgeschichte zeigt jedem, wie die verschiedenen Reiche sich ausdehnten, indem sie benachbarte Provinzen überrannten. Daraufhin gab es Revolutionen und alle möglichen Unabhängigkeitskriege, aber sobald die befreiten Massen an der Macht waren, wurden sie genauso egoistisch und herrschsüchtig wie ihre Vorgänger. Offenbar können wir diesen Zyklus nur durch einzelne durchbrechen – durch Individuen, die viele Leben als Herrscher und Beherrschte gelebt haben, bevor sie bereit sind, in Liebe und Frieden zu existieren.

Bestimmte Charakterzüge übertragen sich von Leben zu Leben. Interessanterweise spiegeln unsere Gesichter genügend Ähnlichkeiten mit unserer früheren

Nationalität, unserer Geschlechtszugehörigkeit und so weiter wieder, daß wir uns selbst erkennen können. Auch die Namen werden übertragen. Offenbar gibt es da eine Macht, die den Eltern eingibt, welche Namen das Kind haben soll.

In dreißig von den fünfzig Leben, die ich bis jetzt wiedererlebt habe, war mein Name Lee, Lea, Lei oder ähnlich, so wie Lena, Mamalea, Mammie Lea, Maymilea und so weiter – immer eine Form von Lea. Mein Vater gab mir meinen Namen, und als ich ihn fragte, warum ausgerechnet dieser Name, sagte er: »Ich dachte, du wolltest gern so heißen.« Sprechen wir vielleicht mit unseren Eltern, bevor wir geboren werden? Viele Mütter haben in der Tat das Gefühl, daß ihre ungeborenen Kinder aus der Stille ihres Herzens heraus sprachen, schon Monate bevor sie auf die Welt kamen. Oder es wurde schon alles auf der anderen Seite mit Hilfe des ätherischen Computers geplant.

Mein Sohn war in vielen früheren Leben mit mir zusammen, und immer wieder hieß er Ronnie, Ronald, Vronnie. In diesem Leben wußte ich schon als Kind, daß mein Sohn Ronald genannt werden würde. Ich habe selbst meinen Puppen manchmal diesen Namen gegeben. In meiner Familie hat es nie einen Ronald gegeben und unter meinen Freunden ebenfalls nicht. Trotzdem benutzte ich den Namen schon als kleines Mädchen. Woher kam das? Ich wußte auch schon lange vorher, wie meine Kinder aussehen würden – selbst ihre Haut- und Haarfarben.

Schon im Frühstadium kann ich bei einer schwangeren Frau die kleine neue Lebensenergie sehen, zwar nur als Pünktchen, aber schon zu diesem Zeitpunkt sehe ich, ob es ein Mädchen oder ein Junge ist. Unsere alten Großeltern hatten recht in dem Glauben, daß die Persönlichkeit des Ungeborenen einen starken Einfluß auf die werdende Mutter hat. Das Baby wird deshalb in ein bestimmtes Elternpaar hineingeboren, weil seine Energie grundsätzlich auf der gleichen Schwingungsebene vibriert, wie die der Eltern. Diese übereinstimmenden Energien vermischen sich dann sofort und bleiben als Mixtur auch nach der Geburt erhalten. Daher reagiert das Kind viel mehr auf die wahren Gefühle der Mutter als auf das, was sie sagt oder wie sie an der Oberfläche aussieht. Eine verkrampfte Mutter bringt ein Kind zur Welt, das später Koliken hat, und da der Vater und die Mutter ständig ihre Energien austauschen, hat auch der Vater viel damit zu tun.

Es ist schwer, die Auren von Kindern vor ihrem zehnten Lebensjahr zu lesen, weil sie sich so schnell verändern und wenige Energiestrahlen klar hervortreten. Ihre Farben wechseln mit ihren Gefühlen, und die verändern sich ständig bei kleinen Kindern. Kinder sehen meistens aus, als liefen sie in einer rosaweißen Wolke herum, in der entweder etwas Rot auftaucht, wenn sie wütend sind, oder Grün, wenn sie besonders kreativ sind. Wenn sie sich konzentrieren, fließt manchmal eine gelbe Wolke aus ihnen heraus, aber trotzdem ist es sehr schwierig, die Aura eines normalen Kindes zu interpretieren.

Interessant ist auch für mich, daß frühere Leben eher sichtbar werden, während das Kind spielt. Ich glaube, wir wiederholen Szenen aus früheren Leben auf spielerische Weise mit sämtlichen Familienmitgliedern, wenn wir klein sind. Kinder benutzen das Wissen, das sie aus früheren Leben mitbringen, auf vielfältige Weise.

Als ich zwei Jahre alt war, waren meine Eltern noch nicht zwanzig, und wir lebten bei den Großeltern auf einem Bauernhof im Norden von New Mexico. Meine Eltern nahmen mich damals oft zu den verschiedenen Außenposten der Ranch mit. In dem Sommer, als ich drei wurde, wollte ich unbedingt eine Hütte bauen und benutzte dazu Steine, die ich einfach im Halbkreis nebeneinander legte. Ich holte meine kleinen Spielzeugteller und Pfannen, und brachte sie in mein »Haus«, um Matschkuchen für meine imaginären Spielkameraden zu backen. Eines Tages brachte mir die Mutter eine meiner Puppen und schlug vor, ich sollte doch ein Baby im Haus haben. Ich erklärte ihr, daß wir noch keine Kinder hatten und und stellte ihr Sam, meinen Ehemann vor. Das war ein alter Besenstiel, aber die größte Liebe meines Lebens. Ich erklärte ihr, daß mein Mann ein hochgewachsener Kerl war. Den ganzen Sommer verbrachte ich in meinem unsichtbaren Haus und war sehr glücklich. Aber eines schrecklichen Tages starb mein Sam, und ich war todunglücklich. Ich konnte nicht aufhören zu weinen, selbst als mein Vater mir den Besenstiel reichte und sagte: »Hier ist er doch, genauso gesund und munter wie gestern!« ... Aber ich war untröstlich. Für mich war Sam gestorben, und ich weinte mich in der Nacht in den Schlaf. Als ich erwachte, mußte ich nicht mehr weinen, spielte aber nie wieder in meiner Hütte.

Als Erwachsene bin ich bei meinen Reisen in frühere Leben immer wieder ungewollt in eins hineingeraten, in dem ich in einem kleinen Häuschen in Südbayern lebte, es sei denn ich hatte einen ausgezeichneten Führer. Damals war ich eine kleine, rundliche Frau, die mit einem hochgewachsenen Mann namens Sam verheiratet war. Wir führten ein glückliches Leben. Er ging in den Wald, um Wild zu jagen, das er dann an die Dorfbewohner verkaufte. Wir waren kinderlos, und so verbrachte ich meine Zeit mit Brotbacken, das ich ebenfalls im Dorf verkaufte. Wir lebten am Waldrand in der herrlichen Natur. Manchmal habe ich das Gefühl, daß meine Einfachheit in diesem Leben ein direktes Resultat des damaligen Lebens ist. Ich glaube, daß Sam und ich damals nicht viel Karma angesammelt haben, denn wir waren einfache, ehrliche und gute Menschen, die glücklich waren. Er starb vor mir, und meine Trauer war so groß, daß ich bald darauf ebenfalls starb.

Noch heute ist ein Teil von mir dieser kleinen, rundlichen Hausfrau verwandt, die gerne arbeitet und für andere sorgt; die am Ofen sitzt in einer kalten Winternacht und meint, daß die ganze Welt in ihrem Häuschen beginnt und endet. Ich habe Sam im jetzigen Leben wiedergesehen, und er war immer noch gutaussehend und hochgewachsen und ein Handelsmann. In den turbulentesten Jahren meines Lebens war er mir ein unersetzlicher Freund. Diesmal haben wir nicht geheiratet, aber wir hatten eine geistige Verbindung, wie ich sie mit keinem anderen Menschen in diesem Leben kannte. Er ist mittlerweile gestorben, und ich weiß, daß er ein Teil des Begrüßungskomitees sein wird, das mich empfängt, wenn ich auch auf die andere Seite gehe. Dann stellen wir uns wieder vor den großen »Computer« und machen einen neuen Plan.

Viele Aspekte aus früheren Leben sind auch heute

noch ein Teil von uns, aber von dem ständigen Einfluß dieser Dinge und den ganzen psychologischen Kämpfen mal abgesehen, hat das Ganze auch noch eine einfachere Seite, die Jesus anspricht, wenn er sagt: »Oh, welche Herrlichkeit ich in Dir hatte, bevor die Welt war.«

Während wir im Jenseits eine Ruhepause machen, können wir uns im Licht dieser Art von Liebe sonnen. Ich bitte um Einfachheit des Herzens für uns alle, damit wir diese Herrlichkeit nicht ganz vergessen. Ich bin aus freien Stücken eine einfache Frau.

9
Vergangene Leben und vertraute Menschen

Als Kind habe ich immer gewußt, daß ich andere Leben gelebt habe, und sah oft blitzhafte Bilder, ohne die Bruchstücke allerdings je zusammenfügen zu können. Nach einer Reihe von Operationen im Jahre 1970 nahm ich ungeheuer zu und tat alles, was in meiner Macht stand, um die Gewichtszunahme aufzuhalten, oder besser noch, rückgängig zu machen. Dann schlug ein Freund, den ich sehr schätze und mit dem ich viel zusammen gelernt habe, vor, mich durch Hypnose in meine Kindheit zurückzuversetzen, um dort vielleicht den Ursprung meines Problems zu finden. Alles ging gut, während ich Jahr um Jahr zurückging und erzählte, was ich sah, aber dann kam ich an einen Punkt, wo ich zweieinhalb Monate alt war und mich an eine sehr häßliche Szene mit meiner jungen Mutter erinnerte. Daraufhin wollte der Therapeut mich zur Geburt zurückführen, aber statt dessen fing ich an, mit einem schottischen Akzent zu reden und geriet in ein Leben, in dem ich eine einfache Landfrau im Schottland des 13. Jahrhunderts war und ein glückliches Dasein hatte.

Nach diesem Erlebnis folgten noch eine ganze Reihe von Sitzungen, aber bei dieser Art von Rückführung zwingt man das Bewußtsein in oftmals sehr schockierende Umstände hinein. Deshalb arbeite ich nicht auf diese Weise, denn einmal mußte der Therapeut sogar den Arzt rufen, als ich in ein besonders schockierendes Leben hineingeriet. Es ist besser, der eigenen Seele zu folgen, wohin sie auch gehen mag, denn dabei lernt man mehr. Wenn die Leute von einer Sitzung mit mir nach Hause gehen, bei der sie ihrem eigenen höheren Selbst in ein vergangenes Leben gefolgt sind, dann fliegen sie förmlich dahin. Ich sehe die Bilder und kann ihnen dabei behilflich sein, den richtigen Ort, die Zeit und ihr Geschlecht zu finden, aber die Klienten selbst erledigen den Hauptteil der Arbeit. Ich meine, daß diese Art zu arbeiten ein Ausdruck des Neuen Zeitalters ist. Je mehr Leute Auren sehen, und das wird in naher Zukunft allgemein der Fall sein, desto weiter wird sich diese Heilungsmethodik verbreiten.

Schon immer sah ich Bilder aus anderen Leuten herausströmen, wie zum Beispiel bei meiner Mutter, die in ihrem letzten Leben eine »Southern Belle«, eine schöne junge Frau in den Südstaaten Amerikas gewesen war. Damals wurde sie von zahlreichen Sklaven bedient – aber was sie an Positivem aus diesem Leben gelernt hat, ist mir noch heute ein Rätsel, außer der offensichtlichen Tatsache, daß man aus jedem Leben lernt. Ihre Vorliebe für schöne Kleider und ihr Stilbewußtsein behielt sie auch bis zu ihrem Tode in diesem Leben bei. Ich bin sicher, daß ein Großteil ihres Karmas aus dieser Zeit vor dem Bürgerkrieg stammte. Bilder von dieser Schönheit mit ihren langen, bunten Kleidern gehören zu meinen frühesten Erinnerungen. Wenn sie wütend oder verletzt war, flossen Bilder einer launischen jungen Grundbesitzerstochter aus der rechten Hälfte ihres Kopfes. Sie war von Anfang an übersensibel und leicht zu verletzen, und ich glaube, daß dieses Verhaltensmuster aus dem Leben stammte, in dem sie so gut wie keine Verantwortung für sich selbst tragen mußte.

Es gibt ein Energiegesetz, das bestimmt, daß wir genauso auf die Erde zurückkehren, wie wir sie verlassen haben. In ihrem Leben in den Südstaaten war ihr jetziger Vater ihre Mutter gewesen, und nun war er körperlich nicht in der Lage, mit dem harten Leben im amerikanischen Mittelwesten fertig zu werden, obwohl er geistig sehr auf der Höhe war. Zu diesem Vater kehrte sie also zurück, denn seine Energie ähnelte der ihren, und so wurde sie wieder zu Eltern geboren, die ein Landleben ähnlich dem der Südstaaten führten, außer daß sie nun keine schwarzen Sklaven hatten, sondern Mexikaner, die für sehr wenig Geld arbeiteten. Sie war astrologisch gesehen eine dreifache Jungfrau, überaus empfindlich und kam in eine Situation, in der sie wieder die verwöhnte Tochter war, die sich nur für sich selbst und die eigenen Wünsche interessierte. In diesem Leben heiratete sie nacheinander zwei sehr starke Männer, die bis an ihr Lebensende für sie sorgten. Ich bin sicher, daß beide Männer diese Wahl bewußt trafen, als sie vor dem ätherischen Computer standen. Beide hatten Auren, die sich nur in wenigen Punkten mit der meiner Mutter vertrugen, und so glaube ich, daß es hier grundsätzlich um karmische Schulden ging, die abbezahlt werden mußten. Beide Männer waren weise und fürsorglich und versuchten nach besten Kräften, ihre Wertvorstellungen so weit zu verändern, daß sie sich wohl fühlen konnte. Sie machte auch ein paar Fortschritte, aber dabei saugte sie die Energie beider Männer vollkommen aus. Erst nach ihrem Hinscheiden erholten sich die zwei und starben später selbst auf einer sehr hohen Bewußtseinsebene.

Während einer Regression in meine heutige Kindheit mußte ich wiedererleben, wie ich meine Mutter gehaßt habe. Einmal fuhren wir in einem alten Auto durch das sonnenverbrannte Oklahoma. Ich saß bei meinem Onkel Joe auf dem Schoß und trug einen roten Samthut auf dem Kopf, dessen strammes Elastikband an meinen Ohren scheuerte. Ich wollte mir das scheußliche Ding, in dem ich nicht den geringsten Sinn sah, herunterreißen, aber das Modebewußtsein meiner Mutter war ihr wichtiger als meine Schmerzen, und so mußte ich den Hut aufbehalten. Das war meine Mutter mit neunzehn Jahren – später, kurz vor ihrem Tode, hätte sie so etwas nicht mehr gemacht. Trotzdem konnte sie es auch später nie lassen, andere zu bevormunden.

In einer anderen Situation, die ich schildern möchte, war ich etwa zweieinhalb Monate alt und nahm alle Gefühle ringsumher schon mit erstaunlicher Deutlichkeit wahr. Mutter und Vater saßen nebeneinander auf zwei Stühlen, die der Großmutter gehörten und deren spezielle Konstruktion ich später bewußt aus meinem Gedächtnis verbannte. Meine Mutter hatte mich an der Brust, und ich muß sie unabsichtlich gebissen haben. Sie schleuderte mich von sich und in die Arme meines Vaters. Mir brach buchstäblich das Herz, und gleichzeitig machte ich mir Sorgen um meinen Vater, in dessen Gesicht geschrieben stand, wie sehr ihn dieses Verhalten selbst verletzte. Es hört nie auf, mich zu erstaunen, wie Kinder von frühester Jugend an ihre Fähigkeiten aus vergangenen Leben benutzen.

Hier sind wir also wieder in der Schule und machen uns erneut auf den Weg, in der Hoffnung, diesmal den Grad der Vervollkommnung zu erreichen, nach dem wir uns sehnen.

Mittlerweile kann ich mich ohne Schwierigkeiten in alle möglichen früheren Leben begeben, aber mein höheres Selbst ist auch einfallsreich genug, mich ständig in die angenehmen Leben zu leiten. Jeder versucht, Schmerzen möglichst zu vermeiden, und deshalb braucht man einen guten Therapeuten für die weniger glücklichen Erfahrungen. Die Chakren sind eines über dem anderen angeordnet, und wenn man am untersten anfängt oder am Chakra, das einem am leichtesten zugänglich ist, dann hat die Seele genügend Zeit, sich im eigenen Tempo fortzubewegen. Wenn ein Therapeut dich in ein Leben zurückversetzt hat, ist es ratsam, erstmal Bücher oder Videos über die betreffende Kultur zu besorgen und nichts zu überstürzen. Eines Morgens wachst du dann auf und weißt alles über dieses Leben, was notwendig ist. Du siehst die tatsächlichen Abläufe und brauchst keine weiteren Phantasievorstellungen zu benutzen, obwohl es immer hilfreich ist, die violette Farbe zu visualisieren. Ich weiß, daß wir auf astralen Ebenen weiterlernen, während wir schlafen. Wir machen Erfahrungen auf der anderen Seite und wachen mit neuen spirituellen Erkenntnissen auf.

In Indien werden Hellseher wie ich von normalen

Ärzten für Diagnosen zu Rate gezogen, denn in Asien weiß man, wie wichtig es ist, die Aura in ein Gleichgewicht zu bringen. Es gibt Heiler, die keine Farben sehen, sie aber fühlen. Die Chakren sind Schwingungsstrudel mit individuellen Formen und geometrischen Energiemustern, die alle eine Bedeutung haben. Alle diese Dinge verändern sich mit wechselnden Gefühlen, entspringen aber einer grundsätzlichen Energiebasis, die aufzeigt, ob ein Strahl nur für kurze Zeit oder auf Dauer blockiert ist.

In diesen Tagen interessieren sich mehr und mehr Leute für ihre früheren Leben. Ich glaube, das liegt daran, daß Hellsichtigkeit in naher Zukunft nichts Ungewöhnliches mehr sein wird – und alle wollen zu den ersten Vorreitern gehören. Das wird eine herrliche Zeit, wenn niemand den anderen mehr belügen kann! Die Tatsache, daß jemand sich zu einem bestimmten Land oder einer bestimmten Kulturperiode hingezogen fühlt, zeigt mir, daß er dort wahrscheinlich ein paar Leben verbracht hat, aber der wahre Durchbruch in diese Zusammenhänge wird erst durch den richtigen Chakra- oder »Past-Life«-Therapeuten möglich. Diese Experten helfen einem dabei, die Energien auszubalancieren, so daß das Karma in kürzester Zeit geklärt werden kann. Ich habe jahrelang gezögert, dieses Buch herauszugeben, weil ich Angst vor Scharlatanen hatte, die nach dieser Lektüre plötzlich behaupten, hellsichtig zu sein. Erst kürzlich habe ich es abgelehnt, einen Workshop für trainierte Leute und fortgeschrittene Heiler abzuhalten. Als ich mein höheres Selbst fragte, ob ich diesen Workshop halten soll, bekam ich dieselbe Antwort, die ich seit vierzig Jahren bekomme: Jede Seele muß sich die Fähigkeit des Auralesens erarbeiten, und letzten Endes ist es ein Gottesgeschenk.

Die kommenden gewaltsamen Veränderungen auf unserem Planeten machen eine freifließende Aura zur Lebensnotwendigkeit, denn nur damit können wir uns vor radioaktiven Strahlen und Verseuchungen schützen. Nach den Erdbeben, Stürmen, Vulkanausbrüchen und Flutwellen werden nur noch die reinen Seelen auf der Erde zurückbleiben, so glaube ich. Dann gibt es kein Konkurrenzdenken, keine Macht- und keine Geldgier mehr. Dann geschieht, was die Bibel sagt: »Den Sanftmütigen wird die Welt gehören.«

10
Die Kraft der Chakren

Mit früheren Leben zu arbeiten ist nicht der einzige Weg zu spirituellem Wachstum. Wenn man weiß, welche Strahlen der eigenen Energie verhärtet oder zusammengezogen sind, erkennt man seine Schwächen. Sobald man herausgefunden hat, warum ein Strahl blockiert ist (und das rührt oft aus anderen Leben her), unternimmt man den nächsten Schritt, um sich schließlich von dem ewigen Kreislauf des Lebensrades zu befreien. Es gibt spezielle Therapien, die blockierte Energien freisetzen. Häufig geschieht so etwas, wenn ich auch nur zu einem meiner Klienten spreche: Blockierte Energiestrahlen brechen auf, als wäre ein Staudamm von den Wassern der Heilkraft überflutet worden. Um die Chakren von allen negativen Strahlen zu befreien, muß man Schritt für Schritt vorangehen, immer in Richtung Seelenfrieden, Wachstum und Liebe als dem wichtigsten Ziel unseres Lebens.

Alle Chakren haben sowohl positive als auch negative Strahlen. Einer der negativen Strahlen, der dem Wanderer auf seinem Weg nach oben viel Energie nimmt und das Wachstum erschwert, sitzt im violetten Chakra, und ich nenne ihn den Strahl des Chaos und der Unsicherheit. Es ist möglich, das eine ohne das andere zu haben, aber negative wie positive Energien offenbaren sich im selben Strahl. Ich kenne verschiedene Leute, die sehr weit entwickelt sind, die aber weiterhin den negativen Strahl in diesem Chakra aufweisen. Wahrscheinlich muß man erst den blauen Strahl reinigen, der an der Ordnung und den gewohnten Regeln festhält. Es ist, als wüßte man, daß die Dinge nicht so festgelegt sind, wie man immer annahm, und als würde man daraufhin in ein Chaos stürzen. Noch immer stellen wir uns selbst in Frage, und die größte Unsicherheit liegt in der Frage, ob wir geliebt werden oder nicht. Ordnung ist ein Bestandteil der Natur und unbedingt notwendig für das spirituelle Wohlbefinden.

Neunzig Prozent aller Leute, deren Aura ich lese, arbeiten am violetten Chakra, dem letzten sogenannten »Arbeits-Chakra«, in dem die härtesten Nüsse, wie Verurteilung, Selbstgerechtigkeit und Kommunikationsschwierigkeiten, geknackt werden. Hier kann durch Visualisation von violettem Licht viel zum Positiven gewendet werden.

Die Auren von Heilern sind oft schon so rein, daß sie als weiß oder fast weiß erscheinen. Ein junger Mensch mit einer solchen Aura ist fast immer nur deshalb auf der Erde, weil er anderen helfen will, nicht weil er zurückkommen mußte. Ich habe eine Freundin, deren Aura fast völlig weiß ist. Für mich ist es offensichtlich, daß sie aus freien Stücken hier ist und eine der besten Heilerinnen, die ich kenne. Ein anderer Freund, der ebenfalls ein Heiler ist, bietet ein interessantes Farbschauspiel. Seine Aura ist wie ein Regenbogen, und aus seinen Fingern fließt ein starkes violettes Licht, wenn er Leute berührt, um seine Energie zu übertragen.

Ich begegne heute mehr Leuten mit violetten Strahlen als je zuvor, weil die meisten an diesem Chakra arbeiten. Interessanterweise führt der negative Strahl der Unsicherheit und des Chaos zu einer Weiterentwicklung von schauspielerischen Fähigkeiten. Das Verständnis der Gefühlswelt aller Menschen, aller Rassen und Gesellschaftsschichten öffnet die grünen Strahlen der Kreativität und die violetten Strahlen der Vorstellungskraft, während sich der Strahl der Unsicherheit und des Aufruhrs gleichzeitig zusammenzieht. Das liegt offenbar daran, daß die Seele zu sehr belastet ist, um selbstsicher zu sein.

Sobald wir nicht mehr ausschließlich an den eigenen Ansichten festhalten und Graubereiche wahrnehmen anstelle des alten Schwarzweißsehens, werden wir offener und kreativer im Umgang mit anderen. Irgendwie löst die Öffnung der violetten Strahlen auch die Öffnung der kreativen grünen aus. Dadurch wird das Besitzdenken im grünen Chakra überwunden, und man wird fähig, sich in andere hineinzuversetzen. Daher sind die grünen Strahlen bei Schauspielern durchweg offen, und überhaupt sind Schauspieler oder Schauspielerinnen fast immer sehr alte Seelen, was wohl auch daran liegt, daß sie ein breites Spektrum von Erfahrungen in zahllosen Leben gesammelt haben. Der violette Visualisationsstrahl kann sich einfach darin äußern, daß sie sich einen leeren Raum ohne Mühe als voll dekoriert vorstellen können, oder darin, daß sie sich bis ins letzte Detail in eine andere Person hineinversetzen können. Wenn wir diesen violetten Strahl verwenden, um das Leiden aller zu begreifen und darüber hinaus den blauen Strahl der Eigenverantwortung geöffnet haben, dann sind wir auf dem Weg zur universellen Liebe, dem Ziel, nach dem jeder spirituelle Mensch strebt.

Ich werde häufig gefragt, was die Leute tun können, um Farben auf die wirkungsvollste Art zu benutzen. Hier ist mein Vorschlag: Sieh dich selbst umgeben von einem reinen Licht, das heilt, was auch immer für Wunden du hast. Die Farbe, die du dir vorstellst, wird höchstwahrscheinlich auch deine Lieblingsfarbe sein. Das höhere Selbst ist sehr weise. Stell dir vor, du hast genau den Körper und den Geist, den du schon immer haben wolltest, und leg dich hin oder versetze dich in einen meditativen Zustand, ohne dabei von dieser Visualisation abzuweichen. Ganz gleich, was um dich herum vorgeht – du findest dein inneres Gleichgewicht und deine Ruhe mit dieser Technik sehr bald wieder. Das Gehirn löst die Farbstrahlen in den einzelnen Chakren aus. Wenn du dein Gehirn überzeugen kannst, daß du deinen Wunschtraum verwirklicht hast, wird es auch so kommen; es sei denn, dein höheres Selbst hat etwas dagegen. Laß dir deine schwachen Punkte von einem guten Aura-Leser zeigen. Danach mußt du dich nur eine Zeitlang regelmäßig in der Kunst der Visualisation üben. Das dürfte genügen, um jedem klarzumachen, wieviel mehr Macht wir über die eigene Psyche, unseren Schlaf und allgemeinen Gesundheitszustand haben, als wir je annahmen.

11
Gehirn und Bewußtsein

Im Westen gibt es unterschiedliche Meinungen über die Plazierungen der Farben am Körper. Ich habe mit mehreren Indern gesprochen und festgestellt, daß sie das gleiche sehen wie ich. Die Hauptfarben befinden sich an der Wirbelsäule und verändern sich nur mit den wechselnden Gefühlen und Gedanken. Die Botschaften der einzelnen Chakren werden über Nervenstränge, die vom Gehirn aus in die Wirbelsäule und die Wirbelströme der Chakren verlaufen, weitergeleitet.

Die Anordnung der Farben folgt Naturprinzipien. Das Orange befindet sich zwischen Rot und Gelb und ist eine Mischung beider Farben. Grün befindet sich zwischen Gelb und Blau und ist eine Mischung davon. Das indigoblaue oder auch später violette Chakra ist am vielfältigsten und kompliziertesten, denn hier werden auch die schwierigsten Hindernisse im Leben überwunden, bevor man zur universellen Liebe gelangt. Die negativen Strahlen im Violetten scheinen ein Resultat der Arbeit an den negativen blauen Strahlen zu sein, die sich in der Brustgegend befinden. Ein Großteil unseres

Wachstums wird in diesen negativen blauen Strahlen bewältigt, da die meisten von uns irgendwann einmal an organisierten Religionen und rigiden Dogmen festgehalten haben. Wir sind jetzt gerade im Begriff, diese Stufe der Evolution hinter uns zu lassen, und müssen nun alleine und mit Gottes Hilfe weitergehen, ohne jede Krücken. Wenn man anfängt, das indigoblaue Chakra zu reinigen, entsteht ein violettes Gemisch, das aus dem Rot der Aktivität und dem Rosa der Menschenliebe besteht. Dieses Violett ist erst dunkel und wird dann heller. Zu guter Letzt, wenn wir weiter an unserem Bewußtsein arbeiten, verwandelt sich das Violett in eine Lavendelfarbe und schließlich in reines Weiß. Das dritte Auge beinhaltet alle Farben der Chakren im Körper, aber erst im Fächer- oder Kronen-Chakra vereinigen sie sich zu reinem Weiß.

Ich habe die Auren von Leuten aller Nationen gelesen und sehe alle hart daran arbeiten, die eigene Göttlichkeit zu verwirklichen. Wenn dieser Zustand erreicht ist, wird die Erde eine völlig neue Kultur hervorbringen, in der nur die Wahrheit herrscht. Hippokrates schrieb um 400 vor Christus: »Der Mensch sollte wissen, daß aus dem Gehirn allein unsere Freuden, Gelächter und Scherze entstehen, genau wie unsere Sorgen, Ängste und Nöte.«

Die alten Ägypter sagten, daß Schmerzen von den eigenen Gedanken erzeugt werden. Heute haben wir in technologischer Hinsicht alle Schwellen überschritten, innerhalb derer sich die Seele wohlfühlen kann, und wenn wir diese Ängste und Schmerzen deutlich in den Farben widergespiegelt sehen, werden wir die Wahrheit dieses Ausspruchs vielleicht besser verstehen.

Um dem Ego die Trennung von Objekten der Begierde und Besitztümern zu erleichtern, mußten wir uns neue Denkweisen aneignen. Der Wunsch, das Wissen zu behalten, welches das gelbe Chakra uns aufbauen half, hat uns in die Gier nach Reichtum gestürzt und eine Habgier verursacht, die Unreinheiten in den Strahlen der Eifersucht, Selbstsüchtigkeit und Tendenzen zur Manipulation anzeigt. Daraus entsteht wiederum ein Streben nach immer größerer Sicherheit, Angst vor Verlusten und erneute Machtgier. Offen gestanden, wir saugen die Energie anderer Leute oft nur deshalb aus, weil wir die Isolationsgefühle des Egos erleichtern wollen. Damit raubt man dem Mitmenschen das Licht und die Lebenskraft.

Es ist nicht die Aufgabe von anderen, uns Kraft zu geben oder glücklich zu machen. Wir müssen aus der eigenen Kraft schöpfen und uns selbst glücklich machen. Auf der anderen Seite fühlen wir uns allerdings wohler, wenn wir von Energien umgeben sind, die zu den unsrigen passen. Das ist ein Naturgesetz und wird überall beobachtet. Pflanzen brauchen Licht, und die Blätter und Blumen orientieren sich an der Sonne und folgen ihr auf ihrem täglichen Himmelsweg. Die Grundbausteine der Natur sind Wasserstoff und Kohlenstoff. Kohlenwasserstoffe entstehen durch eine Interaktion von Licht und Wasser in einem Prozeß, der Photosynthese genannt wird. Menschliche Körperzellen ernähren sich von Licht, daher fühlt man sich automatisch zu Leuten mit einer lichten Aura hingezogen. Alles Leben strebt danach, mehr Energie aufzunehmen.

Das grüne Chakra zeigt wachsende Energien am

deutlichsten auf, und so hat jemand, der Grün ausstrahlt, eine hervorragende Vitalität und zieht finanziellen Reichtum in der einen oder anderen Form an sich. Wer viel Grün ausstrahlt, hat normalerweise auch Selbstvertrauen. Ein solcher Mensch kann Probleme leicht bewältigen, braucht dafür aber eine Menge Sicherheit und Unterstützung. Wenn ihm diese Sicherheit nicht gegeben wird oder ein Teil von ihm blockiert ist, neigt er zu sinnloser Aktivität und grundlosen Wutausbrüchen. Ein fest zusammengezogener Sicherheitsstrahl kann Eifersucht und Selbstsucht hervorrufen, und dann zieht sich der Strahl, der manipulative Beziehungen im grünen Chakra anzeigt, noch mehr zusammen.

Im Gegensatz zu Leuten mit einer grünen Aura leben Menschen mit einer blauen Aura hauptsächlich in der Vergangenheit. Alle Handlungen werden von vergangenen Ereignissen beeinflußt. Ein solcher Mensch liebt es, Gedankenkonstruktionen in den Raum zu stellen. Er erklärt seinen Glauben an Gottes Macht, setzt aber gleichzeitig sämtliche Regeln fest, damit Gott auch genau weiß, wie die Dinge eigentlich sein sollten. Dennoch sind die positiven Strahlen der Loyalität, Verantwortlichkeit, Familiensinn usw. ein notwendiger Bestandteil der persönlichen Entwicklung.

Unser Verstand ist ein grobstofflicher Teil unseres Geistes, und das Gehirn ist fleischgewordener Geist. Der Verstand formt Bilder und Ideen, erfüllt diese mit Bewußtsein und akzeptiert diese Konstrukte dann als real.

Die Liebe zu bestimmten Personen im jetzigen und in früheren Leben drückt sich in den blauen Strahlen aus. Leute mit Negativität im blauen Chakra waren in den letzten zweitausend Jahren sehr zahlreich. Sie sind selbstzufrieden, oft geradezu selbstgefällig und stolz auf ihren Idealismus. Alles, was sie machen, erfüllt sie mit Selbstzufriedenheit, selbst wenn es Bomben sind, die sie auf unschuldige Frauen und Kinder abwerfen. Sie sind nie um eine Rechtfertigung für ihre Handlungen verlegen, in ihrer Blasiertheit und übermäßigen Zufriedenheit mit den eigenen Ansichten. Sie lieben Kinder und Tiere, solange diese genaue Instruktionen befolgen. Ein bezeichnender Fall ist das Kind, das im Alter von zwei Jahren gezwungen wird, stundenlang vollkommen still auf einem Stuhl zu sitzen. Meistens werden die Kinder dieser Leute rigoros gegängelt und bestraft, bis sie ihr natürliches Bedürfnis nach Bewegung so weit unterdrückt haben, daß sie stillhalten können. Dennoch zeigen diese blauen Chakra-Leute ein ausgeprägtes Pflichtbewußtsein und Familiensinn. Auch haben sie ein starkes Gruppengefühl und demonstrieren ihre Loyalität, solange die gewählte Gruppe ihren Vorstellungen entspricht und sich nicht verändert. Untergebene werden dominiert, während man sich vermeintlich Höherstehenden unterwirft. Das blaue Chakra zeigt extreme Gefühle auf, sowohl in den positiven als auch den negativen Strahlen.

In der Vergangenheit schufen sich die Bürger ihre Königshäuser und befolgten deren Gesetze. Es sieht aus, als wäre der Kommunismus von einer Nation von Leuten geschaffen worden, die an ihrem blauen Chakra arbeiten. Nur wenn diese Länder in das violette Chakra hineinwachsen, zu kommunizieren lernen und ihre verurteilende Selbstgerechtigkeit fallenlassen, können sie zu wahrhaft großen Nationen werden. Unsere amerikanische Staatsführung arbeitet ganz klar am blauen Chakra. Die blauen Strahlen haben mit unseren Wertvorstellungen zu tun, mit Werten, die Erfolg am größten Cadillac und am teuersten Nerz messen. Auf der negativen blauen Aktivitätsebene werden sämtliche Veränderungen vermieden, selbst im Angesicht veränderter Umstände. Man geht von der Voraussetzung aus, daß alles perfekt funktioniert, solange die eigenen Befehle genauestens von anderen befolgt werden. Es ist ein Glück, daß man bei der nächsten Stufe der Entwicklung, wenn man am indigoblauen und letzten Chakra angelangt ist, ein intuitives Verständnis der Dinge erlangt.

Interessanterweise führt diese Weiterentwicklung vom übermäßig disziplinierten, ordnungsbewußten Blau zum negativen Strahl der Unsicherheit und Chaotik im Violetten. Es ist, als müßte das Pendel erstmal zum anderen Extrem schwingen, bevor es in der Mitte zur Ruhe kommt. Dieser Strahl tritt bei Leuten auf, die über mehrere Leben hinweg der Macht beraubt wurden, die sie sich wünschten und die ihnen zustand. Wenn ein solcher Mensch dann plötzlich in eine Machtposition geworfen wird, hält er aus Unsicherheit erstmal mit eisernen Fäusten daran fest, bevor er sich an die neue Stellung gewöhnt. Ich habe dieses Verhalten bei vielen hochentwickelten Seelen beobachtet. Meistens gehen Chaos und Unsicherheit Hand in Hand, aber nicht unbedingt. Manche Leute sind sehr in ihrem Ego gefestigt, und trotzdem leben sie im Chaos. Das Gegenteil von diesem Strahl ist die Energie der Freiheit und Einfachheit. Ein hochentwickelter Mensch in einer

Machtposition bleibt ein paar Jahre dabei und zieht sich dann zurück, um ein freies und einfaches Leben zu genießen. Eine der größten Gefahren bei der Arbeit am violetten Chakra ist, daß man hier zwischen Machtgier und völliger Unsicherheit schwankt und nicht in der Lage ist, beides in ein Gleichgewicht zu bringen.

Wenn man friedlich und einfach geworden ist, klärt sich der unreine blaue Überlegenheitsstrahl. Es ist kein Zufall, daß fast alle hochentwickelten Menschen ein sehr einfaches Leben führen. Sie ernähren sich von einfacher Kost und verbringen ihr Dasein in einer unkomplizierten Leichtigkeit.

Wenn du im violetten Chakra angelangt bist, hast du die Fähigkeit erworben, dir alles ziemlich genau vorstellen zu können – das ist der Visualisationsstrahl. Das dritte Auge beginnt sich zu öffnen, und du weißt, was andere denken und fühlen. Aber nun kommen wir zu diesem fest verhärteten Strahl der Verurteilung und Selbstverurteilung, der sich ebenfalls im violetten Chakra befindet. Es ist nicht einfach, sich von verurteilenden Gefühlen zu befreien, besonders wenn man sich gerade erst von den selbstgerechten blauen Strahlen des Besserwissens gelöst hat. Wenn wir dieses gewohnheitsmäßige Verurteilen hinter uns lassen wollen, müssen wir unser ganzes Sinnen und Trachten auf ein friedliches Zusammenleben richten und anfangen, andere so zu lieben, wie sie nun einmal sind. Hier ist es gut, sich daran zu erinnern, daß wir die Planetenkonstellation für unsere Rückkehr auf die Erde selbst gewählt haben und daß unser Horoskop die Energie reflektiert, mit der wir die Erde zum letzten Mal verlassen haben. Unsere Energie bestimmt die Wahl der Eltern, und dann müssen wir alle erneut den Berg unseres Karmas erklimmen. Wir sollten einander dabei liebevoll zur Seite stehen, aber Liebe bedeutet nicht, daß wir andere Leute ändern oder ihre Art der Lebensführung verurteilen dürfen, denn jeder folgt dem eigenen, vorherbestimmten Plan. Leute mit indigoblauen Strahlen meinen oft, schon alles über den spirituellen Weg von anderen zu wissen. Sie haben sich selbst einigen spirituellen Praktiken unterworfen und neigen dann wiederum zur Selbstgerechtigkeit. Das Gegenteil von Verurteilung ist universelle Liebe. Nicht viele der Leute, die am violetten Chakra arbeiten, haben dieses Stadium schon erreicht, aber sie versuchen es nach besten Kräften. Ich habe jahrelang mit Obdachlosen gearbeitet, um selbst dahin zu kommen. Mein aufsteigender Mondknoten befindet sich im Zeichen des Krebses, was universelle Liebe bedeutet, daher war es absolut notwendig für mich, diesen Zustand in diesem Leben zu erreichen und zu festigen.

Wenn Leute am negativen Strahl des Machtstrebens und der Machterhaltung arbeiten und ihr Unsicherheits- und Chaosstrahl dabei gleichzeitig sehr verhärtet ist, weisen sie eine gewisse Starrheit und Unbeweglichkeit auf. Es ist, als mangelte ihnen das Selbstvertrauen bei ihrer Arbeit an sich selbst, und so wehren sie sich gegen alles und jeden, der ihnen zur Bedrohung oder Konkurrenz werden könnte. Andererseits ist soviel Unsicherheit auch immer mit einem guten Schuß Selbstgerechtigkeit gepaart – ein typisches Merkmal der höher entwickelten blauen oder unausgereiften violetten Person. Mir scheint, daß wir hier folgende Lektion lernen müssen: ein friedliches Zusammenleben mit

Leuten, die anderer Meinung sind, ohne Konkurrenzkämpfe und ohne die Verbannung Andersgesinnter. Ein Mensch, der bereits zu universeller Liebe fähig ist, hält sich normalerweise von solchen Situationen fern, weil er seinen Frieden zu sehr schätzt. Die Strahlen der Selbstgerechtigkeit müssen geklärt werden, bevor wir auf einem friedlichen Planeten leben können.

12
Das Akzeptieren persönlicher Verpflichtungen

Viele Leute haben gelernt, Energie bis zu einem gewissen Grad zu kontrollieren, sei es bewußt oder unbewußt. Aber das Ergebnis ist immer dasselbe: Der Mensch mit der höheren Energie gibt Energie an die weniger weit entwickelte Person ab. Mir ist aufgefallen, daß hochgewachsene Leute während eines Streites oft einen Schritt auf die Person mit der kleineren Statur zugehen, meist mit einem Ausdruck des Mißfallens im Gesicht. Dadurch werden tiefliegende Emotionen in der kleineren Person ausgelöst, die aus dem finstersten Mittelalter stammen, wo der physisch Stärkere immer im Kampf gesiegt hat. Dabei ziehen sich die Chakren der kleineren Person ganz schnell zusammen, und sei es auch nur für einen Moment, aber die äußersten Energieschichten der Chakra-Oberfläche sinken zu Boden, und der Herausforderer sammelt sie auf, um diese gefallene Energie in die eigene Aura zu integrieren. Ich habe den gleichen Energieaustausch auch bei Hunden und Präriewölfen beobachtet. Wenn ein geringeres

Mitglied des Rudels auf den Anführer zugeht, kriecht es auf dem Bauch entlang, bis der Führer sich abwendet oder weggeht. Vielleicht haben wir mehr Ähnlichkeit mit einem riesenhaften Rudel, das einem einzelnen Mitglied alles Denken für die ganze Gruppe überläßt, als uns lieb ist.

Ich glaube, daß die Menschheit ganz allgemein bis zum Auftreten von Konfuzius am roten Chakra arbeitete. Dann gingen wir wahrscheinlich vom Orange zum Gelb über. Wer mit dem Werk dieses großen Lehrers vertraut ist, weiß, daß ein Großteil seiner Aussagen in Form von Feststellungen gemacht wurde. Meiner Ansicht nach führte Buddha uns in das grüne Chakra. Er sagte das gleiche wie Konfuzius, nur auf kreativere Weise. Jesus führte uns in die blauen Strahlen hinein, von wo aus die fortgeschrittensten Sucher dann in die violetten Farben gehen. Die traditionellen Religionen befinden sich weiterhin im blauen Chakra. Jesus lehrte das gleiche wie Buddha und Konfuzius, er fügte den ewigen Wahrheiten nur viel mehr Liebe hinzu. Er war in der Tat der erste große Meister, der lehrte, was mir so leicht zu verstehen vorkommt: Die Liebe heilt alles. Wenn ich meine Eltern liebe, respektiere ich sie. Wenn ich dich liebe, werde ich dich nicht anlügen oder mit deiner Frau schlafen wollen... Wie alle Naturgesetze ist der Weg zum Frieden und zur persönlichen Vollendung ein einfacher Weg. Und die Liebe erhellt uns diesen Pfad.

Jesus hat nie die konventionellen Ansichten gelehrt, die später von dogmatischen Kirchenfürsten verbreitet wurden. Das Alte Testament wurde aus dem orangefarbenen Chakra heraus geschrieben und praktiziert. Zu der Zeit wollten sich alle Menschen auf der Erde in ihrem Schaffensbereich ausdehnen und hatten ein ausgeprägtes Ego. Nicht nur die Israeliten hatten die Idee eines »auserwählten Volkes«. Die verschiedenen Völkerstämme bekämpften sich mit dem gleichen Ego als der Grundlage aller ihrer Handlungen. Die Natur hingegen unterstützte die Evolution der Völker, die Frieden und Liebe untereinander und mit den Nachbarländern praktizierten, und diese gelangten zu einer Blütezeit. Ein Beispiel in der Weltgeschichte ist das Wissen der alten Griechen im Gegensatz zu der Macht des alten Rom.

Das gelbe Chakra muß sich gleichzeitig mit dem orangefarbenen weiter geöffnet haben, als Abraham und ein wenig später Sokrates, Aristoteles und andere große Lehrer unter uns waren. Jesus sprach von einfachen Wahrheiten, um uns zu befreien, aber der gelbe Strahl der Angst machte zu seiner Zeit noch immer viele Probleme. Daher kamen seine Lehren von der »Befreiung der Seele von allen Ängsten«. Jesus war hellsichtig und sprach immer wieder von Ereignissen, die in Zukunft lagen, aber sein größtes Gebot war Nächstenliebe. Nun endlich, nach zweitausend Jahren, beginnen wir, dieses Gebot der universellen Liebe zu verwirklichen. Diese Art von Liebe erwartet nicht ihresgleichen, sondern liebt einfach jeden auf seinem Lebensweg. Wir akzeptieren und freuen uns über Liebe, die uns entgegengebracht wird, aber wir haben kein Recht, sie von anderen zu verlangen.

Ich schreibe dieses Buch in der Hoffnung, möglichst vielen Leuten helfen zu können, die sich von alten Forderungen und Erwartungen befreien wollen. Jahrelang habe ich gezögert, ein Buch über Chakren zu schreiben, weil ich immer annahm, daß ein wahrer Sucher automatisch Auren sieht, sobald er die entsprechende Entwicklung durchgemacht hat. Ich bin immer noch davon überzeugt, daß das ganze Geheimnis des Hellsehens im Kehlkopf-Chakra liegt, und zwar, weil die Energie dieses Chakras das Gesicht umkreist.

Die positiven Strahlen im violetten Chakra sind am schwierigsten von allen zu meistern, denn hier gelangen wir in die Bereiche der Vorstellungskraft, der Kunst des Ver- und Übermittelns und der größten aller Künste – Heilkraft und gute Kommunikation, wobei die negativen Strahlen im gleichen Chakra dem entgegenstehen, wie Chaos und Unsicherheit, Verurteilung und Selbstgerechtigkeit.

Angenommen du arbeitest für einen Vorgesetzten, der dich anhält, etwas Ungesetzliches zu tun, und du weißt, daß es nicht richtig ist. Dann bist du gezwungen, deine Stellung aufzugeben, um deinen eigenen Werten zu folgen, wenn du hellsichtig werden willst. In der Zeit, die zwischen der Überwindung der stärksten negativen blauen Strahlen und einer lavendelfarbenen oder weißen Aura liegt, muß ein ungeheures Ausmaß an Wachstum bewältigt werden. Die größte Stärke liegt hier in dem Willen, unbeirrt auf dem eigenen Weg zu bleiben und trotzdem mit anderen gemeinsam voranzuschreiten.

In den heutigen weltweiten Auseinandersetzungen wird der rote Energiestrahl der Wut und Herrschsucht weiterhin deutlich. Dieser Strahl zerstört die Leute, die ihn gegen andere richten, und letzten Endes auch die Regierung, die aus dieser Energie heraus operiert, denn irgendwann kommt immer der Punkt, an dem jede Energie lernen muß, mit anderen auszukommen. Das ist ein fundamentales Überlebensgesetz. Auf der individuellen Ebene führt die Verleugnung dieses Prinzips zu überhöhtem Blutdruck und Herzinfarkten, ganz zu schweigen von Migräneattacken und einer Vielzahl von zwischenmenschlichen Leidenssituationen auf der ganzen Welt. Viele Leute sterben mit dieser verkrampften Geisteshaltung, ruhen sich auf der anderen Seite ein Weilchen aus und kommen dann zurück, um an den gleichen Problemen weiterzuarbeiten.

Dies bringt mich zu einem Thema, das ich sehr klar sehe, denn nach all den Jahren, in denen ich an früheren Leben gearbeitet habe, kann ich mit Sicherheit sagen, daß jede Seele sich zu Eltern inkarniert, deren Energie mit der Energie der zurückkehrenden Seele zum Zeitpunkt ihres letzten Todes übereinstimmt. Manchmal harmonisiert die Energie der werdenden Mutter mehr mit der »neuen« Seele, und manchmal ist es die des Vaters oder eine Mischung von beiden, aber immer hat man sich die Eltern selber ausgesucht, in der Hoffnung, daß sie einem bei der Auflösung des angesammelten Karmas behilflich sein können. Wenn du beispielsweise als machthungriger, herrschsüchtiger Mensch gestorben bist, gehst du zu herrschsüchtigen Eltern, die dich mit ihren Regeln konfrontieren und sich wenig um deine Gefühle scheren. Wenn du vorher an der Öffnung der Macht- und Beherrschungsstrahlen gearbeitet hast, weil dir die Negativität dieser Energien bewußt wurde, du aber wider besseres Wissen trotzdem damit weitergemacht hast, dann wirst du sehr wahrscheinlich zu einem herrschsüchtigen Elternteil geboren, hast aber dafür ein Elternteil, das liebevoll genug ist, dir bei deinen karmischen Auseinandersetzungen behilflich zu sein.

Ich meine, daß wir uns auf diese Weise endlich eine gesunde Atmosphäre auf diesem Planeten schaffen können, denn Leute, die nicht von ihrer Machtgier und ihrem Konkurrenzdenken lassen können, werden hier einfach keine Eltern mehr finden, wenn alle Erdbewohner eine reine Aura entwickelt haben. Sie werden sich nach einem anderen Planeten umsehen müssen, der mit solchen Energien übereinstimmt.

Ein anderes Beispiel für den Energiefluß zwischen Leuten wird in der Weise deutlich, wie wir anderen die Energie wegschnappen. Es gibt Leute, die ihrem Mißfallen ständig gewaltsamen Ausdruck verleihen. Ich habe solche Menschen sehr genau beobachtet und dabei festgestellt, daß dieses Verhalten fast immer unbewußt ist, aber es führt jedesmal zu dem gleichen Ergebnis. Die rote Wut-Energie fließt mit Höchstgeschwindigkeit auf das Opfer zu, dessen Aura dann auseinanderfällt und buchstäblich, wie die Teile eines Puzzlespiels, zu seinen Füßen niedersinkt. Der rote Strahl der wütenden Person langt dann nach vorn und sammelt die heruntergefallene Energie auf. Sobald das Opfer seine Verletztheit und den Kontrollverlust zeigt, kühlt die rote Wutenergie ab, denn der Angreifer hat frische Energie aufgenommen und fühlt sich nun besser.

Mißhandelte Frauen und Kinder werden bestätigen, daß es nur eine Möglichkeit gibt mit Gewalttätern umzugehen, und die ist, keinerlei Widerstand zu leisten, weder körperlich noch geistig, und sie sich austoben zu lassen. Gewalttäter sind die größten Energieräuber, die es gibt, aber gleich danach kommen auch schon die Redner, die andere ständig beschuldigen, irgend etwas falsch gemacht zu haben und daher für ihre Wut verantwortlich zu sein. Möglicherweise behaupten sie dann, daß diese verbalen Mißhandlungen ein Ausdruck ihrer wahren Gefühle sind und daher eine gesunde Katharsis. Mag sein, daß es gesund für sie ist, aber nicht für die anderen in der Nähe. Man muß so früh wie möglich lernen, seine Gefühle auszudrücken, ohne den Stachel der Wut zu benutzen.

Ich habe nun sehr viel über die negativen Energiemuster gesprochen, daher möchte ich jetzt ein paar positive Wege aufzeigen, die erklären, wie man mit der eigenen Energie und der anderer am besten umgehen kann. Durch positive, starke, liebevolle Gedanken entwickelt man eine klare, energiegeladene Aura. Wenn du heute eine freifließende Regenbogenaura hast, dann hast du entweder in diesem Leben oder schon vorher eine solche Denkweise kultiviert. Die Aura gerät in einen freieren Fluß, wenn man sich selbst und andere ohne Vorbehalte liebt. In den negativen blauen Strahlen haben wir jemanden geliebt, weil dieser etwas für uns tun konnte. Selbst Gott wurde nur deshalb geliebt, weil er uns reich machen konnte, und die meisten unserer Gebete waren: »Lieber Gott, tu dieses oder jenes für mich.« Aber wahre Liebe von der Art, die uns endlich frei macht, verlangt keinen Lohn.

Universelle Liebe bedeutet, daß wir andere so akzeptieren, wie sie sind, und nicht mehr von ihnen erwarten, als sie uns an diesem Punkt geben können. Ich habe in zahllose Seelen in meinem Leben hineingeschaut und noch nie einen Menschen gefunden, der keine göttliche

Seite hat. Das ist der Teil in jedem, den man lieben kann, und den Rest überlassen wir den Mächten des Karmas. Von einem Schulanfänger erwarten wir keine Höchstleistungen in Geometrie, vergleichbar mit den Leistungen eines Oberschülers; und genausowenig kann man von einer aggressiven, habgierigen und machthungrigen Seele erwarten, daß sie gute Energie um sich verbreitet.

Eins allerdings muß eine Person mit einer höher entwickelten Seele tun: sich von negativer Energie fernhalten, es sei denn, es ist beruflich nicht zu vermeiden. Man kann sich während der Arbeitszeit schützen, indem man sich mit einer Wolke von weißem oder rosa Licht umgibt. Beide Farben sind wirksam. Die größten Lehrer und Propheten haben sich am Ende immer von der Welt zurückgezogen und nur ihre treuesten und geliebtesten Anhänger mit sich genommen. Jesus zog sich manchmal in die Einsamkeit zurück und war nur den geliebtesten Schülern nahe. Ich werde bei festlichen Anlässen, in der Oper oder wenn ich über den Marktplatz laufe, schnell müde. Das liegt an dem Sog, den andere auf meine Aura ausüben. Offenbar kann man in der Welt auch mit einer geöffneten Aura funktionieren, aber nicht als ein Teil dieser Welt.

Es gibt eine Menge Leute, die auf die verschiedenste Weise versuchen, die Energie anderer zu kontrollieren. Ein geübter Verkäufer benutzt diese Technik. Viele dieser Taktiken werden ganz bewußt eingesetzt, aber ich meine, daß Manipulation meistens unbewußt angewandt wird, aus dem instinktiven Gespür heraus, daß man sich nach einem solchen Austausch bereichert fühlt, sei es durch verbale, psychische oder tatsächlich physisch gewaltsame Manipulation.

Manche Menschen haben herausgefunden, daß eine herzliche Umarmung Energie gibt – diese Leute sind der globalen Bruderschaft wohl schon etwas näher. Es ist heute weitaus populärer, sich offen zu umarmen, als noch vor fünfzig Jahren, als die meisten Erdbewohner noch das Verhalten an den Tag legten, das ich die »Prä-Vierziger-Energie« nenne. Langsam lernen wir also eine positive Art des Energieaustausches. Die eigene Energie auf sinnvolle und schöpferische Weise mit anderen auszutauschen ist ganz sicher ein Gotteswerk, und immer häufiger kommen jetzt Klienten zu mir, die sich auf dieser Ebene befinden. Diese Leute sind offen und strahlen wunderschöne Regenbogenfarben aus, ein wahrhaftes Spiegelbild von Gottes Kraft im eigenen Inneren und dem Licht des Himmels über uns.

13
Die Aura als Schutz

Die Aura eines jeden Erdbewohners ist seine natürliche Schutzhülle gegen die messerscharfen Energien von Haß, Eifersucht, Leistungsdruck, Gier und Machthunger. Diese dunklen Kräfte bringen selbst hochentwickelte Seelen manchmal vom Wege ab, wodurch wieder neues Karma entsteht. Dann wird die Aura schwächer, und oft werden neue Blockierungen in den Chakren hervorgerufen, während man alles Erreichte wieder verliert. So etwas kann weit fortgeschrittenen Seelen passieren, die viele Leben lang an sich gearbeitet haben. Das Immunsystem des Menschen wird durch radioaktive Strahlen zerstört, und in diesen Tagen der nuklearen Bedrohung durch Atomkriege oder Giftwaffen erfüllt eine starke Aura eine ungemein wichtige Schutzfunktion. Eine starke, freifließende Aura hält Bazillen und radioaktive Strahlen von den Lebewesen fern. Aber vielleicht ist eine drastische Umwandlung des gesamten Planeten tatsächlich der einzige Weg, wie die Erde sich erneuern und Leute mit blockierten Chakren von ihrer Oberfläche entfernen kann, so daß diese in einer anderen Welt, die besser zu ihrer Energie paßt, weiterleben können.

Die Theorie, daß blockierte Leute auf bessere soziale Umstände warten, bevor sie zur Erde zurückkehren, wird unwahrscheinlich, wenn man bedenkt, wie ich schon vorher erwähnt habe, daß alle Seelen Eltern mit passenden Energien finden müssen, damit eine Geburt stattfinden kann. Wenn nur Menschen mit starken, schützenden Auren auf der Erde bleiben können, dann muß sich eine schwächere Seele Eltern suchen, die auf einem anderen Planeten auf einer geringeren Entwicklungsstufe leben.

Wir leben in einer sehr außergewöhnlichen Zeit, in der Selbsterfahrung leicht gemacht wird, denn die Wahrheit liegt offen für alle, die sehen wollen. Heute haben wir Lehrer, Bücher, Videofilme und eine spirituelle Bewegung ohnegleichen, obwohl die negative Gegenbewegung im selben Maße zunimmt. Satanskulte bringen die Leute zu einem nie dagewesenen Tiefpunkt, während Wahrheitssucher die Menschheit zu einem nie dagewesenen Höhepunkt führen. Es ist erstaunlich, welch eine Polarisation zur Zeit auf diesem Planeten stattfindet!

Immer wieder habe ich Leuten dabei geholfen, ihre blockierten Chakren zu öffnen, manchmal auch nur dadurch, daß ich mich im selben Raum mit ihnen befand. Während der Sitzungen finde ich etwas über die früheren Leben des Klienten heraus, und zum erstenmal werden ihm bestimmte Zusammenhänge bewußt. Oft handelt es sich hier um schmerzhafte Erinnerungen; aber auch nur darüber zu reden, setzt die aufgestauten Schmerzen frei, und dann kann er sich als freier

Mensch auf den weiteren Weg machen. In zwei bis drei Stunden verändert sich die Aura des Klienten vollkommen. Die Leute verlassen mein Haus, als könnten sie fliegen, und ein Jahr später erhalte ich dann einen Brief, eine Weihnachtskarte oder irgend etwas, das sagt: »Danke, daß du mir geholfen hast, mein Leben dermaßen zu verändern, daß alles viel besser ist, nachdem ich dich besucht habe.« Dabei habe ich nichts anderes getan, als ihnen die eigene Stärke bewußt zu machen.

Wir müssen lernen, die eigene Energie zu sehen und mit ihr zu arbeiten, nicht mit der unseres Nachbarn. Die einzige Person, die es auf diesem Planeten zu verändern gilt und die überhaupt verändert werden kann, ist man selbst. Die Verantwortung für unser seelisches Erwachen liegt bei uns allein, genauso wie das Wissen um die Anwendung von Naturkräften, bis wir endlich in Harmonie mit uns selbst, dem Planeten und allem Leben auf Erden sind. Unzählige Male hat Gott uns schon die Wahrheit und das Licht des Christus gesandt, und immer in einer fleischlichen Hülle, genannt »Mensch«, denn wir sind die Söhne und Töchter eines allumfassenden Gottes, und dieser Gott ist in jedem von uns. Jetzt gehen wir in eine Zeit, in der wir endlich verstehen, wieviel Licht uns die großen Lehrer aller Zeiten gebracht haben. Die universelle Botschaft beginnt sich auszubreiten wie der erwachende Drache auf chinesischen Abbildungen, der anfängt, uns seinen feuerspeienden Atem einzuhauchen.

In diesen letzten Jahren habe ich viel mit Alkoholikern gearbeitet, die zum Großteil auch obdachlos waren. Ich bin eine staatlich anerkannte Beraterin für Alkoholkranke, aber es ist nicht das Zertifikat, das mich befähigt, diese Leute zu verstehen. Viele Alkoholiker haben klarere Auren als unsere Geschäftsleute, Menschen aus der Oberschicht oder selbst unsere Staatsoberhäupter. Das Leiden, das ihre Sucht verursacht, hat sie gelehrt, sich vor der Verurteilung anderer zu hüten, denn sie wissen, wie es ist, verurteilt zu werden. Es ist eine Tatsache, daß die meisten Alkoholiker im Endstadium stehlen, was sie konsumieren. Sie kommen an einen Punkt, wo sie arbeitsunfähig sind und sich dermaßen nach Liebe sehnen, daß sie fast alles dafür tun würden – außer den Alkohol aufgeben. Aber ihre Lügen und Diebereien sind meiner Meinung nach nicht mehr zu verurteilen als das lügnerische Verhalten von Nationenführern, die den Bürgern etwas vormachen. Sie sind nicht tiefer gesunken als der Geschäftsmann, der gewohnheitsmäßig lügt, betrügt, falsche Steuererklärungen abgibt und seine Angestellten nach besten Kräften ausnutzt. Ich möchte wissen, warum ein Drogensüchtiger schlimmer sein soll als der Geschäftsmann, der die Drogen verkauft, einen Cadillac fährt und seiner Frau einen Pelzmantel schenkt. Letzteren bezeichnen wir als erfolgreich. Vielleicht sollten wir unsere Wertvorstellungen endlich verändern.

Die Energiestrahlen ganz unten im grünen Chakra, sehr nahe am gelben, sind ausgesprochen negativ. Sie sind ein Ausdruck von Geld- und Machthunger. Ihre Farbe besteht aus einem Gemisch aus negativem Rot, das Machtgier anzeigt, kreativem Grün und Gelb der Intelligenz und der Angst – und dazu kommt meistens auch noch etwas vom Orange des Egoismus und des Konkurrenzdenkens. Die meisten sehr reichen Leute haben diese Strahlen. Sie funktionieren wie ein Schutzschild für die einzige Sicherheit, die diese Leute kennen: Besitz.

Über die Jahre sind mir viele Leute begegnet, die ziemlich weit auf dem spirituellen Weg gekommen sind und deren Aura recht frei und klar war. Als sie dann reich oder berühmt wurden, schlossen sich die Strahlen des Gebens und Teilens allmählich und die Strahlen der Gier, Manipulation und des Egoismus begannen sich hier und da ruckartig bemerkbar zu machen, was zeigt, daß diese Veränderungen gegen den Willen des höheren Selbst stattfinden. Wenn das geschieht, hat sich die Seele wiederum im rauhen Klima des grünen Chakras verloren. Dieses Chakra ist überaus energiegeladen und voller Vitalität, wenn es frei fließt, aber wenn die negativen Strahlen überhandnehmen, ist es auch dementsprechend destruktiv für den Betreffenden und seine Mitmenschen. Oftmals hat man seine Kreativität schon ziemlich entwickelt, bevor man zu Reichtum und Ansehen gelangt, und wenn sich diese Energie mit den grünen Strahlen der Manipulation und Machtgier, einem bißchen Gelb der Furcht, das Angehäufte wieder zu verlieren, und etwas orangefarbenem Ego vermischt, dann spritzt eine ausgesprochen häßliche Mixtur aus der negativen Seite des grünen Chakras.

Wenn es einem Menschen gelingt, Reichtum und ein gewisses Maß an Ansehen zu erlangen, ohne dabei das Bewußtsein seines wahren Selbst zu verlieren, dann bietet das grüne Chakra einen wunderschönen Anblick. Von allen Chakren wechselt dieses am meisten im täglichen Leben und verrät wechselnde Gemütszustände von Augenblick zu Augenblick.

Ich bin mit einem Ehepaar in Südkalifornien befreundet, das aus eigenen Kräften reich geworden ist. Tag für Tag geben sie alles, was sie haben, um Gutes zu tun. Beide haben eine nahezu weiße Aura, die bei ihrem Eintreten den ganzen Raum mit ihrem Licht erfüllt. Dieses Licht entsteht durch reine Gedanken und eine Verbindung mit den Lichtkräften im gesamten Kosmos. Das ist die göttliche Energie, das potentielle Christusbewußtsein in jedem von uns. Die Energiemixtur der beiden bietet eine interessante Studie zwischen vergleichbaren Energien. Beide wurden im Zeichen der Jungfrau geboren, und beide haben Dreiecke in ihren Handlinien, woraus man schließen kann, daß sie zurückgekommen sind, um Freunden aus früheren Leben zu helfen. Manche sagen, daß eine Inkarnation im Zeichen der Jungfrau bedeutet, daß man zum letzten Mal auf die Erde kommt und daß es sich hier um eine alte Seele handelt, die mindestens zwölfmal gelebt hat, aber wahrscheinlich viele Male mehr. Die beiden kehrten wahrscheinlich mit sehr ähnlichen Energien zurück, und nach sieben Jahren glücklicher Ehe sind ihre Auren einander fast gleich.

Ich kannte einmal zwei Schwestern, deren Ehemänner ziemlich früh starben, und so entschlossen sie sich, ein kleines Haus zu kaufen und die letzten dreißig Jahre ihres Lebens zusammenzubleiben. Diese beiden waren wirkliche Lichtbringer, und alle, die in ihr Haus kamen, fühlten sich bereichert und beschenkt. Die eine Schwester hatte fünf Kinder und viele Enkel und Großenkel. Die andere blieb kinderlos, kümmerte sich aber liebevoll um die Familie ihrer Schwester. Sie lasen einander aus Büchern vor und sprachen über spirituelle Dinge, während sie dasaßen und Handarbeiten für die

Familie anfertigten. Jeder, der vorbeikam, erhielt ein paar Kostproben ihres guten Rats. Im Alter von achtzig Jahren waren ihre Auren nahezu identisch, und sie gehörten zu den wenigen Menschen, bei denen ich jemals silbrige Flecken in der Aura gesehen habe. Diese Flecken traten in ihren letzten Lebensjahren auf. Ich glaube, daß silberne Auren sehr selten sind, obwohl ich immer wieder Klienten habe, die mir erzählen, daß ein anderer Auraleser ihre Aura als silbern beschrieben hat. Mir scheint, wer immer ihnen so was erzählt hat, konnte nicht wirklich Auren lesen. Ich glaube, daß Christus, Konfuzius, Buddha und einige der anderen Meister silberne Fächer über ihren Köpfen hatten, aber ich selbst hatte nie das Glück, einem Menschen mit einer vollkommen silbernen Aura zu begegnen.

Negativ und positiv vermischt sich nicht, und daher ist es schwierig, eine silberne Aura zu erlangen. Und eine metallisch goldfarbene Aura zu erreichen, ist sogar noch schwieriger. Bisher habe ich nur eine gesehen, in Denver, vor vielen Jahren. Diese wunderschöne Aura umgab ein fünfzehnjähriges Mädchen, das an einer Art von Gehirnfieber im Alter von achtzehn Monaten erkrankt war. Ihr Verstand war an diesem Punkt stehengeblieben, und so hatte sie die Blüte ihrer jugendlichen Schönheit erreicht, während ihr Geist dem eines Kleinkindes glich. Sie war atemberaubend schön anzusehen und saß lächelnd in vollkommener Liebe für alles ringsumher da. Ihre Eltern waren spirituelle Menschen, die dem Kind nichts als Liebe und Zuwendung entgegengebracht hatten, und der Freundeskreis bestand ebenfalls aus hochentwickelten, liebevollen Menschen. Das Mädchen hatte ihr Heim nur ein paarmal in seinem Leben verlassen, und selbst dann wurde es nur an Orte gebracht, an denen es völlig behütet war. Es hatte nie etwas anderes als Liebe erfahren, und ich konnte nicht umhin, mich zu fragen, ob wir alle so werden würden, wenn die ganze Welt von Nächstenliebe erfüllt wäre. Ich habe eine solche Aura nur ein einziges Mal gesehen und kann sie daher nicht deuten. Ich weiß, daß unsere Auren groß und weiß werden, aber eine kleine Stimme in meinem Inneren sagt mir, daß wir vielleicht alle irgendwann so golden wie das Mädchen aus Denver werden könnten. Mein altes Herz hat Sehnsucht nach der Zeit, in der die ganze Welt von oben bis unten mit bedingungsloser Liebe erfüllt ist.

14
Die Bedeutung des positiven Denkens

Der Harvard-Psychologe William James sagt: »Emotionen folgen den Gedanken.«

Jesus sagte: »Wie du denkst in deinem Herzen, so wird dir geschehen«, was eigentlich heißt, daß gute, freudevolle Gedanken und Verständnis unser Herz allmählich verändern müssen.

Genauso denke ich auch, und deshalb meine ich, daß Leute, die an einem gewissen Punkt der Einsicht angelangt sind und mehr über sich selbst erfahren wollen, in ihre früheren Leben gehen müssen. Ich denke, daß alle Erdenmenschen irgendwann an diesen Punkt kommen. Lange bevor ich zur Schule ging, habe ich darüber nachgedacht, wo ich wohl früher gewesen bin, und hatte Träume und Alpträume, die sich später als Rückerinnerungen erweisen sollten.

»Überfluten« ist ein Wort, das Psychologen, die mit Vietnamkriegsveteranen arbeiten, sehr häufig anwenden. Hier handelt es sich um eine Therapieform, die ich mein Leben lang benutzt habe, ohne den Namen dafür zu kennen. Die Methode ist einfach: Man läßt den Patienten von seinen Erlebnissen berichten und unterstützt ihn darin, jedes Detail genau zu sehen; zum Beispiel wie das Wetter war, was er anhatte usw. Das Ganze basiert auf der Annahme, daß bestimmte Blockierungen von Erlebnissen herrühren, die ein normaler Mensch einfach nicht verkraften kann, besonders wenn es sich um einen Kriegsveteranen handelt, der einen Großteil seiner Kindheit vor dem Fernseher verbracht hat, wo die Hauptfigur in allen Kindersendungen jedesmal als sieghafter Held hervorgeht. Unsere amerikanischen Vietnamkämpfer gehörten einer Generation mit höheren Idealen an als je zuvor. Mit dieser Geisteshaltung wurden sie in Situationen gebracht, in denen sie Napalmbomben auf Dorfbewohner abwarfen, um damit alte Frauen und kleine Kinder zu töten – und Schlimmeres, wie mir berichtet wurde. Wenn dazu noch ein Nervengift wie *Agent Orange* kommt, das von zahllosen Vietnamkämpfern eingeatmet wurde, dann haben wir einen Soldaten, der hinterher nicht mehr weiß, ob das Grauen, das er mitansah und selbst verursachte, Wirklichkeit war oder nicht. Der Schmerz sitzt zutiefst in den emotionalen Zellen, und das Ego weigert sich, diese Erlebnisse zu akzeptieren, da sie allen anerzogenen Wertvorstellungen widersprechen. Wenn er dann mit einem Therapeuten spricht, der sagen kann: »Ja, ich verstehe«, findet er seine Erinnerungen zum ersten Mal zum mindesten bestätigt. Danach kann er anfangen, diese Dinge auszudrücken und sich davon zu befreien.

Bei Rückschauen auf frühere Leben wird genauso gearbeitet, besonders wenn es sich um unangenehme

Erinnerungen handelt. Bestimmte Zusammenhänge müssen ganz klar aufgedeckt werden, wenn man die alten Gefühle loswerden und weitergehen will. Man muß in frühere Leben zurückgehen, um sich wirklich seelisch zu befreien, weil der Körper dazu neigt, an Zellen festzuhalten, die frühere Ereignisse gespeichert haben. Aber hier gilt wiederum das gleiche Prinzip: Der Geist beherrscht den Körper. Wenn der Geist bestimmte Dinge wahrnimmt, folgen die Zellen ganz automatisch und beginnen ihren Reinigungsprozeß. Die Zeit spielt dabei keine Rolle, denn sie ist eine Illusion. Daher können die Zellen sich von Erlebnissen aus früheren Leben reinigen, sobald das Bewußtsein diese Dinge klar wahrnimmt. Nur so erhält man ein klares Energiefeld – und eine blockierte Aura verursacht ein Gefühl der Trennung von der göttlichen Kraft. Es gibt Millionen von verschiedenen Verhaltensmustern, denen man folgen kann – mal sind wir das Opfer, dann der Angreifer; mal der Feigling, und immer wieder der machtgierige Manipulator gewesen. Und manchmal auch einfach das verlassene Kind.

Die meisten von uns waren ganz normale Leute, aber wir haben Dinge getan, die sich schon vor mehreren Lebzeiten schlecht anfühlten und die uns auf unserer gegenwärtigen Bewußtseinsstufe völlig unmöglich erscheinen. Der beste Weg, mit diesen Verhaltensmustern zu brechen, ist, einen guten Therapeuten zu finden, der einen in die ferne Vergangenheit führen und die Tatsachen bestätigen kann. Dann fühlt man sich plötzlich um Zentner erleichtert. Man hat ein paar Erlebnispfunde über Bord geworfen und schreitet mit weitaus leichterem Gepäck voran. Ich wiederhole: Der

Körper folgt dem Geist, daher müssen die Gefühle einer geistigen Lockerung unweigerlich folgen.

Meine alte Jungfrauen-Natur spricht oft mit Donnerstimme, aber wenn Gott spricht, dann flüstert er mit einer kleinen, leisen Stimme, wie ein Frühlingswind, der über mein Gesicht streicht, und wieder und wieder sagt: »Liebt euch.« Das ist der entscheidende und letzte Schritt. Wenn die Bewältigung von Erlebnissen aus früheren Leben uns an einen Punkt bringt, an dem es keine Verurteilung, keine Selbstgerechtigkeit und keine Manipulationsgelüste mehr gibt, dann haben wir den Gipfel des Berges erklommen, wo mit riesigen Buchstaben geschrieben steht GRENZENLOSE LIEBE. Es wird ein Tag kommen, ein Morgen und ein neues Erwachen für das Bewußtsein aller Menschen, und ein mächtiger Wind wird uns eine Botschaft bringen, und diese Botschaft ist GRENZENLOSE, BEDINGUNGSLOSE, UNIVERSELLE LIEBE.

Danksagung

Für meinen Freund, Heiler und Schüler Rick Phillips, der mich ermutigt hat, dieses Buch zu schreiben und aus dessen Fingerspitzen die wunderbarste lavendelfarbene Energie fließt, wenn er die Leute auf seine ureigene Weise heilt.

Für meine Freundin und Schülerin Karin Griscom, die am »Light-Institute« in Galisteo, New Mexico, »Past-Life-Heilungen« macht. Sie ist dreiundzwanzig und gleichzeitig eine Million Jahre alt und hat mir viele glückliche Stunden in meinem Alter bereitet. Wir haben zusammen ein religiöses Leben in dem uralten Land Midian verbracht, wo wir auf die Schlangenkraft meditierten, die sich aus brennenden antiken Opferaltären erhob. Ich weiß nicht, wie viele Leben wir sonst noch zusammen verbracht haben, aber Karin ist näher daran, die Chakren und ihre Energiestrahlen zu sehen, als irgendein anderer Heiler in meinem Bekanntenkreis. Ich glaube, daß sie sehr bald Chakren sehen wird. Wenn Heiler wie diese beiden jungen Leute auf der Welt sind, dann ist die Zeit nicht fern, da wir die universelle Liebe auf dieser Erde verwirklichen können.

Für all die vielen Menschen, die mir in Liebe geholfen haben:
- Jo Wynne Lancaster; nicht nur meine Tochter, sondern auch meine beste Freundin.
- Mein Sohn Ron und alle meine sechs Enkelkinder, die mir gezeigt haben, daß eine Familie der sicherste Weg ist, auf dieser Erde zu wachsen.
- Meine Freundin Chris Griscom vom berühmten »Light-Institute« in Galisteo, die mir ebenfalls seit Jahren Mut gemacht hat, dieses Buch zu schreiben.
- Meine Freundin Forest Reed, die mir, wie viele alte und hochentwickelte Seelen, in so vieler Hinsicht geholfen hat, daß hier kein Platz für eine Beschreibung ist.
- Barbara Miller, die mir zur zweiten Tochter wurde.
- Und zu guter Letzt meine alte Großmutter, die mir beigebracht hat, daß Menschen das einzig Wirkliche und Bedeutende auf der Welt sind. Sie sagte immer: »Schätzchen, Materialismus ist, wenn man Dinge liebt und Leute benutzt, anstatt Leute zu lieben und Dinge zu benutzen.« Sie war der weiseste Mensch, den ich je gekannt habe.

Anhang

Die Farb-Strahlen der Chakren

Farbe	Negativ
Rot	1. Ellenbogen- oder Brachial-Energie Aggressivität, Macht über Recht setzen. 2. Masochismus Eine natürliche Folge der gewalttätigen Ellenbogen-Energie. 3. Physische Gewalttätigkeit Eine weitere Folge der Aggressivität; hängt mit sexueller Befriedigung zusammen. 4. Aufgestaute Wut Findet sich meist bei Leuten, die sich hilflos und ausgeliefert fühlen. 5. Unmut, einen Groll hegen Aufgestaute kalte Wut; sich rächen wollen.
Orange	1. Totale Herrschsucht Ruht nicht eher, bis absolut in Kontrolle jeder Situation; kann nicht als Teil einer Gemeinschaft arbeiten. 2. Faulheit Verlust der Energie aus dem negativen roten Chakra; Herrschsucht aufgeben. Die Energie ernährt die Seele nicht. 3. Konkurrenzdenken Dieser Strahl zeigt sich in dem Wahn, in allem und jedem der Beste sein zu müssen. 4. Egoismus Starke Selbstbehauptungs- und Selbsterhaltungstendenzen. 5. Geheimnistuerei Disposition, die eigenen Belange geheimzuhalten; Mißtrauen, häufig Verlogenheit.

Positiv

1. Aktivität
   Allgemeine Fortbewegung und die Fähigkeit, aus eigenen Gedanken heraus zu handeln.
2. Ausgewogene Sexualität
   Anpassungsfähig, einfühlsam, wenn dieser Strahl geöffnet ist.
3. Mach es möglich
   Ohne Instruktionen oder Anleitung handeln; aus eigener Kraft entscheiden.
4. Menschenliebe
   Gute Gefühle für andere; geöffnet ist dieser Strahl leuchtend rosa.
5. Heilkräfte
   Die Energie darauf verwenden, das Zusammenleben friedvoll und freudig zu gestalten.

1. Akzeptieren der Tatsachen
   Situationen annehmen können; nichts erzwingen wollen, sondern das Beste aus den Umständen machen.
2. Liebe zur Gemeinschaft und Gesellschaft
   Fortgeschrittenes Mitgefühl, Verständnis für andere.
3. Ausdehnung
   Wachstum und Fortschritt; neue Freiheit und Unabhängigkeit.
4. Sich seines Selbstwertes sicher sein
   Selbstvertrauen.

Farbe	Negativ
Gelb	1. Angst Schreckhafte Alarmiertheit, Furcht, Unruhe, Zukunftsängste. 2. Selbstgewählte Ignoranz Zögert, irgend etwas Neues zu lernen, widersetzt sich allen Veränderungen. 3. Feigheit Unedle Schüchternheit; Mangel an Mut und Angst vor Verpflichtungen. 4. Sorgen Geistige Verwirrung, mentales Leiden; Angst, was bloß passieren wird.
Grün	1. Geldgier, Machthunger Verursacht karmische Verstrickungen; moralischer Ausverkauf; andere ausnutzen. 2. Kontrolle ausüben wollen Der Wunsch, die Handlungen und Lebensweise anderer zu bestimmen, Destruktivität; anderen Verletzungen zufügen. 3. Sicherheitsbedürfnis Kann eine treibende Kraft werden, uns selbst und andere zu mißbrauchen. 4. Manipulation Bewußte Kontrolle durch Gewaltanwendung oder Betrug. Karmische Gefahr. 5. Habgier Andere besitzen oder beherrschen wollen; Streben nach Reichtum oder Macht; Gier. 6. Krankheitswahn Erpressung anderer, um Liebe, Zuwendung oder Aufmerksamkeit zu erhalten.
Blau	1. Eifersucht, Selbstsucht Gefühle von Haß-Liebe, selbstzerstörerische Tendenzen, überkritisch, mißtrauisch.

Positiv

1. Mut
   Begegnet Schwierigkeiten und Gefahren mit Bestimmtheit; kann Kritik und Widerstand vertragen.
2. Wissen
   Informiertsein; klare Wahrnehmung, Wahrheitssinn.
3. Wahrheitssuche
   Hält nicht am Althergebrachten fest; sucht nach wahrem Wissen.

1. Geben können
   Der Beginn der Selbstheilung; Frohsein, Fähigkeit, anderen zu helfen.
2. Probleme lösen können
   Erkennt Probleme und kann ihnen ruhig entgegentreten; auch fortgeschrittene Entspannung.
3. Empfindsamkeit
   Ein hoher Grad der Empfänglichkeit, Einfühlungsvermögen; auch, die Probleme anderer nicht zu den eigenen machen.
4. Gesellschaftliche Unabhängigkeit
   Die Fähigkeit, sich in allen Situationen wohl zu fühlen; eine Form der Selbstbeherrschung.
5. Gute Gesundheit
   Strahlende Gesundheit des physischen Körpers.
6. Selbstvertrauen
   Die Fähigkeit, sich mit Leib und Seele für etwas einzusetzen, ohne Eitelkeit oder Selbstüberschätzung.

1. Treue, Loyalität
   Die Fähigkeit, Frieden zu stiften; Gerechtigkeitssinn, Vertrauenswürdigkeit.

Farbe	Negativ
	2. Vorliebe für etablierte Ideen Konformität mit althergebrachten Vorstellungen, Regeln und Glaubensrichtungen; routinemäßiges Verhalten. 3. Schuldgefühle Selbstbezichtigung für vermeintliche Fehler, Sünden, Irrtümer; kann die eigenen Erwartungen und Idealvorstellungen und die anderer nicht erfüllen. 4. Übermäßige Konventionalität Ständiges Unglücklichsein, sich gefangen und schuldig fühlen. 5. Überheblichkeit Irrtümliche Wertvorstellungen, was Erfolg angeht; andere übertrumpfen wollen; sich mit anderen vergleichen. 6. Schwächere unterdrücken – sich Stärkeren unterwerfen Kontrolle und Unterdrückung anderer; oft strikt und unflexibel. 7. Nichts verändern wollen Mangel an Courage; Angst vor Machtverlust; sich mit dem begnügen, was ist. 8. Starre Ansichten Überheblichkeit, Eitelkeit, Heuchelei, Spießigkeit und steife Formalität.
Indigoblau	1. Chaos und Unsicherheit Verwirrt über die eigene Stellung und das eigene Wissen; zögerndes Verhalten; sich nicht entscheiden können; Unordnung; Mangel an Klarheit, neue Ideen zu verarbeiten und die Wahrheit zu erkennen. 2. Verurteilung Diskriminierung, negative Wahrnehmungen, Isolation.

Positiv

2. Verantwortungsbewußtsein
   Unseren Teil zu allem beitragen, für Dinge geradestehen können.
3. Echtes Mitgefühl und Fürsorge
   Ein natürliches Resultat von Loyalität und Verantwortungsbewußtsein.
4. Mentale Fähigkeiten
   Die Fähigkeit, gedankliche Verbindungen herzustellen, Zusammenhänge zu sehen; klare Gedankenkonstruktionen, Erfindungen.
5. Idealismus
   Erkenntnis der zentralen Wichtigkeit des Geistes; ein hohes Maß an Anteilnahme, Fürsorglichkeit.
6. Familiensinn
   Echte Liebe für Vorfahren, Blutsverwandte, einzelne Familienmitglieder.
7. Intuition
   Das Talent, Wissen anzuzapfen, das nicht offensichtlich ist.

1. Freiheit und Einfachheit
   Der Wunsch nach Unkompliziertheit; fortschreitende gedankliche Freiheit, Unabhängigkeit; Natürlichkeit, Gelassenheit.
2. Friedensliebe
   Erkennen der kosmischen Gesetze; Streben nach urteilsloser Liebe in allen Situationen.

Farbe	Negativ
	3. Selbstgerechtigkeit Das Ergebnis der Verurteilung, des Hoch-Niedrig-Denkens; Unmäßigkeit; auch egoistisch, engstirnig; das Bedürfnis, sich zu rechtfertigen; die Schattenseite von Jupiter. 4. Rigidität Das Ergebnis selbstgerechter Verurteilung; zu viel von sich und anderen erwarten; keine Kompromisse machen können, oppressives Verhalten.

Positiv

3. Vorstellungskraft, Visualisation
   Die Fähigkeit, Bilder mit dem inneren Auge zu sehen; höhere Wahrnehmung, Urteilskraft.
4. Universelle Liebe
   Vorbehaltlose, selbstlose Freundlichkeit; Wohlwollen ausstrahlen und anziehen.
5. Die Kunst des Ver- und Übermittelns
   Die Fähigkeit, andere zu beeinflussen und zu inspirieren; taktvolle Rücksichtnahme.
6. Sexuelle Neigungen
   Die Einstellung zum anderen Geschlecht; zärtliche und mitfühlende Kameradschaft.
7. Kommunikation
   Die Fähigkeit, tiefe Gefühle und Ideen mitzuteilen; höhere Ideale ausdrücken.

Anmerkung: Mit zunehmendem seelischem Wachstum verwandeln sich diese Strahlen von rot-violett zu blau-violett und werden schließlich weiß.

Dies sind also die Haupt-Strahlen der einzelnen Chakren. Je bewußter man wird, desto mehr verändern und öffnen sie sich. Auf der linken Seite des Brustkorbs befindet sich ein Energiezentrum, das viele ebenfalls für ein Chakra halten. Dieses Lichtzentrum ist kein Energiewirbel, wie die anderen Chakren, und strahlt oft eine Energie aus, die sich nicht mit der des blauen Brust-Chakras und des Ellenbogen-Chakras verträgt. Die Farbe des Ellenbogen-Chakras verändert sich bei manchen Leuten. Bei Heilern ist es sehr stark ausgebildet und strahlt violette, weiße oder grüne Farben aus. Junge Mütter, die ihre Kinder lieben, strahlen ein rosafarbenes »Ellenbogen-Licht« aus. Diese Energie strahlt in einem Winkel von 45 Grad vom Ellenbogen ab und schafft dadurch das Energiefeld links vom Brustkorb. Dieses Energiefeld kann sich in wechselnden Farben zeigen – es hängt von dem »Mini-Chakra« am Ellenbogen ab. Eine Reihe von kleineren Chakren verteilen sich über den gesamten Körper. Das Ellenbogen-Chakra und die beiden Chakren an den Fußsohlen sind die wichtigsten »Mini-Chakren«.

Darstellung der Chakren und Erklärung

NEGATIV

Negativ und positiv vermischen sich nicht

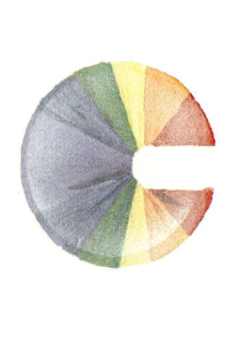

Rigidität – Starrheit
Selbstgerechtigkeit
Verurteilung anderer
Chaos und Unsicherheit

Spießigkeit und starre Ansichten
Nichts verändern wollen
Schwächere unterdrücken –
sich Stärkeren unterwerfen
Überheblichkeit
Übermäßige Konventionalität
Schuldgefühle
Vorliebe für etablierte Ideen
und Religionen

Positiv

Eine Kombination aller Farben wird weiß, wenn alle Chakra-Strahlen geöffnet sind Indigoblau, bevor es violett, dann lavendelfarben und schließlich weiß wird

Kommunikation
Sexuelle Neigungen
Die Kunst des Ver- und Übermittelns
Universelle Liebe
Vorstellungskraft, Visualisation
Friedensliebe
Freiheit und Einfachheit

Intuition
Familiensinn
Idealismus
Verpflichtungen einhalten
Mentale Fähigkeiten
Echtes Mitgefühl und Fürsorge
Verantwortungsbewußtsein
Treue, Loyalität

Krankheitswahn – Hypochondrie
Habgier
Manipulation
Sicherheitsbedürfnis
Negative Kontrolle ausüben –
unter allen Umständen
Geldgier, Machthunger

Sorgen
Feigheit
Selbstgewählte Ignoranz
Angst

Geheimnistuerei
Egoismus
Heuchelei
Konkurrenzdenken
Faulheit
Totale Herrschsucht

Unmut, einen Groll hegen
Wut
Hang zu physischer
Gewalttätigkeit
Masochismus
Ellenbogen- oder Brachial-
Energie

Selbstvertrauen
(stärker als hier im Orange)
Gute Gesundheit
Gesellschaftliche Unabhängigkeit
Empfindsamkeit
Probleme lösen können
Geben können, anderen auf
kreative Weise helfen

Wahrheitssuche
Wissen
Mut

Sich seines Selbstwertes
sicher sein
Ausdehnung
Liebe zur Gemeinschaft und
Gesellschaft
Akzeptieren der Tatsachen

Heilkräfte
Menschenliebe (rosa)
Mach es möglich-Energie
Ausgewogene Sexualität
Aktivität

FARBLAMPE

Zur Aktivierung der Chakren (Kraftzentren), Farbtherapie, Farbakupunktur, Meditation und experimentellen Anwendungen wurde von Life Energy Products, Santa Fe, eine professionelle Farblampe nach den Meisterlehren entwickelt.

Sie kann wahlweise als flächiger Farbpunkt oder, durch einen Aufsatz, mit Pyramidenkraft verstärkt wirken. Sie eignet sich zum Gebrauch für Heiler und interessierte Laien.

Komplettausstattung: Besonders leuchtstarke stabile Handlampe „Mini-Mag-Lite", Ersatzbirne, Batteriesatz, stufenlose Fokussierung, Haltering, Ansteckclip, Sicherheitskordel; Quarzpyramidenaufsatz (Cheops-Maße); Grundset mit 12 (!) spezifischen auswechselbaren und kombinierfähigen Farbfiltern (je 2) und Wechselaufsatz; ausführliche Anleitung; stoßsichere Box.

Life Energy Products, Santa Fe. Bestellung und Auslieferung in Europa über WRAGE Versandservice, D-20146 Hamburg, Schlüterstraße 4, Tel. (040) 455240
Euroscheck oder Postanweisung, Stichwort „LEP-Farblampe".

„Alles im Leben besteht aus Schwingungen. Auch das, was wir als Lebensstress, Gemütsprobleme oder sogar Krankheiten erfahren, ist nur eine vorübergehende Störung der ursprünglich harmonischen Seelenschwingung. Passende Farbbestrahlung hilft, die eigene harmonische Seelenschwingung für Körper, Geist und Seele wieder zu stärken bzw. aufzubauen."

Ingrid S. Kraaz, Heilpraktikerin und Autorin des Goldmannbuchs „Die richtige Schwingung heilt - Bach-Blüten, Farbe und andere Energien".

THE HUMAN BODY IN SIMPLE SPANISH

Learn Spanish the Fun Way
With Topics That Matter

For Low- to High-Intermediate Learners (CEFR B1-B2)

by Olly Richards

Edited by Eleonora Calviello
Jorge Valenzuela Flores, MD. Academic Editor

Copyright © 2022 Olly Richards Publishing Ltd.

All rights reserved. No part of this publication may be reproduced, distributed, or transmitted in any form or by any means, including photocopying, recording, or other electronic or mechanical methods, without the prior written permission of the publisher, except in the case of brief quotations embodied in critical reviews and certain other non-commercial uses permitted by copyright law. For permission requests, write to the publisher:

>Olly Richards Publishing Ltd.

>olly@storylearning.com

Trademarked names appear throughout this book. Rather than use a trademark symbol with every occurrence of a trademarked name, names are used in an editorial fashion, with no intention of infringement of the respective owner's trademark.

The information in this book is distributed on an "as is" basis, without warranty. Although every precaution has been taken in the preparation of this work, neither the author nor the publisher shall have any liability to any person or entity with respect to any loss or damage caused or alleged to be caused directly or indirectly by the information contained in this book.

The Human Body in Simple Spanish: Learn Spanish the Fun Way With Topics that Matter

FREE STORYLEARNING® KIT

Discover how to learn foreign languages faster & more effectively through the power of story.

Your free video masterclasses, action guides, & handy printouts include:

- A simple six-step process to maximise learning from reading in a foreign language

- How to double your memory for new vocabulary from stories

- Planning worksheet (printable) to learn faster by reading more consistently

- Listening skills masterclass: "How to effortlessly understand audio from stories"

- How to find willing native speakers to practise your language with

To claim your FREE StoryLearning® Kit, visit:

www.storylearning.com/kit

WE DESIGN OUR BOOKS TO BE INSTAGRAMMABLE!

Post a photo of your new book to Instagram using #storylearning and you'll get an entry into our monthly book giveaways!

Tag us **@storylearningpress** to make sure we see you!

BOOKS BY OLLY RICHARDS

Olly Richards writes books to help you learn languages through the power of story. Here is a list of all currently available titles:

Short Stories in Danish For Beginners
Short Stories in Dutch For Beginners
Short Stories in English For Beginners
Short Stories in French For Beginners
Short Stories in German For Beginners
Short Stories in Icelandic For Beginners
Short Stories in Italian For Beginners
Short Stories in Norwegian For Beginners
Short Stories in Brazilian Portuguese For Beginners
Short Stories in Russian For Beginners
Short Stories in Spanish For Beginners
Short Stories in Swedish For Beginners
Short Stories in Turkish For Beginners

Short Stories in Arabic for Intermediate Learners
Short Stories in English for Intermediate Learners
Short Stories in Italian for Intermediate Learners
Short Stories in Korean for Intermediate Learners
Short Stories in Spanish for Intermediate Learners

101 Conversations in Simple English
101 Conversations in Simple French
101 Conversations in Simple German
101 Conversations in Simple Italian
101 Conversations in Simple Spanish
101 Conversations in Simple Russian

101 Conversations in Intermediate English
101 Conversations in Intermediate French
101 Conversations in Intermediate German
101 Conversations in Intermediate Italian
101 Conversations in Intermediate Spanish

101 Conversations in Mexican Spanish
101 Conversations in Social Media Spanish
Climate Change in Simple Spanish
Climate Change in Simple French
Climate Change in Simple German
World War II in Simple Spanish
World War II in Simple French
World War II in Simple German
World War I in Simple Spanish

All titles are also available as audiobooks. Just search your favourite store!

For more information visit Olly's author page at: *www.storylearning.com/books*

ABOUT THE AUTHOR

Olly Richards is a foreign language expert and teacher. He speaks eight languages and has authored over 30 books. He has appeared in international press, from the BBC and the Independent to El País and Gulf News. He has featured in language documentaries and authored language courses for the Open University.

Olly started learning his first foreign language at the age of 19, when he bought a one-way ticket to Paris. With no exposure to languages growing up, and no natural talent for languages, Olly had to figure out how to learn French from scratch. Twenty years later, Olly has studied languages from around the world and is considered an expert in the field.

Through his books and website, StoryLearning.com, Olly is known for teaching languages through the power of story – including the book you are holding in your hands right now!

You can find out more about Olly, including a library of free training, at his website:

www.storylearning.com

CONTENTS

Introduction xiv
How to Use this Book xviii
The Five-Step Reading Process xxiv
A Note From The Editor xxvi

1. El Cuerpo Humano: Una Máquina Perfecta 1
1.1. Anatomía vs. Fisiología 5
1.2. ¡Somos Átomos! 13
1.3. La Vida Sabe Cuidarse A Sí Misma 21
1.4. Metabolismo Y Homeostasis 33

2. El Sistema Óseo 39
2.1. Qué Tipos De Huesos Hay Y Para Qué Sirven? 43
2.2. Los Huesos De Nuestro Cuerpo 53
2.3. ¡Hablemos De Articulaciones! 65

3. El Sistema Muscular 75
3.1 Los Músculos Por Dentro 79
3.2 Los Músculos Por Regiones 91

4. El Sistema Cardiovascular 97
4.1 El Corazón: Un Órgano Muy Famoso 101
4.2 Los Vasos Sanguíneos 111
4.3 La Sangre 117

5. El Sistema Linfático Y Las Defensas Del Cuerpo 123
5.1 Vasos Linfáticos Y Órganos Linfoides 127
5.2. ¿Cómo Se Defiende Nuestro Organismo? 133

6. El Sistema Respiratorio 139
6.1 Los Órganos Respiratorios 143
6.2 ¿Cómo Respiramos? 153

7. El Sistema Digestivo 157
7.1 El Recorrido De La Comida 161
7.2 Anatomía Del Aparato Digestivo 165

8. El Sistema Urinario 177
8.1 Los Riñones 181
8.2 Uréteres, Vejiga Y Uretra 189

9. El Sistema Tegumentario 193
9.1 La Piel 197
9.2 Los Apéndices De La Piel 205

10. El Sistema Endocrino 211
10.1 ¿Qué Es El Sistema Endocrino Y Cuáles Son Sus Órganos?
215
10.2 El Sistema Endocrino, Un Auténtico Rompecabezas 225

11. El Sistema Reproductivo 229
11.1 El Sistema Reproductor Femenino 233
11.2 El Sistema Reproductor Masculino 241
11.3 El Acto Sexual Y La Fecundación 249

12. El Sistema Nervioso Central 253
12.1 Un Sistema De Sistemas 257
12.2 Las Neuronas: Las Mensajeras Del Sistema Nervioso 263
12.3 Los Componentes Del Sistema Nervioso 269
12.4 Los Sentidos 275

Referencias 283

INTRODUCTION

I have a golden rule when it comes to improving your level and becoming fluent in a foreign language: Read around your interests. When you spend your time reading foreign language content on a topic you're interested in, a number of magical things happen. Firstly, you learn vocabulary that is relevant to your interests, so you can talk about topics that you find meaningful. Secondly, you find learning more enjoyable, which motivates you to keep learning and studying. Thirdly, you develop the habit of spending time in the target language, which is the ultimate secret to success with a language. Do all of this, and do it regularly, and you are on a sure path to fluency.

But there is a problem. Finding learner-friendly resources on interesting topics can be hard. In fact, as soon as you depart from your textbooks, the only way to find material that you find interesting is to make the leap to native-level material. Needless to say, native-level material, such as books and podcasts, is usually far too hard to understand or learn from. This can actually work against you, leaving you frustrated and demotivated at not being able to understand the material.

In my work as a language educator, I have run up against this obstacle for years. I invoke my golden rule: "Spend more time immersed in your target language!", but when students ask me where to find interesting material at a suitable level, I have no answer. That is why I write my books, and why I created this series on non-fiction. By creating learner-friendly material on interesting and important topics, I hope to make it possible to learn your target language faster, more effectively, and more enjoyably, while learning about things that matter to you. Finally, my golden rule has become possible to follow!

How our bodies work

Diving into the study of how our bodies work can be a truly fascinating but complex task. Although our physiognomy and physiology differ depending on our genetic make-up and lifestyle, the way our bodies function is very similar from one human being to the next.

Studies in the field are very much active to this day, and people within the medical and health sciences research communities are constantly finding new and exciting things about how our bodies work and furthering the field.

What makes the subject truly difficult to master is the complicated way in which each component interacts within each system and how those systems connect to one another to create the delicate balance we need to live a long and healthy life.

For this reason, learning about how our bodies work is extremely important – not just for those in the medical profession, but for everyone.

So, why not further your knowledge… in Spanish?

The Human Body in Simple Spanish is the ideal companion to help those with an interest in the field of anatomy improve their Spanish while simultaneously learning all about how our bodies work.

The text is written entirely in simplified Spanish so that it's easier to understand. This way, you can enjoy learning about human anatomy while improving your Spanish naturally, without the stress of approaching an actual academic text.

Informative, comprehensive, and reviewed by a medical professional for accuracy, this book is the perfect way to improve your Spanish and learn about this fascinating topic.

HOW TO USE THIS BOOK

There are many possible ways to use a resource such as this, which is written entirely in Spanish. In this section, I would like to offer my suggestions for using this book effectively, based on my experience with thousands of students and their struggles.

There are two main ways to work with content in a foreign language:

1. Intensively
2. Extensively

Intensive learning is when you examine the material in great detail, seeking to understand all the content – the meaning of vocabulary, the use of grammar, the pronunciation of difficult words, etc. You will typically spend much longer with each section and, therefore, cover less material overall. Traditional classroom learning generally involves intensive learning.

Extensive learning is the opposite of intensive. To learn extensively is to treat the material for what it is – not as the object of language study, but rather as content to be enjoyed and appreciated. To read a book for pleasure is an example of extensive reading. As such, the aim is not to stop and study the language that you find, but rather to read (and complete) the book.

There are pros and cons to both modes of study and, indeed, you may use a combination of both in your approach. However, the "default mode" for most people is to study *intensively*. This is because there is the inevitable temptation to investigate anything you do not understand in the pursuit of progress and hope to eliminate all mistakes. Traditional language education trains us to do this. Similarly, it is not obvious to many readers how extensive study can be effective. The uncertainty and ambiguity can be uncomfortable: "There's so much I don't understand!"

In my experience, people have a tendency to drastically overestimate what they can learn from intensive study and drastically underestimate what they can gain from extensive study. My observations are as follows:

- **Intensive learning**: Although it is intuitive to try to "learn" something you don't understand, such as a new word, there is no guarantee you will actually manage to "learn" it! Indeed, you will be familiar with the feeling of trying to learn a new word, only to forget it shortly afterwards! Studying intensively is also time-consuming, meaning you can't cover as much material.

- **Extensive learning**: By contrast, when you study extensively, you cover huge amounts of material and give yourself exposure to much more content in the language than you otherwise would. In my view, this is the primary benefit of extensive learning. Given the immense size of the task of learning a foreign language, extensive learning is the only way to give yourself the exposure to the language that you need in order to stand a chance of acquiring it. You simply can't learn everything you need in the classroom!

When put like this, extensive learning may sound quite compelling! However, there is an obvious objection: "But how do I *learn* when I'm not looking up or memorising things?" This is an understandable doubt if you are used to a traditional approach to language study. However, the truth is that you can learn an extraordinary amount *passively* as you read and listen to the language, but only if you give yourself the opportunity to do so! Remember, you learned your mother tongue passively. There is no reason you shouldn't do the same with a second language!

Here are some of the characteristics of studying languages extensively:

Aim for completion: When you read material in a foreign language, your first job is to make your way through from beginning to end. Read to the end of the chapter or listen to the entire audio without worrying about things you don't understand. Set your sights on the finish line and don't get distracted. This is a vital behaviour to foster because it trains you to enjoy the material before you start to get lost in the details. This is how you read or listen to things in your native language, so it's the perfect thing to aim for!

Read for gist: The most effective way to make headway through a piece of content in another language is to ask yourself: "Can I follow the gist of what's going on?" You don't need to understand every word, just the main ideas. If you can, that's enough! You're set! You can understand and enjoy a great amount with gist alone, so carry on through the material and enjoy the feeling of making progress! If the material is so hard that you struggle to understand even the gist, then my advice for you would be to consider easier material.

Don't look up words: As tempting as it is to look up new words, doing so robs you of time that you could spend reading the material. In the extreme, you can spend so long looking up words that you never finish what you're reading. If you come across a word you don't understand… Don't worry! Keep calm and carry on. Focus on the goal of reaching the end of the chapter. You'll probably see that difficult word again soon, and you might guess the meaning in the meantime!

Don't analyse grammar: Similarly to new words, if you stop to study verb tenses or verb conjugations as you go, you'll never make any headway with the material. Try to *notice* the grammar that's being used (make a mental note) and carry on. Have you spotted some unfamiliar grammar? No problem. It can wait. Unfamiliar grammar rarely prevents you from understanding the gist of a passage, but can completely derail your reading if you insist on looking up and studying every grammar point you encounter. After a while, you'll be surprised by how this "difficult" grammar starts to become "normal"!

You don't understand? Don't worry! The feeling you often have when you are engaged in extensive learning is: "I don't understand". You may find an entire paragraph that you don't understand or that you find confusing. So, what's the best response? Spend the next hour trying to decode that difficult paragraph? Or continue reading regardless? (Hint: It's the latter!) When you read in your mother tongue, you will often skip entire paragraphs you find boring, so there's no need to feel guilty about doing the same when reading Spanish. Skipping difficult passages of text may feel like cheating, but it can, in fact, be a mature approach to reading that allows you to make progress through the material and, ultimately, learn more.

If you follow this mindset when you read Spanish, you will be training yourself to be a strong, independent Spanish learner who doesn't have to rely on a teacher or rule book to make progress and enjoy learning. As you will have noticed, this approach draws on the fact that your brain can learn many things naturally, without conscious study. This is something that we appear to have forgotten with the formalisation of the education system. But, speak to any accomplished language learner and they will confirm that their proficiency in languages comes not from their ability to memorise grammar rules, but from the time they spend reading, listening to, and speaking the language, enjoying the process, and integrating it into their lives.

So, I encourage you to embrace extensive learning, and trust in your natural abilities to learn languages, starting with… The contents of this book!

THE FIVE-STEP READING PROCESS

Here is my suggested five-step process for making the most of each chapter in this book:

1. **Read the short the key points summarizing the chapter.** This is important, as it sets the context for the whole chapter, helping you understand what you are about to read. Take note of the main points discussed in each sub-section and if you need to remember what you should be focusing on, go back to the key points section.

2. **Read the short chapter all the way through without stopping.** Your aim is simply to reach the end of the section, so do not stop to look up words and do not worry if there are things you do not understand. Simply try to follow the gist of the chapter.

3. **Go back and read the same sub-section a second time.** If you like, you can read in more detail than before, but otherwise simply read it through one more time, using the vocabulary list to check unknown words and phrases where necessary.

4. By this point, you should be able to follow the gist of the chapter. **You might like to continue to read the same section a few more times until you feel confident.** Ask yourself: "Did I learn anything new about about how the body works? Were any facts surprising?"

5. **Move on!** There is no need to understand every word in each paragraph, and the greatest value from the book comes from reading it through to completion! Move on to the next section and do your best to enjoy the content at your own pace.

At every stage of the process, there will inevitably be parts you find difficult. Instead of worrying about the things you don't understand, try to focus instead on everything that you do understand, and congratulate yourself for the hard work you are putting into improving your Spanish.

A NOTE FROM THE EDITOR

The knowledge of how our bodies work is probably one of the most fascinating topics within the realms of science and biology. The human body is a complex set of interconnected systems that allows human beings to function at a high level. Moreover, continuous research in the field and advancements in modern medical science have helped extend the average human lifespan.

Anatomy, in particular human anatomy and the study of how our bodies work, is one of the fundamental disciplines that make up the foundation of medicine and other health sciences. It informs the way in which we think of our bodies, the medical practices that are studied and regulated, and how we ultimately decide to take care of ourselves in order to live our best lives.

Since the earliest stages of humanity, the human body has been studied by scholars such as Herophilus of Chalcedon and Erasistratus of Ceos, men of science whose works inspired and motivated Galen of Pergamon and Andreas Vesalius (considered the father of modern anatomy). They were driven by curiosity and the desire to learn, which has led to innumerable discoveries and advances in modern medicine.

Anatomy developed from its earliest days, when the theory of the four humours was almost unquestioned, to the point when the body was finally considered as a set of elements in constant interaction and the first dissections were carried out by early medical practitioners.

Throughout time, anatomy has evolved in leaps and bounds. Today, we can study even the smallest part of our body with the help of modern medical technology. Rather than defining anatomy as a science already completed, these advances and discoveries allow us to realise the endless potential of this coherent and objective science, which presents new challenges for health workers and medical students every day.

Bringing to light the different factors that drove the advancement of the study of anatomy is truly amazing! Beyond the medical profession, studying and understanding anatomy allows any individual to get to know themself and the way they function in depth so that they can properly understand and take care of themself and make informed decisions about their health.

Furthermore, diving into the subject reminds us of the way our different body parts interact without us even realising it and highlights the delicate but robust balance that our body maintains.

Although truly understanding all of the intricate complexities of our body is not something that can be achieved in a day, this book gives you a good starting point to become better acquainted with the way in which our body's systems create that balance

We are a truly fantastic machine!

Jorge Valenzuela Flores, MD

1. EL CUERPO HUMANO: UNA MÁQUINA PERFECTA

- *El cuerpo humano es un organismo complejo. Para funcionar correctamente, necesita que todos sus sistemas estén en equilibrio.*
- *El cuerpo humano es más que la suma de sus partes, ya que todas ellas están interrelacionadas entre sí y con el medio exterior.*
- *Muchos de los procesos del cuerpo humano se dan sin que nos demos cuenta, y de ellos depende que sigamos con vida.*

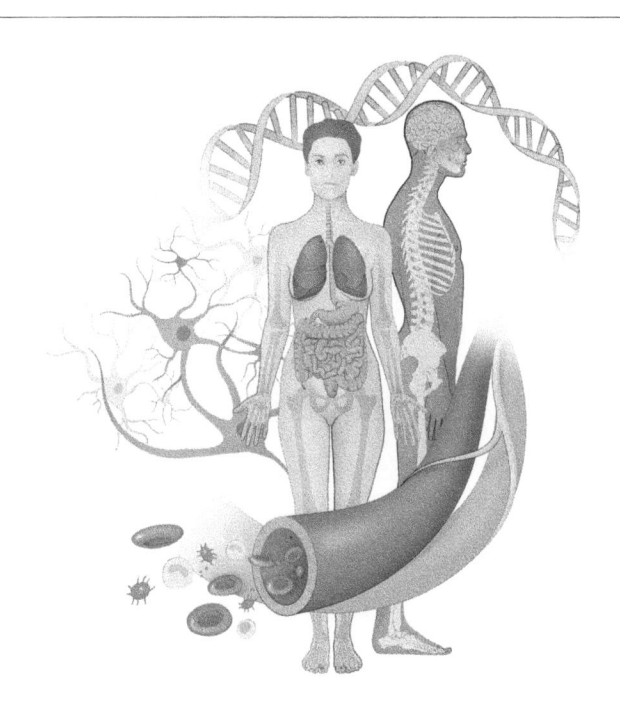

El cuerpo humano es un organismo impresionante. Es una máquina increíble que nos mantiene vivos y que encierra muchos de los secretos de la vida y de la naturaleza. Y lo más alucinante de todo es que en muchas ocasiones funciona sin que nosotros nos demos cuenta.

Este sistema automatizado y perfecto está lleno de sorpresas. En este libro, haremos un viaje por el interior y el exterior de nuestro cuerpo. El objetivo es entender un poco mejor qué es, cómo funciona, de qué está compuesto y para qué sirve. Esperamos que los lectores aprendan que el cuerpo humano es una unidad vital e interconectada, que funciona de forma armónica y que su bienestar depende de que todos sus sistemas estén en equilibrio. Al conocer un poco más nuestro cuerpo, seremos capaces de cuidarlo mejor y estaremos más cerca de entender el milagro de la vida.

Lo primero que debemos saber antes de empezar es que el cuerpo humano es más que la suma de sus partes. En este libro hablaremos del cuerpo humano como un todo formado por varias partes: los sistemas que explicaremos en los siguientes capítulos. Sin embargo, es importante recordar que el cuerpo humano no es un conjunto de partes aisladas; es mucho más que eso. Sus funciones están interrelacionadas y, además, están en continua interacción con el entorno que las rodea. En otras palabras, nuestro cuerpo depende de lo que pasa por dentro, pero también de lo que ocurre por fuera; más concretamente, de cómo los sistemas de nuestro cuerpo transforman lo que está afuera en algo nuestro.

Día a día, recibimos una cantidad gigantesca de estímulos. Algunos de esos estímulos son externos: la temperatura, lo que percibimos con los sentidos, lo que comemos, la forma en que nos relacionamos con nosotros mismos y con los demás, etc. Otros estímulos proceden de nuestro interior: el hambre, el sueño, la energía, las otras necesidades fisiológicas, las emociones, etc. La forma de responder a esos estímulos también es variada: depende de los sistemas —y sus órganos asociados— que entren en juego. Repasaremos algunas de las respuestas de nuestro organismo, sin olvidar que esas respuestas y el resto de las funciones del cuerpo humano dependen de la anatomía particular de cada cuerpo y de la psicología de cada persona.

Para que nos hagamos una idea de lo complejo y organizado que es el cuerpo humano, **antes de avanzar**, paremos un momento y fijémonos en nuestro propio cuerpo. Al parecer, no pasa mucho, ¿verdad? ¡Pues nada de eso! Aunque estemos quietos y parezca que nada se mueve, ocurre todo lo contrario. El cuerpo humano nunca deja de moverse. De hecho, a cada segundo, tienen lugar miles de procesos de los que depende nuestra supervivencia. ¡Ni la máquina más moderna puede compararse con nuestro organismo!

¡Mantente saludable!

El agua es una parte esencial de nuestro organismo. Por eso, la hidratación es muy importante. Todos los días perdemos este líquido a través de la transpiración, la orina, las deposiciones e incluso la respiración. Para que nuestro organismo funcione adecuadamente, es necesario que repongamos el suministro de agua consumiendo bebidas (no se recomiendan bebidas endulzadas con azúcar) y alimentos que la contengan (muchas frutas y verduras tienen un alto contenido de este líquido). La cantidad de agua que hay que consumir en un día depende del organismo concreto, del ejercicio físico que realicemos, del entorno geográfico y de estados como el embarazo y la lactancia. Para un adulto normal en un clima templado, una referencia que debería ser suficiente es la de beber alrededor de ocho vasos de agua al día.

Vocabulario

(la) máquina machine
encierra (encerrar) encloses
nos demos cuenta (darse cuenta de algo) to realize something
(el) bienestar well-being
el milagro de la vida the miracle of life
entren en juego (entrar en juego) come into play
antes de avanzar before moving forward
saludable healthy

1.1. ANATOMÍA VS. FISIOLOGÍA

- *La anatomía es la ciencia que estudia la forma y la estructura de los organismos y sus partes.*
- *La fisiología es la ciencia que estudia el funcionamiento del organismo y sus partes.*
- *Ambas disciplinas están íntimamente relacionadas (a veces incluso se confunden).*

Este libro, ¿es de anatomía o de fisiología? Esta es la primera pregunta que proponemos. Responderla nos ayudará a entender mejor lo que vamos a explicar en las siguientes páginas. Para hacerlo, tendremos que diferenciar ambos conceptos y después comprender cómo se relacionan entre sí. Podemos decir que son dos áreas de la biología y que sirven para describir nuestros organismos y sus maneras de funcionar. Si alguna vez has tenido curiosidad por tu cuerpo, si en tu niñez has jugado a los médicos, si te has preguntado porque no te crecen melones en el estómago cuando te tragas una semilla o si te has preocupado por **mantener la línea,** ¡**enhorabuena,** ya has dado los primeros pasos en estas ciencias!

¿QUÉ ES LA ANATOMÍA?

La anatomía es el estudio de la forma y la estructura del cuerpo humano. Se centra en sus diferentes partes y órganos, y en las relaciones que tienen esas partes y esos órganos entre sí.

Dentro de esta rama de la ciencia, podemos encontrar la anatomía macroscópica, que es la que estudia las grandes estructuras del cuerpo (como el corazón, los huesos y el estómago), y la anatomía microscópica, que es la que estudia las estructuras corporales que no pueden observarse a simple vista, sino que para hacerlo es necesario usar un microscopio (como las células y los tejidos).

A quienes les gustan las lenguas les parecerá interesante saber que la palabra "anatomía" —como muchos otros términos científicos y médicos— viene del griego. El **prefijo griego** *ana-* hace alusión a un movimiento desde abajo hacia arriba, mientras que *-tomía* está asociado a la palabra griega *tome,* que significa "corte". La palabra se remonta al **Renacimiento**, cuando empezó a generalizarse el estudio del cuerpo humano por medio de disecciones de **cadáveres** de cuerpos humanos o de animales que se conservaban en alcohol para su posterior observación.

Una breve historia de la anatomía

La anatomía como disciplina moderna se **remonta** al Renacimiento, pero su origen es mucho más antiguo. La anatomía occidental surgió en el Imperio griego. Se han encontrado pinturas de esta civilización que muestran experimentos con animales como mamuts o caballos en los que se utilizaban instrumentos de piedra y madera.

En la India, su origen pudo ser incluso anterior. De hecho, el registro escrito más antiguo relacionado con la medicina interna es el *Charaka-samhita*, considerado el padre de la medicina tradicional india o ayurveda. India, por tanto, fue una fuente importante de conocimientos anatómicos. Desde allí se fueron repartiendo las enseñanzas hacia otros territorios como China, Oriente Próximo y África.

Durante la Edad Antigua (4000 a. C-476 d. C.), hubo figuras destacadas en el campo de la anatomía. Por un lado, Erasístrato, miembro de la Escuela de Alejandría, y más tarde, ya en la Roma clásica, Galeno. Este último, por ejemplo, realizó una serie de **hallazgos** a partir de disecciones de algunos seres humanos, pero sobre todo de aves, de cerdos y de monos. Demostró, por ejemplo, que por las arterias circula sangre y no aire, como pensaba Erasístrato.

En la Edad Media (476-1492), el conocimiento anatómico se basó en los textos de Galeno. Durante esta época, la disección de cadáveres era una tarea complicada, así que los avances y los nuevos descubrimientos fueron limitados.

Sin embargo, con la llegada del Renacimiento y la Edad Moderna (1492-1789), la anatomía dio un salto importante, sobre todo de la mano de Andrés Vesalio, considerado uno de los padres de la anatomía moderna. Este **científico** dedicó gran parte de su vida a la disección y el estudio de cadáveres humanos. Además, empezó a cuestionar la medicina de Galeno y sentó las bases de la ciencia que conocemos hoy.

Ya en la Edad Contemporánea (1789-actualidad), el descubrimiento del microscopio representó un antes y un después para la ciencia de la anatomía. Este invento permitió observar con más detalle y precisión las estructuras que componen nuestro cuerpo. Así, se abrió la puerta a una visión mucho más funcional e interrelacionada de nuestro organismo, que se mantiene hasta el día de hoy.

¿QUÉ ES LA FISIOLOGÍA?

La fisiología estudia el funcionamiento del cuerpo. También se divide en varias subdisciplinas según el sistema o los órganos que se estudien: por ejemplo, la neurofisiología estudia el funcionamiento del sistema nervioso; la fisiología gastrointestinal, el funcionamiento del sistema digestivo; la fisiología cardiovascular, el funcionamiento del sistema circulatorio y el corazón; y así sucesivamente.

El origen etimológico de la palabra "fisiología" también es griego. *Fisio-* proviene de la palabra griega *physis*, que está relacionada con las acciones de nacer, crecer y formarse, y también con los conceptos de naturaleza y movimiento. Por otro lado, *-logía* significa "estudio de".

El origen de la fisiología

Igual que pasó con la anatomía, los textos y conocimientos de la medicina tradicional india **jugaron un papel** importante en la descripción del funcionamiento del cuerpo humano (tanto de sus partes como de su funcionamiento conjunto).

En Occidente, Hipócrates (en el 420 a. C.) fue uno de los primeros en empezar a estudiar la fisiología. Se lo considera uno de los fundadores de la medicina como disciplina. Galeno, al que ya hemos mencionado, continuó investigando las funciones del organismo por medio de experimentos. De hecho, se lo considera el fundador de la fisiología experimental. Más adelante, en la Edad Media, los musulmanes **tomaron la posta**: primero, el famoso médico Avicena y, luego, Ibn Nafis, uno de los pioneros de la fisiología circulatoria.

Durante el Renacimiento, los avances en anatomía impulsados por Andrés Vesalio también supusieron un salto importante para la fisiología. Un poco más tarde, Santorio Santorio, un médico italiano de Padua, realizó una serie de experimentos en él mismo que condujeron al descubrimiento del metabolismo. William Harvey (en el siglo xvii) o Herman Boerhaave (en el siglo xviii) también fueron figuras muy importantes en el campo de la fisiología. De hecho, gracias a sus enseñanzas en Leiden y su libro de texto *Institutiones Medicae* (1708), Boerhaave es considerado uno de los padres de esta disciplina. Por su parte, Harvey fue quien describió correctamente por primera vez la circulación y las propiedades de la sangre.

A partir de entonces, los avances en la ciencia de la fisiología han sido imparables. Pierre J. G. Cabanis, médico y fisiólogo francés, realizó contribuciones importantes en el siglo xviii. Pero fue en el siglo xix cuando se lograron algunos de los descubrimientos más importantes. Matthias Schleiden y Theodor Schwann consiguieron avances esenciales. Gracias a sus descubrimientos, se determinó que los organismos estaban formados por esas unidades microscópicas que llamamos células. Esto **supuso** toda una revolución que alentó descubrimientos posteriores como los de Claude Bernard sobre el medio interno del cuerpo. Más tarde, sus ideas fueron retomadas y dieron lugar a la descripción de un fenómeno muy importante en el cuerpo humano: el de la *homeostasis*. Hablaremos de ello en mayor detalle más adelante.

A lo largo del siglo xx y hasta el día de hoy, la fisiología ha seguido avanzando. Esto la ha convertido en una de las ciencias más dinámicas y activas que podemos encontrar en la actualidad.

ANATOMÍA Y FISIOLOGÍA: DOS HERMANAS INSEPARABLES

Como hemos visto, la anatomía y la fisiología van de la mano. Son disciplinas que están muy interrelacionadas y que, en ocasiones, se solapan. De hecho, para entender la unidad organizada e interconectada que es el cuerpo humano de forma completa, necesitamos ambas. Para comprender adecuadamente la estructura y la forma de un sistema, de un órgano o del cuerpo en su totalidad, necesitamos conocer la función que esos sistemas y órganos tienen en el organismo. Y, de la misma manera, para entender la función de las diferentes partes del cuerpo, debemos conocer su estructura y su disposición. De hecho, su relación es tan íntima, que, en ocasiones, resulta difícil separarlas. De modo que la respuesta a la pregunta inicial sobre si este libro es de anatomía o de fisiología es sencilla: ¡es de ambas!

> *¿Sabías que…?*
>
> *Casi un cuarto de los huesos que tiene un ser humano adulto se encuentran en los pies. Cada pie tiene veintiséis huesos de los doscientos seis que componen el total del cuerpo. Siete son huesos tarsianos, cinco son huesos metatarsianos y catorce son falanges.*

Vocabulario:

ambas both
mantener la línea stay in shape
enhorabuena congratulations
(el) prefijo prefix
griego Greek
(el) Renacimiento Renaissance
(los) cadáveres corpses
remonta (remontar) dates back
(los) hallazgos findings
(el) científico scientist
jugaron un papel (jugar un papel) play a role
tomaron la posta (tomar la posta) took over
supuso (suponer) implied

1.2. ¡SOMOS ÁTOMOS!

- *Los biólogos organizan los procesos fisiológicos del ser humano en diferentes niveles **en función de** su complejidad.*
- *Estos niveles van desde el más sencillo, el nivel químico, al más complejo, el organismo en su totalidad.*
- *El organismo está compuesto por once sistemas principales que se encargan de cumplir objetivos fisiológicos específicos.*

Quizá te sorprenda el título, pero es cierto, **en el fondo**, ¡somos átomos! (o al menos estamos compuestos por ellos). ¿Puedes creerlo? Si todavía no te cuadra, no te preocupes, vamos a explicártelo todo.

Los seres humanos, al igual que el resto de los seres vivos, estamos compuestos de una serie de elementos químicos que están presentes también en la **materia** inerte (es decir, en la materia que no está viva). Algunos de estos elementos son el carbono, el oxígeno, el hidrógeno, el fósforo y el nitrógeno.

Sabiendo esto, quizás te preguntes lo siguiente: si nosotros, que somos seres vivos, estamos hechos de las mismas sustancias que la materia inerte, ¿cómo podemos ser tan diferentes de una roca, de un puñado de arena o de un vaso de agua? Pues bien, lo que nos diferencia es la complejidad de las combinaciones de esos elementos. Como veremos en un momento, en nuestro caso, las células tienen una forma de organizarse mucho más compleja que las sustancias de la materia inerte. Además, a diferencia de esa materia sin vida, los seres vivos somos capaces de reproducirnos. Quitando esas pequeñas diferencias, ¡no somos tan distintos de las piedras!

NIVELES DE ORGANIZACIÓN EN LOS SERES VIVOS

Los procesos biológicos que se dan en el cuerpo humano tienen lugar en diferentes niveles físicos. Los **biólogos** suelen llamarlos niveles de organización. Para facilitar el estudio de un sistema tan complejo como nuestro organismo, los científicos suelen analizar la materia viva desde lo más sencillo a lo más complejo. Sin embargo, al final todo forma parte de un mismo todo: ¡el organismo humano!

Nivel químico o protoplasmático

Al estudiar el cuerpo humano, vemos que se divide en varios niveles de complejidad y organización. Si empezamos por el más sencillo, nos encontraremos con el nivel químico o protoplasmático.

En el nivel químico o protoplasmático encontramos los átomos (así que sí, ¡estamos formados por átomos!). Los átomos se unen para formar biomoléculas. Las biomoléculas pueden ser inorgánicas —como el agua o las sales minerales— u orgánicas —como los **hidratos de carbono**, los **lípidos**, las proteínas o los **ácidos nucleicos**—.

Con esas biomoléculas, se construye el protoplasma, que es la materia de la que están hechas las estructuras del cuerpo de los seres vivos, incluido el ser humano.

Nivel celular

Esas moléculas que se agrupan para formar el protoplasma se asocian de diferentes maneras para crear distintos tipos de células. Estas células tienen un tamaño microscópico y son la unidad básica de los seres vivos.

Todas las células tienen cosas en común. Por ejemplo, todas comparten elementos esenciales, como **la membrana celular**, el **citoplasma** y un núcleo bien diferenciado, que es como el cerebro que organiza las funciones de la célula. Para organizarla, se basa en un "programa" contenido en los genes de cada individuo y ordenado en los veintitrés pares de cromosomas que transportan el ADN. Sin embargo, a pesar de ser iguales en algunas cosas, el tamaño, la forma y las características de cada célula pueden cambiar dependiendo de la función que esa célula **cumpla** en el cuerpo.

Las formas de vida más sencillas tienen una sola célula. Son los llamados organismos unicelulares. Sin embargo, el ser humano posee billones y billones de células. De hecho, si coges cualquier trocito de tu cuerpo y lo miras a través de un microscopio, encontrarás muchísimas. El trabajo del cuerpo se realiza realmente en este nivel, el nivel celular.

Nivel tisular

En los organismos vivos más complejos, como pueden ser

los seres humanos o los árboles, avanzamos hasta el nivel tisular. A este nivel, las células que son **semejantes** se unen para formar tejidos que cumplen una determinada función. Existen cuatro tipos de tejidos básicos: epitelial, conectivo, muscular y nervioso.

- El **tejido epitelial** es el que crea, por ejemplo, la estructura interna de los órganos. En él, las células se agrupan por capas. Está presente en las superficies externas, en las cavidades, en los conductos y en los sacos internos del cuerpo.

- El **tejido conectivo** se relaciona y da soporte a los tejidos epitelial y muscular. Además, rellena el espacio entre las células y los órganos.

- El **tejido muscular** es el responsable de que el cuerpo y todos sus componentes tengan movilidad. Su principal función es la contracción.

- El **tejido nervioso** tiene como funciones más importantes recibir, analizar, generar, transmitir y almacenar información que viene tanto del interior como del exterior del cuerpo.

Nivel orgánico

Los tejidos se agrupan formando órganos. Los órganos realizan funciones fisiológicas especializadas. A este nivel ya es posible realizar funciones muy complejas. Por ejemplo, el estómago es un órgano con la función fisiológica específica de descomponer alimentos, mientras que el intestino delgado —otro órgano del sistema digestivo— se encarga de realizar la digestión y absorber los alimentos. Los órganos se caracterizan por estar compuestos de al menos dos tipos de tejidos distintos. Muchos de ellos, sin embargo, contienen hasta cuatro tipos de tejido.

Nivel sistémico o de aparato

El cuerpo humano está dividido en sistemas o aparatos. Un sistema o aparato orgánico es un grupo de órganos que funcionan **conjuntamente** para lograr el objetivo común de cubrir una necesidad fisiológica.

Siguiendo con el ejemplo anterior, el sistema digestivo sería un ejemplo de sistema o aparato del cuerpo. Está formado por los órganos que hemos mencionado antes (estómago e intestino delgado), pero también por otros como el esófago, el intestino grueso y el páncreas, entre otros. La función principal del sistema digestivo es obtener energía del entorno para alimentar a las células de todo el cuerpo.

Sin embargo, algunos de sus órganos pueden realizar funciones en paralelo para otros sistemas. El páncreas, por ejemplo, se encarga de generar enzimas esenciales para la descomposición de alimentos. Pero, a la vez, realiza una función hormonal propia del sistema endocrino. Las hormonas del sistema endocrino juegan un papel importante en temas como el estado de ánimo, los procesos de crecimiento y desarrollo, el funcionamiento de los órganos, el metabolismo y la reproducción. Hablaremos de todo esto en profundidad más adelante.

Nivel organismo

La última parada de este recorrido es el todo, nuestro organismo, lo que somos. Es el escalón más alto en los niveles de organización estructural. Se trata de un conjunto de sistemas ordenado y coordinado que engloba todos los demás niveles.

Gran parte de este libro se dedicará a explicar la estructura y las funciones de los once principales sistemas orgánicos que componen el cuerpo humano: el sistema esquelético, el sistema muscular, el sistema cardiovascular, el sistema respiratorio, el sistema digestivo, el sistema urinario, el sistema reproductor, el sistema tegumentario, el sistema linfático, el sistema endocrino y el sistema nervioso.

¿Sabías que...?

El ser humano esta compuesto por casi un 60% de agua. El cerebro, por su parte, tiene un porcentaje de agua del 70%. La sangre tiene un porcentaje de agua de alrededor del 80%. Y los pulmones son cerca de un 90% agua. La cantidad de agua que hay dentro de nuestro organismo sería suficiente para rellenar nada menos que cincuenta botellas de un litro. De modo que también somos, en gran medida, agua

Vocabulario

en función de according to
en el fondo ultimately
materia matter
(los) biólogos biologists
protoplasmático protoplasmic
u or
(los) hidratos de carbono carbohydrates
(los) lípidos lipids
(los) ácidos nucleicos nucleic acids
(la) membrana celular cell membrane
(el) citoplasma cytoplasm
cumpla (cumplir) fulfills
tisular tissue
semejantes similar
conjuntamente jointly

1.3. LA VIDA SABE CUIDARSE A SÍ MISMA

- *Los seres vivos dependen de una serie de procesos vitales para **mantenerse con vida**.*
- *Algunos de esos procesos son el movimiento, la reactividad, la nutrición, el crecimiento, la reproducción y la defensa del cuerpo.*
- *Cada uno de estos procesos tiene un sistema o grupo de sistemas especializado asociado.*

Los organismos vivos llevan a cabo una serie de mecanismos o procesos que les **permiten** mantenerse con vida. Son mecanismos o procesos que, en la mayoría de los casos, se realizan de forma automática, sin que nos demos ni cuenta. ¡Es como si la vida se estuviera manteniendo viva a sí misma!

Ya hemos visto que el cuerpo es un sistema de sistemas muy complejo y organizado. Pero ¿qué le permite esa complejidad y esa organización? ¿Qué hace el cuerpo humano? ¿Cuáles son los procesos que lo hacen funcionar?

Los seres humanos, al igual que otros seres vivos complejos, como los animales, **tienen en común** los siguientes procesos: el mantenimiento de límites, el movimiento, la sensibilidad o la reacción a los cambios de su entorno, la nutrición (en la que se enmarcan tareas tan importantes como la digestión, la circulación, la respiración y la eliminación de desechos), el crecimiento y la reproducción.

En este capítulo haremos un pequeño repaso por cada uno de estos procesos e identificaremos los sistemas que juegan los papeles más importantes en los procesos vitales. Hay sistemas más protagonistas que otros. Pero no podemos olvidar que todo el conjunto del cuerpo es necesario para que los procesos se lleven a cabo. Es decir, los sistemas del cuerpo deben funcionar adecuadamente por su cuenta, pero también en colaboración con el resto de los sistemas.

Además, **cabe mencionar** que, aunque el cuerpo humano es un organismo tremendamente eficaz y organizado, también es un organismo muy frágil. Esto quiere decir que no puede sobrevivir en cualquier sitio. Necesita condiciones externas e internas muy específicas para que todo funcione bien. Las condiciones en las que puede sobrevivir están condicionadas por factores como el alimento, el agua, el oxígeno, la temperatura y la presión atmosférica. Solo hay un sitio (al menos que nosotros conozcamos) que cuenta con todas las condiciones adecuadas, ¿sabes cuál es? Una pista: es un planeta situado a las afueras de una galaxia llamada Vía Láctea. ¡Exacto, nuestro planeta, la Tierra!

PROCESOS VITALES NECESARIOS

Marcando los límites

Aunque los seres vivos estamos hechos de las mismas partículas que el resto de las cosas, también somos seres diferenciados. Esto quiere decir que existe una barrera, un límite entre lo que hay dentro de nosotros y lo que hay fuera. Mantener ese límite es necesario para poder mantener el equilibrio interno y, con él, la vida.

En el fondo, el cuerpo humano es como una especie de gran célula. Las células están rodeadas de una membrana externa. Esta membrana sirve de límite con el exterior y mantiene el contenido de la célula "entre cuatro paredes". Permite la entrada de las sustancias necesarias para que la célula realice sus funciones y, a la vez, impide la entrada de sustancias **nocivas**. En el ser humano, esa membrana externa es la piel (el sistema **tegumentario**). La piel nos protege de **innumerables** amenazas. Es como nuestro escudo. Parece fina y blanda, pero en realidad es una auténtica fortaleza. Sin ella no duraríamos vivos mucho tiempo: nuestros órganos internos se secarían, las bacterias nos invadirían, el calor y la luz solar nos chamuscarían y la enorme cantidad de sustancias químicas que hay en el exterior reaccionarían con las internas, lo que nos dejaría bastante desmejorados. Así que, ya ves, tenemos mucho que agradecerle a nuestra primera línea de defensa: ¡la piel!

Ya sabemos que la piel es nuestra primera barrera, pero no es infalible. ¿Qué pasa si algún intruso cruza esa frontera? Lo que ocurre es que entra en juego la segunda línea de defensa. La segunda barrera se compone de las células sanguíneas que se encargan de defender al organismo de agentes externos nocivos. Un ejemplo de este tipo de células sanguíneas defensivas son los glóbulos blancos. Pero, por si eso no fuera suficiente, existe una tercera barrera, conformada por varios órganos del sistema linfático, como los ganglios y la médula ósea. Todo ello conforma el sistema inmunitario de nuestro cuerpo. Hablaremos de eso más adelante. ¡Como ves, estamos bastante protegidos!

Siempre en movimiento

Los seres vivos estamos en constante movimiento. De hecho, el movimiento es una de las características de los seres vivos. Hay cosas que no están vivas que se mueven, pero no hay organismos vivos que estén completamente quietos.

En el ser humano ese movimiento puede ser tanto externo como interno. El movimiento externo es aquel que incluye las actividades de cara al exterior que llevan a cabo nuestros sistemas muscular y esquelético (trasladarse, manipular objetos y más). Ocurre de la siguiente manera: los músculos reciben impulsos que tiran de los huesos de nuestro cuerpo. De esta forma, podemos caminar, nadar, hacer malabares o teclear estas palabras. Todo ello ocurre, como casi siempre, con la inestimable ayuda del capitán del barco, el sistema nervioso central.

Pero dentro de nuestros cuerpos también hay un **trasiego** constante. La sangre se mueve por nuestras venas y bombea en nuestro corazón, los alimentos avanzan desde nuestra boca a lo largo de todo el sistema digestivo, la orina se traslada por nuestro sistema urinario, los pulmones se expanden y contraen para permitirnos respirar… Y esto por no hablar de los billones de virus, bacterias y hongos a los que **damos cobijo** dentro de nuestro cuerpo y que, en muchas ocasiones, nos ayudan a llevar a cabo las funciones vitales que nos mantienen vivos. Ellos también se están moviendo en nuestro interior. Un poco más adelante, profundizaremos en todo esto, pero lo que está claro es que ¡el cuerpo es como una ciudad en hora punta!

¡Reacciona!

Para nosotros es normal, porque estamos muy acostumbrados a ello; pero, si lo piensas, es verdaderamente increíble: tenemos la habilidad de sentir los cambios (también conocidos como estímulos) que se producen a nuestro alrededor y reaccionar ante ellos. Y lo mejor de todo, ocurre sin querer, sin que pensemos en ello. ¡Es como un superpoder!

A esta habilidad la llamamos reactividad o irritabilidad. Funciona de la siguiente manera: el cuerpo detecta un estímulo y, automáticamente, se pone en marcha el proceso de respuesta. Para ello, las células nerviosas generan señales eléctricas que se conocen como impulsos nerviosos. Estos impulsos nerviosos activan una determinada función del cuerpo o un determinado movimiento para reaccionar ante el cambio y **mantenernos a salvo**. ¡Así que, además de una ciudad en hora punta, somos un circuito eléctrico! ¡Cuántas cosas pasan dentro de nosotros sin que nos demos cuenta!

Los cambios a los que reacciona nuestro cuerpo pueden darse tanto en el medio interno como en el externo. ¿Alguna vez te has cortado con un cuchillo mientras cocinabas y has visto como tus músculos automáticamente se contraen para alejar la mano del estímulo doloroso? Bien, esa es tu reactividad. Pero esas reacciones también se producen en nuestro interior. En esos casos, es más difícil que nos demos cuenta, pero siguen estando ahí. Un ejemplo es cuando la cantidad de dióxido de carbono de nuestro organismo se eleva hasta alcanzar concentraciones demasiado altas. Lo que ocurre entonces es que la respiración se acelera para expulsar el exceso de ese gas. De nuevo, es algo que sucede **sin más**, sin que tengamos que preocuparnos por activar el proceso conscientemente.

Nutrirnos para vivir

Los seres vivos necesitan nutrirse. Así consiguen la energía que usan como combustible para que sus cuerpos funcionen. Gracias a la materia que ingerimos, las células pueden, también, **reponer** y reparar las partes que se van perdiendo o deteriorando. La nutrición comprende varios procesos. Vamos a ir viendo cada uno de ellos a continuación.

- La digestión:

El primero de ellos es la digestión. La digestión es el proceso vital por el cual se **trituran** y descomponen los alimentos que comemos. Una vez descompuestos, la sangre puede absorberlos y distribuirlos alrededor de las células de todo el organismo. En el ser humano, el que se encarga de esta función es el sistema digestivo. Nosotros (que, **al igual que** el resto de los animales, somos seres multicelulares) tenemos la digestión asociada a una parte concreta del cuerpo: el **intestino**. Sin embargo, aunque nos parezca raro, esto no siempre es así. En los organismos unicelulares más simples, como las **amebas,** no es una parte, sino el organismo entero el que se encarga de digerir. Curioso, ¿verdad?

- La circulación:

Una vez digeridos los nutrientes, hay que transportarlos alrededor del cuerpo. Ahí es donde entra el sistema circulatorio, con su bomba central (el corazón) y su red de tubos de **riego** (venas, arterias y capilares). Como veremos más adelante, los nutrientes no son lo único que se transporta a través de la sangre. Por esa sustancia roja que recorre nuestro cuerpo, circulan también otros elementos vitales para nuestra supervivencia, como el oxígeno y las moléculas que participan en la defensa de nuestro cuerpo. ¿No es increíble que la comida que nos metemos en la boca se reduzca de tal manera que pueda pasar a la sangre en forma de moléculas más pequeñas? Pues eso es exactamente lo que ocurre. Una vez que la sangre transporta esas moléculas a donde eran necesarias, las células procesan las sustancias y las convierten en energía.

- La respiración:

La respiración es la encargada de que obtengamos oxígeno: la **llave** de la energía. El organismo utiliza el oxígeno para **oxidar** los nutrientes y obtener energía vital. Además, gracias al oxígeno, somos capaces de eliminar los **desechos** que genera el proceso de respiración a través de la **expiración**, como el dióxido de carbono y el **vapor de agua**. El principal encargado de llevar a cabo estas funciones es el sistema respiratorio —en **estrecha** relación con el sistema circulatorio—. Estos dos sistemas realizan un intercambio gaseoso que tiene lugar en los pulmones (más concretamente, en los alvéolos pulmonares, que son pequeños **sacos** de aire rodeados de capilares sanguíneos situados en los pulmones). El oxígeno pasa de los alvéolos a la sangre para que la sangre lo transporte a las células. Por otro lado, los desechos —es decir, el dióxido de carbono y el vapor de agua— pasan de la sangre a los alvéolos para que los eliminemos por medio de la expiración.

- La excreción:

El proceso de nutrición termina con la excreción. **Hacer nuestras necesidades** es esencial para que nos deshagamos de nuestros desechos y nos mantengamos sanos. Ya hemos visto cómo, a través de la respiración, el cuerpo se deshace de algunas de las sustancias que no necesita. Los desechos son tóxicos para el organismo y tiene que haber un encargado de la **limpieza**. Algunos de los sistemas más importantes en este sentido son el sistema urinario y el sistema digestivo. En el sistema urinario, dentro de los riñones, se reciclan algunas de las sustancias que han llegado allí a través de la sangre y del hígado por medio de un grupo de estructuras llamadas nefronas, las cuales filtran el líquido del cuerpo. Las que no pueden ser aprovechadas se eliminan a través de la orina. El sistema digestivo elimina los residuos alimentarios no digeribles y no absorbibles por medio de las heces.

Hora de crecer

Los organismos nacen, crecen y mueren. El crecimiento es, por tanto, una parte importante de la vida. Cuando hablamos de crecimiento hablamos del **aumento** del tamaño —o la masa **corpórea**— del individuo. Esto se puede medir en altura, en anchura y en peso.

El crecimiento se produce a través de un aumento en el número o tamaño de las células del cuerpo. Para ello es necesario que se **construyan** más células que las que se destruyen, o que las células existentes aumenten de tamaño. La forma en la que creceremos depende de varios factores: la genética, los hábitos de vida y la cantidad y calidad de materia que incorporamos a nuestro cuerpo (sobre todo a través de la comida). Las principales fases de crecimiento en el cuerpo humano tienen lugar durante los primeros dieciocho a veintidós años. Durante este periodo, los cambios en este sentido son constantes.

Cuando aún estamos en el útero de nuestra madre, la reproducción de células se produce a gran velocidad. Durante el primer año de vida, la velocidad a la que crecemos se **triplica**. A lo largo de toda la infancia, el cuerpo de los niños se sigue desarrollando. El **alargamiento** y **ensanchamiento** de los huesos hacen que, durante este periodo, el crecimiento sea gradual y constante. Los órganos internos también van evolucionando durante este periodo. Alrededor de los diez años, los niños alcanzan la mitad de su peso adulto. Es el momento en el que empiezan a cambiar las proporciones en el cuerpo, que empieza a prepararse para el inicio de la pubertad. Las mujeres son las primeras en entrar en la etapa de la pubertad (alrededor de un año antes que los hombres), aunque hay casos donde este inicio puede ocurrir más tarde o de forma diferente. Se trata de una etapa de muchos cambios, en la que se produce gran parte del desarrollo de los órganos sexuales y en la que el cuerpo adquiere su forma adulta. También es una etapa en la que se producen importantes incrementos en la talla, principalmente a causa del aumento de la masa ósea y la masa muscular.

Al llegar a la edad de entre diecisiete y diecinueve años para las mujeres y entre diecinueve y veintiún años para los hombres, el crecimiento propio de las primeras fases de la vida se **asienta**. A partir de entonces, se considera que nuestro cuerpo ha terminado su desarrollo. Es entonces cuando da comienzo la vida adulta.

Reproducción

Además de nacer, crecer y morir, muchos seres vivos también se reproducen. Es la manera que tienen de asegurar el mantenimiento de la especie y, por lo tanto, es un proceso intrínseco a la vida y a la naturaleza.

Cuando esa reproducción se da a nivel celular, se la conoce como reproducción celular. Consiste en una célula original que se divide para crear dos células "hijas" idénticas a ella. Este tipo de reproducción se realiza en el cuerpo todo el tiempo durante procesos como la reparación de tejidos o el crecimiento.

Además de la reproducción celular, está la reproducción del organismo; es decir, la creación de un nuevo ser humano, una nueva persona. El sistema encargado de esta increíble tarea es el sistema reproductor. En él se producen los espermatozoides, en el caso de los hombres, y el óvulo, en el caso de las mujeres. Cuando estos se juntan, tiene lugar la fertilización del óvulo, que da lugar a la creación de una nueva vida. El óvulo fertilizado se desarrolla en el útero de la madre hasta convertirse en un feto. Luego de nueve meses (aproximadamente), el feto está listo para salir al mundo en forma de bebé. El aparato reproductor funciona junto con el sistema endocrino, que actúa como regulador de los procesos reproductivos a través de producción de las hormonas, sustancias que se encargan de regular muchos de los procesos del cuerpo, como el metabolismo del azúcar, el crecimiento, y la produccion de energia.

> *¿Sabías que…?*
>
> *Los músculos más rápidos del cuerpo son los que conforman el párpado. Un parpadeo se completa a la velocidad de entre trescientos y cuatrocientos milisegundos (entre tres y cuatro milésimas de segundo aproximadamente). La gran mayoría de las veces, estos músculos funcionan de forma automática. Su objetivo es mantener el ojo protegido y lubricado.*

Vocabulario

mantenerse con vida stay alive
permiten (permitir) allow
tienen en común (tener en común) have in common
cabe mencionar it's worth noting
nocivas harmful
tegumentario integumentary
innumerables countless

trasiego shuffle
damos cobijo (dar cobijo) harbor
mantenernos a salvo (mantenerse a salvo) keep us safe
sin más simply
reponer replenish
trituran (triturar) crush
al igual que just like
(la) tripa intestines
(las) amebas amoebas
(el) riego irrigation
(la) llave valve
oxidar rust
(los) desechos waste
(la) expiración expiration
(el) vapor de agua steam
estrecha close
(los) sacos sacks
hacer nuestras necesidades to go to the toilet
(la) limpieza cleaning
crecer to grow up
(el) aumento increase
corpóreo corporeal
construyan (construir) build
triplica (triplicar) triple
(el) alargamiento lengthening
(el) ensanchamiento widening
asienta (asentar) settles
(el) párpado eyelid

1.4. METABOLISMO Y HOMEOSTASIS

- *El metabolismo es el conjunto de reacciones químicas que **dan lugar a** los procesos corporales que nos mantienen vivos.*
- *Los diferentes sistemas del cuerpo son los encargados de llevar a cabo esos procesos de forma coordinada para generar el equilibrio interno, conocido como **homeostasis**.*
- *Gran parte de las enfermedades se presentan cuando se rompe el equilibrio homeostático.*

Como hemos dicho, gran parte del tiempo, nuestros cuerpos funcionan sin que nos demos cuenta. El metabolismo es el conjunto de procesos automáticos internos que hacen que nuestro organismo esté siempre en movimiento y que nos mantienen vivos.

Por lo tanto, el metabolismo consiste en las reacciones químicas que se producen en las células de nuestro cuerpo para mantenerlas vivas. El metabolismo se divide en dos fases: la de construcción (compuesta por los procesos anabólicos) y la de destrucción (compuesta por los procesos catabólicos). La fase de construcción del metabolismo se refiere a los procesos por los que las moléculas se juntan para formar compuestos más **complejos** (por ejemplo, la síntesis de proteínas a partir de aminoácidos). Este proceso necesita energía para poder realizarse. La fase de destrucción metabólica, por su parte, hace referencia a los procesos que degradan sustancias con el objetivo de liberar energía o generar otros sustratos. Un ejemplo típico de este tipo de proceso es la degradación enzimática de hidratos de carbono, lípidos o proteínas en moléculas más simples (**ácido láctico, ácido acético, dióxido de carbono** y otras). Este proceso se lleva a cabo mediante **reacciones de oxidación** (se agrega oxígeno) o **reducción** (se elimina oxígeno).

Hay que recordar que el ser humano vive en constante relación con su **entorno**. De hecho, existe un intercambio constante de materia y energía con el medio que nos rodea. De ese intercambio depende la vida. Los procesos metabólicos que hacen posible este intercambio, como ya hemos visto, ocurren gracias a una serie de sistemas especializados que tiene el cuerpo humano. Esos sistemas están formados por órganos. Y esos órganos llevan a cabo sus **tareas** de forma coordinada e interrelacionada. Algunos sistemas, de hecho, tienen precisamente la función de coordinar y **enfocar** la acción del resto de los órganos y sistemas. El sistema nervioso o el sistema endocrino son dos buenos ejemplos de ello. Sin ellos, sin esa coordinación y esa interconexión, el sistema entero se caería.

De esta manera, es muy importante que cada órgano y cada sistema funcione bien **por separado**, pero también que todos los sistemas funcionen bien juntos. Entonces, ¿cómo conseguir que el cuerpo funcione como una unidad? Para lograr ese equilibrio entre las partes, los diferentes sistemas y órganos del cuerpo tienen que trabajar en equipo. Si uno de los sistemas empieza a tener problemas, el cuerpo en conjunto tendrá problemas. Por eso, cuando esto ocurre, el resto de los sistemas tratan de corregir el desequilibrio. Esa forma de funcionar en conjunto de los diferentes sistemas de nuestro cuerpo, esa búsqueda de armonía, suele denominarse *homeostasis*.

Cuando nos ponemos a pensar que el ser humano está compuesto por billones de células, podemos quedar sorprendidos. Sin embargo, si recordamos que esas células están en constante actividad y que gran parte de esa actividad se lleva a cabo de forma automática, armónica y —prácticamente— sin errores, nos damos cuenta de que el cuerpo es un auténtico milagro. Y nos parecerá aún más milagroso si tenemos presente que el mundo exterior está, también, en cambio constante y que las condiciones exteriores son distintas de las del interior de nuestro cuerpo.

La *homeostasis* habla precisamente de eso, de la capacidad del cuerpo humano de mantener una cierta estabilidad independientemente de los cambios y las condiciones externas. No hablamos de una inmutabilidad o una inmovilidad, sino de un equilibrio dinámico en el que las condiciones externas se van ajustando a las internas sin salirse de los límites. ¡Y es que, sin este equilibrio, empezarían los problemas!

Cuando el cuerpo recibe todo lo que necesita y los sistemas funcionan correctamente, tanto por separado como en conjunto, el equilibrio homeostático es posible. De hecho, la homeostasis depende de prácticamente todos los sistemas y aparatos del cuerpo: la actividad del corazón (la frecuencia con la que late) y la tensión arterial deben estar ajustadas para que la sangre llegue a todos los **rincones** del organismo. Esa sangre, a su vez, debe contener los nutrientes vitales necesarios. Los desechos no pueden acumularse. La temperatura corporal debe mantenerse dentro de unos límites aceptables, independientemente de si es verano y hace mucho calor o si es invierno y hace mucho frío. En otras palabras, todo el sistema tiene que estar funcionando como corresponde para mantener las condiciones que permiten que ese mismo sistema siga funcionando.

Pensémoslo así: es como si nuestro cuerpo fuera una **nave espacial** que va avanzando a través de un entorno cambiante y —a veces— un poco hostil, y la tripulación tuviera que **tener todo bajo control** para poder seguir adelante. Si la tripulación no se pone de acuerdo y no coopera, el equilibrio se rompe y, entonces… Houston, ¡tenemos un problema!

Para que la tripulación trabaje de forma adecuada, es **imprescindible** la comunicación. De la misma manera, la comunicación interna en nuestros cuerpos es esencial para la homeostasis. Y ahí **entran en juego**, como comentábamos anteriormente, el sistema nervioso y el sistema endocrino, que serían algo así como el capitán de la nave y el **primero de a bordo**. Sus mensajeros son **señales eléctricas** que emiten a través de los nervios, en el caso del sistema nervioso, u hormonas que se transportan por medio del sistema sanguíneo, en el caso del sistema endocrino. Esos mensajeros **portan** información que avisa sobre los posibles

desequilibrios, o cambios que ocurren dentro del cuerpo, y pone en marcha los procesos para corregirlos.

En la grandísima mayoría de los casos, la **cadena de mando** de la que hablamos funciona correctamente. Pero, por supuesto, no siempre es así. Esto —que suele denominarse desequilibrio homeostático— da lugar a la mayoría de las enfermedades. A medida que vamos cumpliendo años, o si tenemos estilos de vida muy desequilibrados, los órganos y los sistemas del cuerpo van perdiendo eficacia (sobre todo si no nos cuidamos), y su capacidad de respuesta se ve afectada. Es como si la tripulación estuviera cansada de tanto trabajo y ya no tuviera la misma precisión ni la misma velocidad a la hora de solucionar problemas. Todo ello lleva a que nuestra condiciones internas ya no sean tan estables y, con ello, aumenta el riesgo de padecer trastornos y enfermedades. Cuanto más grande y persistente en el tiempo sea el desequilibrio, más grave será la enfermedad.

¿Sabías que...?

El cuerpo humano emite luz. Es algo que ocurre también con las células de otros organismos vivos, como las plantas o los animales. Las células vivas emanan débiles ondas electromagnéticas, conocidas como biofotones, que no pueden verse a simple vista, pero sí medirse con un equipo especial.

Vocabulario:

dan lugar a (dar lugar a) give rise to
complejos complex
(el) ácido láctico lactic acid
(el) ácido acético acetic acid
(el) dióxido de carbono carbon dioxide
(las) reacciones de oxidación oxidation reactions
(el) entorno environment
(las) tareas tasks
enfocar focus
por separado separately
(los) rincones corners
(la) nave espacial spaceship
tener todo bajo control have everything under control
imprescindible essential
entran en juego (entrar en juego) come into play
(el) primero de abordo first mate
(las) señales eléctricas electric signals
portan (portar) carry
(los) desequilibrios imbalances
(la) cadena de mando chain of command
a simple vista at plain sight

2. EL SISTEMA ÓSEO

- *El sistema **óseo** es un sistema robusto, organizado y flexible que se caracteriza por su fortaleza y su **ligereza**.*
- *Nuestro **esqueleto** nos hace únicos dentro del reino animal, tanto en cuanto a postura, como en cuanto a funcionalidad.*
- *El sistema óseo está formado por huesos, **articulaciones**, **cartílagos** y **ligamentos**.*

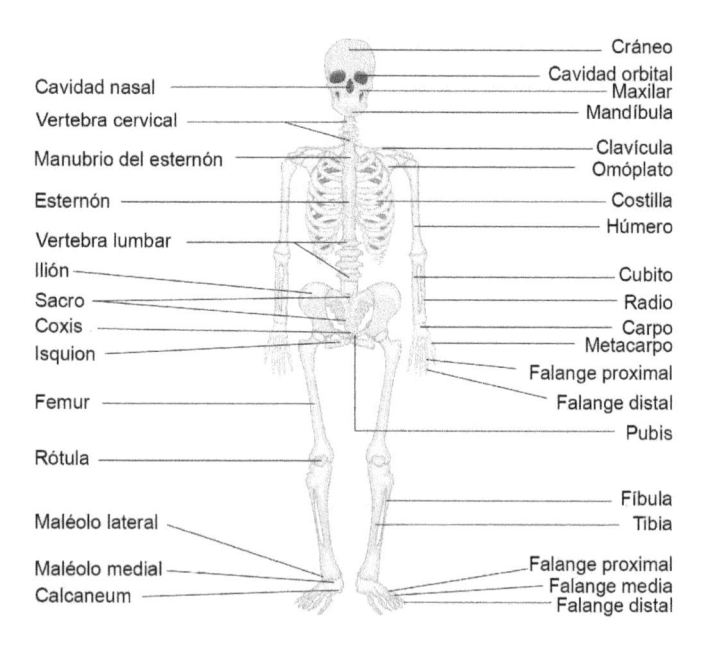

Cavidad nasal
Vertebra cervical
Manubrio del esternón
Esternón
Vertebra lumbar
Ilión
Sacro
Coxis
Isquion
Femur
Rótula
Maléolo lateral
Maléolo medial
Calcaneum

Cráneo
Cavidad orbital
Maxilar
Mandíbula
Clavícula
Omóplato
Costilla
Húmero
Cubito
Radio
Carpo
Metacarpo
Falange proximal
Falange distal
Pubis
Fíbula
Tibia
Falange proximal
Falange media
Falange distal

Al mirar un rascacielos nos preguntamos cómo puede sostenerse en pie algo así, tan grande y tan pesado. A veces nos quedamos alucinados mirando esos edificios y pensamos que son una obra maestra de la ingeniería. Pues bien, el sistema óseo (o esquelético) del cuerpo humano tiene una belleza y un diseño aún más espectacular. A continuación, veremos todo sobre él.

Lo primero que hace al esqueleto humano algo tan magnífico es su **fortaleza**. Así es, los huesos humanos son extremadamente fuertes, ¡más incluso que el acero! No es una forma de hablar, es cierto: los huesos de nuestro cuerpo pueden aguantar más presión que el hierro y tienen hasta cinco veces más resistencia que una barra de acero de las mismas proporciones. Esto no quiere decir que los huesos no puedan romperse (¡así que debemos ir con cuidado!), pero sí que tienen más fuerza de lo que parece. Gracias a esta característica, los huesos cumplen a la perfección uno de sus principales **cometidos**: la protección de los órganos vitales.

Esa fortaleza resulta aún más impactante cuando tenemos en cuenta la ligereza de los huesos. El ser humano, igual que un rascacielos, debe mantenerse erguido. Pero, a diferencia de los edificios, ¡nosotros también nos movemos! Además de la función de protección que mencionábamos antes, los huesos sirven para sostener el cuerpo y permiten el movimiento. Para cumplir con estos propósitos, los huesos tienen que ser fuertes, pero también ligeros. ¡Muy pocos **materiales de construcción** combinan estas dos características tan bien como los huesos!

Podemos visualizar nuestro sistema esquelético como una torre de huesos andante. Hay que recordar que el ser humano es uno de los pocos animales que es capaz de mantenerse recto y **erguido** por sí mismo. Esto es gracias a nuestro esqueleto (y, en particular, gracias a nuestra **espina dorsal** en forma de "S"). Puede que otros animales cuenten con garras más largas o dientes más puntiagudos o que sean más rápidos o que tengan más desarrollados algunos de sus **sentidos**. Pero ninguno cuenta con las **ventajas** que ofrece nuestra postura. Es algo que nos diferencia y nos hace únicos. Ningún otro animal tiene las piernas tan largas **en comparación con** los brazos, ni cuenta con unos pies tan complejos, ni con unas manos que sean capaces de sujetar y manipular objetos con tanta precisión. Tenemos que agradecerle a nuestro sistema óseo por poder hacer actividades como escribir, dibujar, tocar un instrumento, jugar al fútbol, dar un paseo o simplemente mantenernos en pie... ¡Sin él, nada de eso sería posible!

Nuestro cuerpo tiene más de doscientos huesos. En esta sección vamos a hablar de unos cuantos de ellos. Hablaremos de las diferentes partes del sistema esquelético: el esqueleto axial (conformado por los huesos del eje **longitudinal** del cuerpo) y el esqueleto apendicular (conformado por los huesos de los miembros y la cadera). Además de huesos, el sistema óseo cuenta con articulaciones: las partes blandas que unen uno o más huesos, y que proporcionan flexibilidad y permiten el movimiento. Dentro de las articulaciones, podemos encontrar elementos no óseos como los cartílagos (que son tejidos firmes pero flexibles que cubren los extremos de los huesos en una articulación y dan forma y apoyo a algunas partes del cuerpo como las orejas, la tráquea o la nariz) y los ligamentos (que son **cuerdas** fibrosas que unen los huesos a las articulaciones), entre otras cosas.

¡Mantente saludable!

La actividad física es esencial para mantener el organismo sano y equilibrado, y también para mantener fuertes los huesos. Con solo treinta minutos de ejercicio físico moderado al día, podemos experimentar beneficios muy importantes para la salud. Y podemos ejercitarnos de muchas formas: haciendo deporte, caminando, bailando, trabajando en el jardín, realizando rutinas de ejercicios o sencillamente teniendo un estilo de vida activo.

Vocabulario

óseo bone
(la) ligereza lightness
(las) articulaciones joints
(los) cartílagos cartilages
(los) ligamentos ligaments
(la) fortaleza strength
(los) cometidos missions
(los) materiales de construcción building materials
erguido upright
(la) espina dorsal spine
(los) sentidos senses
(las) ventajas advantages
en comparación con in comparison with
longitudinal longitudinal
(las) cuerdas chords
ejercitar exercise

2.1. QUÉ TIPOS DE HUESOS HAY Y PARA QUÉ SIRVEN?

- *El cuerpo humano adulto cuenta con 206 huesos.*
- *Existen huesos con diferentes características, tipos, formas y tamaños.*
- *Los huesos cumplen funciones esenciales para el cuerpo, como el sostenimiento, la protección, el movimiento, el almacenamiento y la fabricación de las células de la sangre.*

Ya hemos mencionado algunas de las principales funciones que cumple el sistema esquelético en nuestro cuerpo. En este capítulo, ampliaremos un poco esa información y explicaremos en detalle los tipos de huesos que podemos encontrar en nuestro organismo, su **composición** y sus cometidos.

¿CÓMO SON NUESTROS HUESOS?

Cuando nacemos, nuestros pequeños cuerpos **constan** de alrededor de trescientos huesos. A medida que vamos creciendo, algunos de esos huesos se unen —o se **sueldan**— con otros (por ejemplo, los huesos del cráneo). Sin embargo, también se crean huesos nuevos (por ejemplo, las rótulas). Al final, entre sumas y restas, un cuerpo humano adulto tiene alrededor de doscientos seis huesos.

¿De qué están hechos?

Pero, ¿qué son exactamente los huesos? O, en otras palabras, ¿de qué están hechos? El tejido óseo está constituido por una materia que contiene sustancias inorgánicas (**sales calcáreas**, **fosfato**, **carbonato de calcio** y agua) y por una combinación de sustancias orgánicas que lleva el nombre de *oseína* (que contiene **colágeno**, **azúcares**, **glicoproteínas** y otras sustancias).

¿Cómo se forman?

El origen de los huesos es el cartílago. En los fetos, el esqueleto está hecho de este material. Al nacer, el cartílago sigue constituyendo una parte muy importante del hueso. A medida que crecemos, el tejido óseo va sustituyendo gradualmente a ese tejido **cartilaginoso**. Al proceso de formación ósea se lo denomina **osteogénesis**.

¿Qué tipos de huesos hay?

Existen dos tipos básicos de huesos a lo largo y ancho de nuestro cuerpo: el hueso compacto y el hueso esponjoso. Es común que se presenten en capas. La capa externa está formada por el hueso compacto (que es más denso, duro y homogéneo). La capa interna —o hueso esponjoso— consta de pequeñas partes de hueso dispuestas en forma de **alfiler** y muchos espacios abiertos, en un **patrón** llamado "trabéculas". Entre esos espacios se aloja la médula ósea, que es una sustancia blanda donde se producen las células sanguíneas. Increíblemente, es esta disposición en forma de trabéculas, con espacios huecos en el interior, la que le da al hueso su fuerza y cierto grado de flexibilidad.

¿Cuál es su forma y su tamaño?

La forma y el tamaño de los huesos puede variar muchísimo. El hueso más pequeño del cuerpo humano tiene un tamaño de tres milímetros. Se llama *estribo*, está situado en el oído y, a pesar de su tamaño, es esencial para que podamos oír. El más largo, por contraposición, es el fémur. Se encuentra en las piernas y va desde la pelvis hasta la rodilla. Su longitud suele representar alrededor del 27% de la altura de la persona (aunque ese porcentaje puede variar ligeramente dependiendo del sexo o el origen étnico).

Algunos huesos cuentan con partes que **sobresalen**. Esto puede servir para la inserción de músculos o ligamentos, o bien como punto de apoyo para las articulaciones. Los huesos, a veces, tienen también cavidades. Esas cavidades pueden alojar partes salientes de otros huesos, limitar una articulación o cubrir y proteger las partes blandas.

Esta variedad de tamaños y formas responde a la función que cumple el hueso en el organismo. De forma genérica, los biólogos suelen clasificar los huesos en función de su tamaño y su forma en cuatro grupos principales: huesos largos, huesos cortos, huesos planos y huesos irregulares.

- **Huesos largos:** Son aquellos que tienen la característica general de ser más largos que anchos. Suelen tener forma **cilíndrica** y contar con un **eje** con una cabeza en cada extremo. Por regla general, consisten en mayor proporción de hueso compacto. Son característicos de los miembros superiores e inferiores (todos los huesos de las piernas y los brazos son huesos largos, salvo las rótulas y los huesos de la muñeca y el tobillo). Suelen cumplir una función de palanca y soporte.

- **Huesos cortos:** Casi siempre están compuestos por hueso esponjoso y suelen tener forma de cubo. El hecho de que tengan medidas parecidas en todas sus **caras** les otorga gran resistencia. Los huesos de las muñecas y los tobillos son ejemplos de huesos cortos. Existe un tipo especial de huesos cortos que se forma en los tendones: son los *huesos sesamoideos* (por ejemplo, las rótulas). Las funciones principales de los huesos cortos son amortiguar impactos y golpes, y reducir la fricción y los cambios de dirección en los tendones. También contribuyen a aumentar el efecto **palanca** de los huesos largos.

- **Huesos planos:** Son huesos finos, espesos y **planos/anchos**, y suelen tener una forma curvada. Cuentan con dos capas finas de hueso compacto y una capa intermedia de hueso esponjoso. Gran parte de los huesos del **cráneo**, así como las costillas y el esternón (el hueso de la parte central del pecho), son huesos planos. Su principal función es la de protección.

- **Huesos irregulares:** La categoría de huesos irregulares es **el cajón de sastre** que se utiliza para meter todos los huesos que no se ajustan a ninguna de las categorías anteriores. Los huesos de la columna vertebral o los de la **cadera**, así como la **mandíbula** o huesos del **oído** como el estribo, son ejemplos de este tipo de huesos. Sus formas son muy variadas, lo mismo que sus funciones.

¿Cómo crecen y se recomponen?

El cartílago de crecimiento es una **fina lámina** que se encuentra entre la cabeza ósea y el cuerpo de los huesos largos. Las células de esta fina lámina se dividen constantemente y con el tiempo el calcio comienza a depositarse, dando lugar al crecimiento del hueso. El cartílago de crecimiento hace posible que los huesos puedan crecer a lo largo hasta que se produce la *osificación*[1]. Esto ocurre cuando la persona alcanza la edad adulta.

Sin embargo, incluso después de la osificación, los huesos siguen siendo un tejido dinámico y activo. ¡Puede que parezcan unas rocas rígidas e inmóviles, pero nada más lejos de la realidad! Los fenómenos de intercambio y **remodelación** tienen lugar incluso cuando ha concluido la formación del hueso. Los huesos pueden ganar **grosor** o recomponerse en caso de que hayan sido dañados (por ejemplo, cuando nos fracturamos). Los encargados de esta tarea son los *osteoblastos*. Gracias a la reproducción de estas células alojadas en el *periostio*[2] y en la médula, se puede

---

[1] La **osificación** es el proceso de creación de nuevo tejido óseo. Es un proceso que llevan a cabo unas células que llevan el nombre de osteoblastos.

[2] El **periostio** es una capa fina que forma la cubierta exterior de los huesos, es muy grueso en los niños pero al crecer su grosor disminuye.

depositar tejido óseo nuevo. Cuando un hueso se fractura, los osteoblastos se encargan de regenerar la capa exterior del hueso por medio de su división y reproducción,, creciendo hasta unir ambos extremos.

Pero como siempre en el cuerpo, es necesario el equilibrio. Por eso, además de los osteoblastos (que se encargan de formar los huesos), están los *osteoclastos* (que se encargan de destruir tejido óseo). ¿Por qué lo hacen? Los osteoclastos son como escultores. Se encargan de consumir el material producido por los osteoblastos con el objetivo de modelar adecuadamente el hueso que ha **sufrido daño**. El sistema endocrino y sus hormonas juegan un papel importantísimo en este proceso, ya que además de participar en la remodelación del hueso existente, pueden ser influenciados por hormonas como la hormona paratiroidea o la calcitonina, para reabsorber el hueso y así obtener calcio, que podría ser utilizado en diferentes procesos de cuerpo.

LOS HUESOS, UNA HERRAMIENTA VERSÁTIL

Los huesos son como una **caja de herramientas,** sirven para multitud de funciones esenciales para el organismo. Estas son las principales:

Soporte, protección y movimiento

Los huesos dan forma y soporte al cuerpo. Forman la estructura interna del cuerpo y **dan cabida** a los órganos blandos. Además, los huesos también cumplen una función de protección de esos **órganos blandos**, muchos de los cuales son vitales. De hecho, cuánto más importante o vital es el órgano, mayor es la protección que se le **otorga**. El cráneo, por ejemplo, es uno de los huesos más gruesos y duros del cuerpo. Y con razón porque protege **ni más ni menos** que el **centro de mando** del cuerpo: ¡el cerebro! Por su parte, la caja torácica —formada por las costillas y el esternón— es una auténtica **jaula acorazada** que protege los órganos del tórax (entre los que podemos encontrar los pulmones y el corazón). Otro ejemplo son las **vértebras**, que son pequeñas **cajitas** de protección que sirven para mantener a salvo la **médula espinal** —la ruta principal por la que se trasladan los mensajes del cerebro al resto del cuerpo.

Y la cosa no se queda ahí, gracias al diseño y la estructura de nuestros huesos podemos movernos. Así es, los huesos sirven, además, como punto de inserción para músculos, ligamentos y tendones, a la vez que dan estabilidad a las articulaciones. Los músculos esqueléticos están unidos a los huesos por medio de esos tendones y utilizan los huesos como palancas para que podamos mover las diferentes partes de nuestro cuerpo. Por ejemplo, nuestras **rodillas**, que dan movilidad a nuestras piernas, están conformadas por los huesos del fémur, la rótula y la tibia, y un gran número de ligamentos.

Ni demasiado duro y rígido, ni demasiado blando y flexible, el sistema esquelético de nuestro cuerpo cuenta con el equilibrio perfecto entre soporte, protección y movilidad. ¡Todo un **prodigio** de la ingeniería!

ALMACENAMIENTO Y CREACIÓN DE CÉLULAS SANGUÍNEAS

Adivinar las tres primeras funciones principales del sistema óseo puede ser más o menos fácil. Pero saber que los huesos sirven, también, como almacén y fábrica de células sanguíneas puede ser algo menos intuitivo.

Y, sin embargo, ¡así es! Las cavidades internas de los huesos sirven como despensa de **grasas**. Los propios huesos son almacenes **andantes** de minerales tan importantes para el cuerpo como el calcio o el fósforo. El calcio es esencial para tareas como la transmisión de mensajes del sistema nervioso central, la contracción muscular o la **coagulación** de la sangre (proceso **importantísimo**, por ejemplo, para poder **cicatrizar** heridas y no **desangrarnos**). El fósforo, por su lado, es necesario también para muchos de los procesos del organismo, como la producción de la hormona del crecimiento y la reparación de células y tejidos, entre otros. También juega un papel destacado en la producción y almacenamiento de la energía. ¡Aunque parezca increíble, hasta en los huesos hay un movimiento continuo! Los movimientos de depósito y **retirada** de estos minerales en los huesos tienen lugar de forma casi constante.

Y quizás lo más sorprendente de todo: ¡algunos huesos son auténticas fábricas de células sanguíneas! Esa formación de células sanguíneas lleva el nombre de *hematopoyesis* y se produce en la médula ósea de ciertos huesos (por ejemplo, el esternón, las vértebras, los huesos ilíacos y las costillas).

> *¿Sabías que...?*
>
> *La posición de nuestro cuerpo afecta nuestro estado de ánimo y nuestra memoria. Por eso, para mejorar la capacidad de memorización y aprendizaje y estar más alegre, hay que cuidar la postura: hay que mantenerse erguido, con la espalda lo más recta posible, los hombros echados hacia atrás y la cabeza alta. ¡Como una persona orgullosa de sí misma!*

Vocabulario

la composición composition
constan (constar) consist of (something)
sueldan (soldar) welded
(las) sales calcáreas calcareous salts
(el) fosfato phosphate
(el) carbonato de calcio calcium carbonate
(el) colágeno collagen
(los) azúcares sugars
(las) glicoproteínas glycoproteins
cartilaginoso cartilaginous
osteogénesis osteogenesis
(el) alfiler pin
patrón pattern
sobresalen (sobresalir) stand out
cilíndrica cylindrical
(el) eje axis
(las) caras sides

(la) palanca lever
planos flat
anchos wide
(el) cráneo skull
el cajón de sastre hotchpotch
(la) cadera hip
(la) mandíbula jaw
(el) oído ear
fina fine
(la) lámina sheet
(la) remodelación remodelling
grosor thickness
sufrido daño (sufrir daño) suffered damage
(la) caja de herramientas toolbox
dan cabida (dar cabida) allow for
(los) órganos blandos soft organs
otorga (otorgar) grant
ni más ni menos nothing short of
(el) centro de mando command center
(la) jaula cage
acorazada armored
(las) vértebras vertebrae
(las) cajitas little boxes
(la) médula espinal spinal cord
(las) rodillas knees
(el) prodigio prodigy
(el) almacenamiento storage
(las) grasas fats
andantes walking
(la) coagulación clotting
importantísimo very important
cicatrizar heal
desangrarnos (desangrarse) bleed out
(la) retirada withdrawal

2.2. LOS HUESOS DE NUESTRO CUERPO

- *Para el estudio del sistema esquelético, el cuerpo humano se divide en dos partes: esqueleto axial y esqueleto apendicular.*
- *El esqueleto axial contiene la cabeza, el cuello, el **tronco** y parte de la pelvis*
- *El esqueleto apendicular está formado por las extremidades y las **caderas**.*

El cuerpo humano suele dividirse en partes para facilitar su estudio. En el caso del sistema óseo, el cuerpo está dividido de la siguiente manera: *esqueleto axial* y *esqueleto apendicular*. El esqueleto axial comprende la cabeza, el cuello, el tronco, y parte de la pelvis y puede subdividirse en tres partes: el cráneo, la columna vertebral y el tórax óseo. El esqueleto apendicular, por su parte, incluye los huesos de las extremidades (también conocidos como *miembros* o *apéndices*), así como los de la cintura pélvicas (que son las partes donde las extremidades se insertan en el esqueleto axial).

ESQUELETO AXIAL

En esta parte estudiaremos los huesos de la cabeza y los huesos del tronco.

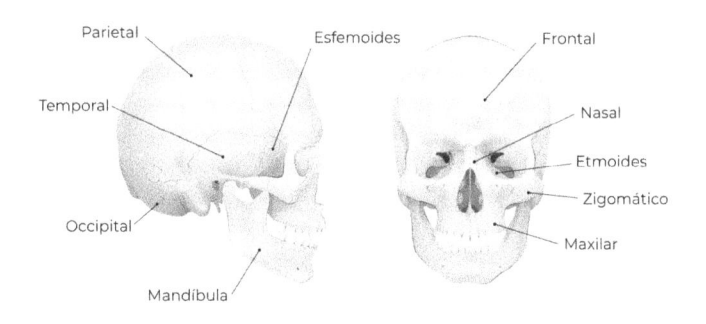

Parietal · Esfemoides · Frontal · Temporal · Nasal · Etmoides · Zigomático · Occipital · Maxilar · Mandíbula

La cabeza está formada por dos grupos de huesos:

- Huesos del cráneo:

El cráneo cuenta con ocho huesos principales que rodean y protegen el cerebro. Son huesos grandes y planos que forman una especie de caja. Sus nombres son los siguientes: *frontal, parietales, temporales, occipital, apófisis cigomática, esfenoides y etmoides.*

- Huesos de la cara:

La cara está compuesta por catorce huesos faciales. Doce de ellos van en pares. Solamente la mandíbula y el **vómer** son huesos individuales. Los nombres de los huesos de la cara son los siguientes: *maxilares* (son los que se utilizan para masticar), *palatinos, cigomáticos, lacrimales, nasales, conchas nasales inferiores, mandíbula y vómer.* Algunos de estos huesos tienen **huecos** que se conectan con las **fosas nasales,** que contribuyen a que el aire que respiramos se caliente y se humedezca. A estos huecos se les denomina *senos paranasales* o *cavidades sinusales.*

Huesos del tronco

Los dos principales grupos de huesos del tronco son los que forman:

- La columna vertebral:

Se la conoce también como *espina dorsal*, y va desde el cráneo hasta la pelvis. Se trata de una estructura curva que está formada por veintiséis huesos irregulares conectados y **reforzados** por varios ligamentos y músculos. Esos huesos son las vértebras. Las vértebras forman un canal óseo por el medio del cual, **recorriendo** su cavidad central, encontramos la delicadísima *médula espinal*, de la que hablaremos en el capítulo dedicado al sistema nervioso. De hecho, una de las principales funciones de la columna vertebral es proteger ese tejido nervioso tan delicado.

La columna vertebral suele dividirse en tres regiones: la cervical (formada por las siete vértebras del cuello), la torácica (formada por las doce vértebras siguientes y situadas en la zona del tórax) y la lumbar (que soporta la espalda inferior a través de cinco vértebras lumbares). Por debajo de estos hay que añadir dos huesos compuestos más: el *sacro* (en el que se fusionan cinco vértebras) y el *coxis* (en el que se fusionan otras tres a cinco vértebras **diminutas**). Este último se conoce también como "hueso de la **cola**", es considerado por algunos científicos como un remanente de una cola similar a la que tienen otros animales.

- La caja torácica:

Se la conoce también como *tórax óseo*. Está formada por tres grupos de huesos: el esternón, las costillas y las vértebras torácicas (de las que ya hemos hablado). La caja torácica, como su nombre indica, es una caja protectora que sirve para **resguardar** algunos de los órganos vitales que hay en esa zona del cuerpo: el corazón, los pulmones y los principales vasos sanguíneos, como la arteria aorta y la vena cava.

El esternón —o hueso pectoral— es un hueso plano típico. Lo forman tres huesos **fusionados**: el *manubrio*, **el** *cuerpo* y la *apófisis xifoide*. Está unido a los siete primeros **pares** de costillas.

En total, hay doce pares de costillas. Todas ellas se articulan con la columna vertebral en la parte posterior. Los siete primeros pares —también conocidas como *costillas verdaderas*— se unen al esternón por medio de los **cartílagos costales**. Los siguientes cinco pares —las *costillas falsas*— no se unen directamente con el esternón, sino que se unen a la costilla que tienen justo encima. Los dos últimos pares de costillas se conocen como *costillas flotantes*. Son más cortas que las demás y no están unidas de ninguna forma al esternón.

ESQUELETO APENDICULAR

En esta sección estudiaremos los huesos de la **cintura pectoral**, de la **cintura pélvica** y de las extremidades superiores e inferiores (es decir, los brazos y las piernas).

Huesos de la cintura pectoral

Las cinturas pectorales (o escapulares) son muy ligeras y permiten una amplia variedad de movimientos a las extremidades superiores. Están compuestas por dos huesos:

- La clavícula:

Es un hueso fino y doblemente curvado (en forma de *S*). Se ubica entre la escápula y el esternón, y se articula con ellos para formar la parte superior del **hombro**. Actúa como una **abrazadera** que sujeta el brazo y lo aleja del tórax. Con ello, ayuda a evitar que se **luxe** el hombro.

- La escápula:

También conocida como *omoplato*. Es un hueso triangular que se sitúa en la parte posterior alta del tórax. No está unida directamente al esqueleto axial, sino que son los músculos del tórax los que la **sujetan**. Se articula con el **húmero** y con la clavícula, y en su parte más lateral tiene una parte en forma de copa llamada "glenoides", dentro de la cual se articula la cabeza del húmero, permitiendo el amplio rango de movimiento que posee esta articulación por medio de un grupo de músculos llamado "manguito rotador" que tienen su origen en la escápula.

Huesos de las extremidades superiores

Tenemos 30 huesos en cada uno de los miembros superiores. Estos huesos están **alojados** en el brazo, el antebrazo y la mano.

- En el brazo hay solo un hueso, el *húmero*.
- El **antebrazo** tiene dos huesos, el *cúbito* y el *radio*.
- La **mano** está constituida por los huesos **carpianos, los metacarpianos** y **las falanges**. Los huesos carpianos son ocho, están unidos por ligamentos que limitan sus movimientos y se encuentran en la **muñeca**. En la **palma de la mano** se encuentran los metacarpianos, que son cinco. Cuando se aprieta la mano, la cabeza de estos huesos marca los **nudillos**. Por último, hay catorce falanges por mano, tres por cada dedo, salvo en el caso del **pulgar**, en el que solo hay dos.

Huesos de la cintura pélvica

La cintura pélvica está formada por dos huesos **coxales** que suelen conocerse como huesos de la **cadera**. Los huesos de la cadera están formados por tres huesos fusionados: el *ilion*, el *isquion* y el *pubis*. Junto con el coxis y el sacro, estos huesos coxales forman la pelvis ósea.

Los huesos de la cintura pélvica son pesados y de gran tamaño. Están unidos firmemente con el esqueleto axial. Se articulan con los huesos del muslo a través de unas **cuencas** profundas reforzadas por fuertes ligamentos. Esto permite una firmeza especial en la unión de los miembros inferiores y la cintura.

La función principal de la cintura pélvica es soportar el peso del cuerpo. De hecho, todo el peso de la parte superior de nuestro cuerpo descansa sobre la cintura pélvica. Algunos órganos importantes como la **vejiga**, los órganos reproductores y parte del intestino grueso están situados en la zona de la pelvis ósea. Otra de las funciones de estos huesos es la protección de esos órganos.

Existen diferencias importantes entre las pelvis femeninas y las masculinas. La pelvis de la mujer es más amplia que la pelvis del hombre. Además, la pelvis femenina tiene forma oval y está **arqueada** hacia adelante, mientras que la masculina está más echada hacia atrás y tiene forma de corazón. La pelvis femenina tiene huesos más ligeros y delgados que la pelvis de los hombres. La pelvis masculina está adaptada para apoyar una estructura física más pesada, por lo que sus músculos son más fuertes. La pelvis femenina, por su parte, juega un papel importante en cuestiones reproductivas (su estructura debe permitir la salida de la cabeza del bebé durante **el parto**).

Huesos de las extremidades inferiores

Cuando estamos de pie, las extremidades inferiores soportan todo el peso de nuestro cuerpo. Esto explica que las extremidades inferiores sean más gruesas y fuertes que las extremidades superiores. Los miembros inferiores también se dividen en tres regiones: muslo, pierna y pie.

- En primer lugar, tenemos el muslo. El único hueso de este segmento es el *fémur*.

- Como ya sabemos, se trata del hueso más largo, fuerte y pesado del cuerpo. El extremo superior del fémur tiene una cabeza redonda que se inserta en el hueso de la cadera. En el extremo inferior, se articula en forma de **bisagra** con la rodilla —concretamente con la rótula y la tibia— a través de dos **cóndilos** y una pequeña fosa en su cara anterior sobre la cual puede colocarse la rótula al flexionar la pierna.

- Después encontramos la pierna, que está formada por dos huesos: *tibia* y *peroné*. La tibia es el más grande y más grueso. Es un hueso largo situado en la parte **interna** y **delantera** de la pierna. Se articula con los cóndilos del fémur en su extremo superior y completa la articulación de la rodilla junto con la rótula. En el extremo inferior se articula con el peroné y con uno de los huesos del **tobillo** (o *tarso*). El peroné es más fino y tiene forma de **palo**. Se encuentra situado en la parte **externa** de la pierna y se articula con la tibia en ambos extremos, además, entre la tibia y el peroné se encuentra un tejido llamado *membrana interósea*, una fina capa que participa en la estabilidad de la pierna. En la parte inferior y externa del peroné, se encuentra una **protuberancia** que se conoce como *maléolo externo*. Por el contrario, se puede encontrar una protuberancia similar en la parte inferior e interna de la tibia, llamada *maleolo interno*. En estas prominencias se insertan varios ligamentos que colaboran para mantener la estabilidad del tobillo al cargar peso o al caminar, además de permitir el paso de los tendones de los músculos que permiten mover el pie.

- Para terminar, el pie está formado por los huesos del **tarso, metatarso** y las falanges. El papel del pie es muy importante, ya que es el que acaba soportando el peso total del cuerpo a la vez que sirve como palanca para impulsar el movimiento del cuerpo al andar, saltar o correr; cada pie carga aproximadamente 50% del peso total del cuerpo al realizar actividades como estar de pie, pero al caminar, alternara en cargar hasta casi el 100% del peso en un sólo pie. Para cumplir con estas tareas, los huesos del pie se disponen en forma de tres **arcos** (dos a lo largo y uno atravesado). El tarso forma la mitad posterior del pie. Está constituido por los siete huesos tarsianos. Los dos mayores son el *calcáneo* y el *astrágalo*. En ellos es donde descansa gran parte del peso corporal. La planta del pie está formada por cinco metatarsianos. Y los dedos por catorce falanges dispuestas igual que en las manos (tres falanges por dedo, excepto el gordo que tiene dos).

¿Sabías que...?

*El cráneo de un bebé **recién nacido** no es igual al de un adulto. En un adulto, el cráneo representa **un octavo** de la longitud total del cuerpo, mientras que, en un bebe recién nacido, representa **un cuarto**. El cráneo del recién nacido, además, tiene aún zonas **fibrosas** que no se han convertido en hueso (estas partes se conocen como **fontanelas**). Como todo en el cuerpo humano, esto tiene una razón. Las fontanelas permiten que la cabeza del bebé se comprima un poco durante el parto para facilitar su salida. Además, esa flexibilidad permite que el cerebro del bebé crezca durante las últimas fases del embarazo y las primeras fases de la infancia.*

Vocabulario

(el) tronco torso
(las) cinturas waists
(el) frontal frontal bone
(los) parietales parietal bones
(los) temporales temporal bones
(el) occipital occipital
(la) apófisis cigomática zygomatic process
(los) esfenoides sphenoid bones
(los) etmoides ethmoid bones
(el) vómer vomer bone
(los) maxilares maxillary bones
(los) palatinos palatine bones
(los) cigomáticos zygomatic bones
(los) lacrimales lacrimal bones
(los) nasales nasal bones
(las) conchas nasales inferiores inferior nasal turbinates
(los) huecos holes
(las) fosas nasales nostrils
(los) senos paranasales paranasal sinuses
(las) cavidades sinusales sinus cavities
reforzados reinforced
recorriendo (recorrer) going through
diminutas tiny
(la) cola tail
resguardar safeguard
fusionados merged
(el) manubrio manubrium
(el) cuerpo (sternal) body
(la) apófisis xifoide xiphoid process
(los) pares pair
(las) costillas verdaderas true ribs
(los) cartílagos costales costal cartilage
(las) costillas falsas false ribs
(la) cintura pectoral shoulder girdle
(la) cintura pélvica pelvic girdle
(el) hombro shoulder
(la) abrazadera clamp
luxe (luxar) dislocate

(el) omóplato scapula
sujetan (sujetar) hold (something) in place
(el) húmero humerus
alojados lodged
(el) antebrazo forearm
(el) cúbito ulna
(el) radio radius
(la) mano hand
(los) carpianos carpal bones
(los) metacarpianos metacarpal bones
(las) falanges phalanges
(la) muñeca wrist
(la) palma de la mano palm of the hand
(los) nudillos knuckles
(el) pulgar thumb
(los) coxales coxal bones
(la) cadera hip
(el) ilion ilium
(el) isquion ischium
(el) pubis pubis
(las) cuencas cavities
(la) vejiga bladder
arqueada arched
el parto birth
(el) muslo thigh
(la) pierna leg
(el) pie foot
(la) bisagra hinge
(los) cóndilos condyles
(la) tibia tibia
(el) peroné fibula
interna internal
delantera front
(el) tobillo ankle
(el) palo stick
externa external
protuberancia lump
(el) tarso tarsus
(el) metatarso metatarsus
(los) arcos arches

(el) recién nacido newborn
un octavo an eighth
un cuarto a quarter
fibrosas fibrous
(las) fontanelas fontanelles

2.3. ¡HABLEMOS DE ARTICULACIONES!

> - *Las articulaciones son una parte integral del sistema esquelético.*
> - *Casi todos los huesos del cuerpo se unen por medio de una articulación.*
> - *Las articulaciones aportan firmeza a las uniones entre huesos y facilitan la movilidad.*

Las articulaciones forman parte del sistema esquelético. La mayoría de los huesos del cuerpo están unidos unos con otros a través de una articulación. Existen varios tipos de articulación. Algunas son fijas y otras son móviles o semimóviles. Su estructura y sus características difieren en función del propósito que cumplen en el cuerpo.

La función principal de las articulaciones es aportar firmeza a la unión entre los huesos. También proporcionan movilidad a un esqueleto que sería muy rígido sin ellas. Además, dan estabilidad a las uniones y limitan los movimientos para evitar lesiones óseas y musculares. Por último, nos ayudan a mantener la postura y el equilibrio, y a permitir el movimiento y el crecimiento ¡Son como el **engranaje** de nuestro cuerpo!

La variedad de movimientos que permiten las articulaciones es verdaderamente impresionante. ¡No hace falta más que ver a un contorsionista, una bailarina de ballet o un practicante de yoga! Si no contáramos con las articulaciones, nuestros movimientos serían mucho más toscos y limitados. ¡Pareceríamos robots!

ELEMENTOS DE LAS ARTICULACIONES

Las articulaciones de nuestro cuerpo están hechas de diferentes elementos dependiendo de la función que cumplen. Algunas de ellas están formadas por elementos no óseos, como el cartílago articular, los ligamentos, la cápsula articular o la membrana sinovial. En algunas articulaciones complejas (por ejemplo, la rodilla) encontraremos, además, otros elementos, como los meniscos.

Cartílago articular

El **cartílago articular** es la fina capa de cartílago que recubre los extremos de los huesos que se unen en la articulación. Se trata de una superficie lisa diseñada para reducir la fricción y evitar el **choque** entre los huesos. El cartílago está compuesto por unas células especializadas llamadas *condrocitos*. Entre ellas se ubican unas fibras flexibles y resistentes. Todo ello está incluido en una sustancia gelatinosa llamada **matriz ósea,** que contiene una proteína llamada *condrina*, que es la que da al cartílago sus características de elasticidad y firmeza, al permitir la retención de agua.

Ligamentos

Los ligamentos son cápsulas o bandas hechas de tejido conectivo que tienen como objetivo dar firmeza a la unión ósea y poner límite a los movimientos articulares. Están formados por fibras elásticas y colágeno[3]. Su forma puede variar mucho dependiendo de dónde se encuentre: pueden ser cortos, anchos, finos, redondos… Algunas veces los ligamentos se encontrarán dentro de la cavidad articular (por ejemplo, el ligamento redondo de la cadera o los ligamentos cruzados de la rodilla). En otras ocasiones, se ubicarán en la parte exterior de la articulación; por ejemplo, los ligamentos externos del tobillo, el codo, o la rodilla (diferentes a los ligamentos cruzados).

Cápsula articular

También está formada por tejido conectivo. La cápsula articular **rodea** y **envuelve** la articulación y se inserta a lo largo del borde de las superficies de los huesos que se unen en la articulación. Podemos encontrarla en articulaciones que soportan grandes **tensiones**, como el hombro, o la rodilla. El interior de la cápsula está recubierto por un grupo de células especializadas que conforman la membrana sinovial.

---

[3] El **colágeno** es la proteína más abundante de nuestro cuerpo. Es un elemento básico para la piel y para los huesos. También es el principal elemento estructural del cartílago, de los ligamentos y de la membrana sinovial de las articulaciones.

Membrana sinovial

Se trata de una capa de tejido conectivo que recubre las cavidades articulares y que recubre los tendones. Su aspecto es liso y brillante; en la cara que da hacia el espacio articular, se encuentra recubierta por un grupo de células especializadas. Esto se debe a que la **membrana sinovial** es el lugar en el que se produce el líquido sinovial, que sirve para lubricar la superficie articular durante el movimiento, nutrir el cartílago articular y nutrir los tendones.

Meniscos

También son conocidos como *discos articulares*. Como ya hemos mencionado, se encuentran situados en la rodilla. Son placas de tejido fibroso que dividen la cavidad articular en dos secciones. Tienen forma de **cuña**. Están ahí para aumentar la superficie de contacto entre el fémur y la tibia. Esto reduce los efectos de la presión que producen los movimientos y el peso del cuerpo.

CLASES DE ARTICULACIONES

Existen varios tipos de articulaciones en nuestro cuerpo. Se dividen en función de su grado de movilidad y su forma, o bien en función del material del que están hechas.

Articulaciones fijas, móviles o semimóviles

- Articulaciones fijas o inmóviles:

Se las conoce también con el nombre de *sinartrosis*

o *suturas*. Son articulaciones rígidas, sin movilidad. Un ejemplo claro son las suturas del cráneo y de los huesos de la cara.

Dentro de las articulaciones fijas existen varias subdivisiones. Las *dentadas* se presentan en forma de dientes que encajan los unos con los otros (por ejemplo, algunas de las articulaciones que unen los huesos del cráneo). Las armónicas son aquellas en las que la unión de los huesos es lisa o plana (por ejemplo, la articulación de los huesos nasales). Las escamosas presentan forma de escamas (por ejemplo, la articulación témporo-parietal, que une el cráneo con la cara). O las esquindelesis, que presentan, por un lado, una forma de cresta y, por el otro, una forma de **ranura** que encajan perfectamente entre sí (por ejemplo, la unión de algunos huesos de la cara como el esfenoides con el vómer).

- Articulaciones semimóviles:

Se las conoce también con el nombre de *anfiartrosis*. Son articulaciones que permiten solamente unos pocos movimientos. Un ejemplo son las articulaciones de la columna vertebral. En este tipo de articulaciones, los huesos suelen estar divididos por placas de tejido cartilaginoso (como los discos intervertebrales). Gracias a esto, la columna vertebral en conjunto tiene mucha movilidad a pesar de que las vértebras, individualmente, no tengan casi ninguna.

- Articulaciones móviles:

Se las conoce también con el nombre de *diartrosis*.

Corresponden sobre todo a las articulaciones de las extremidades del cuerpo. Son las articulaciones más complejas, pero también las más flexibles que tenemos. En muchas de ellas podemos encontrar elementos que ya hemos visto, como cavidades y cápsulas articulares, membranas lubricadas y ligamentos. Todas contribuyen a facilitar el movimiento. En función de su forma, estas articulaciones se **subclasifican** en *planas, en bisagra, en pivote, condíleas, en silla de montar* y *enartrósica*s.

- **Planas**: Aquellas con superficies articulares planas. Solo permiten movimientos de **deslizamiento**, sin rotación sobre ningún eje. Algunas articulaciones de la muñeca —como las articulaciones intercarpianas— son un buen ejemplo de articulación plana.

- **En bisagra:** Se encuentran en articulaciones donde existe una **terminación** cilíndrica de un hueso que se une a la superficie en forma de hueco de otro hueso. Solo permiten movimientos angulares en torno a un eje, como una bisagra mecánica. Algunos buenos ejemplos de este tipo de articulación son el codo, el tobillo y las que hay entre las falanges de los dedos.

- **En pivote:** En estas articulaciones, el extremo **redondeado** de un hueso se ajusta a un anillo óseo (y también, muchas veces, a los ligamentos). Permiten una movilidad en torno a un solo eje, su eje largo. Algunas de las articulaciones que unen el radio y el cúbito en nuestro brazo —como la radiocubital proximal— son un buen ejemplo de articulaciones móviles en pivote.

- **Condiloideas:** Son las articulaciones en las que la superficie articular de un hueso en forma de huevo se ajusta a la concavidad ovalada de otro hueso. Permiten un movimiento en torno a dos ejes: uno de desplazamiento de lado a lado y otro de delante hacia atrás. Sin embargo, no pueden girar en torno a su eje largo. Un buen ejemplo son las articulaciones de los nudillos.

- **En silla de montar:** En estas articulaciones, los huesos se unen en una superficie articular que tiene forma de silla de montar. Permiten movimientos muy parecidos a las articulaciones condiloideas. Un buen ejemplo de este tipo de articulaciones se encuentra en los dedos pulgares de nuestras manos.

- **Enartrósicas:** Son articulaciones *multiaxiales* en las que la terminación redondeada de un hueso encaja en la cuenca redondeada de otro. Por esto, permiten movimientos en torno a todos sus ejes (incluida la rotación). Son las articulaciones con mayor movilidad, como la cadera y el hombro.

Articulaciones fibrosas, cartilaginosas y sinoviales

Además de agruparse según su grado de movilidad y su forma, las articulaciones se clasifican **en función del** material del que están hechas.

Así, en las articulaciones fibrosas, los huesos están unidos por tejido fibroso. Generalmente, las articulaciones fibrosas son inmóviles. Sin embargo, hay algunos casos en los que las fibras conectoras son más largas y permiten cierto movimiento. Este tipo de articulaciones llevan el nombre de *sindesmosis*. Algunas de las terminaciones que unen la tibia y el peroné en nuestra pierna son ejemplos de sindesmosis; aunque son estructuras rígidas, permiten cierta laxitud en su movimiento durante la marcha y la carga

En las articulaciones cartilaginosas, por su parte, las terminaciones de los huesos están unidas a través del cartílago. Algunas de estas articulaciones son semimóviles, como es el caso de ciertas articulaciones de la pelvis (sínfisis pélvica) y de la columna (las articulaciones intervertebrales). Otras son inmóviles, como las articulaciones cartilaginosas que unen las primeras costillas y el esternón.

Por último, las articulaciones sinoviales se caracterizan por la presencia de líquido sinovial en la cavidad articular. Las articulaciones sinoviales, por lo general, son móviles, como la rodilla, el hombro, la cadera, el codo, las muñecas, etc.

¿Sabías que…?

Solo hay un hueso en el cuerpo humano que no está conectado a otro. En otras palabras, solo hay un hueso que no tiene articulación. Lleva el nombre de hioides y tiene forma de V. Está ubicado en el cuello, justo debajo de la lengua. Se trata de un hueso que funciona en conjunto con los huesos temporales y con la mandíbula

Vocabulario

(el) engranaje gear
(el) cartílago articular articular cartilage
(el) choque clash
(los) condrocitos chondrocytes
(la) matriz ósea bone matrix
(la) condrina chondrine
(la) cápsula articular joint capsule
rodea (rodear) surround
envuelve (envolver) wrap
(las) tensiones tensions
(la) membrana sinovial synovial membrane
(los) discos articulares articular disks
(la) cuña wedge
(las) sinartrosis synarthrosis
(las) suturas sutures
(la) ranura slot
(la) anfiartrosis amphiarthrosis
subclasifican (subclasificar) subclassified
(el) deslizamiento slide
(la) terminación ending
(el) pivote pivot
redondeado rounded
(la) silla de montar (riding) saddle
en función de according to

3. EL SISTEMA MUSCULAR

- *El sistema muscular es el **motor** del movimiento en nuestro cuerpo.*
- *Una de las características principales y exclusivas de los músculos es su capacidad de contracción.*
- *Los músculos funcionan codo con codo con el sistema esquelético.*

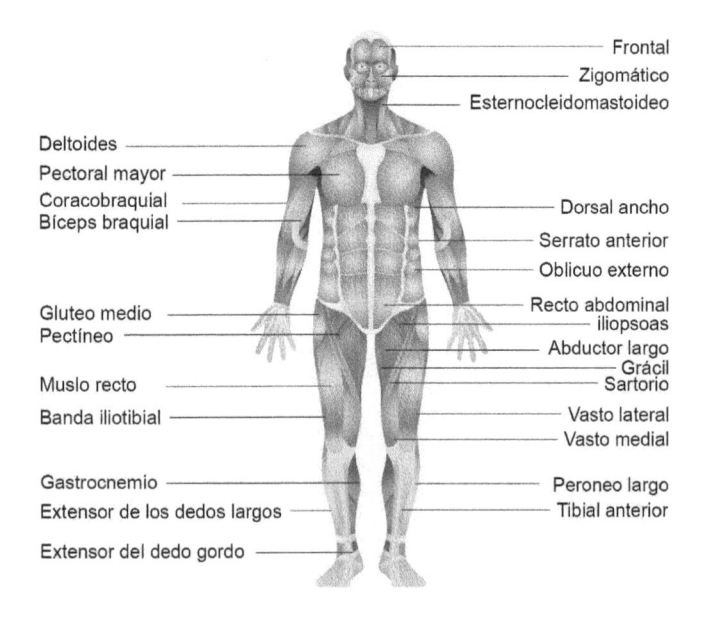

Frontal
Zigomático
Esternocleidomastoideo
Deltoides
Pectoral mayor
Coracobraquial
Bíceps braquial
Dorsal ancho
Serrato anterior
Oblicuo externo
Recto abdominal
iliopsoas
Gluteo medio
Pectíneo
Abductor largo
Grácil
Sartorio
Muslo recto
Banda iliotibial
Vasto lateral
Vasto medial
Gastrocnemio
Peroneo largo
Extensor de los dedos largos
Tibial anterior
Extensor del dedo gordo

Si el sistema esquelético es la estructura y el engranaje que articula el movimiento, los músculos son el motor que hace que podamos movernos. Los músculos permiten la manipulación del entorno que nos rodea, la locomoción, las expresiones faciales y mucho más. Además, contribuyen a dar forma y sostener el cuerpo, y a mantener a los órganos en su **sitio**. Por si esto fuera poco, ¡también contribuyen a **mantenernos calientes**, ya que producen calor!

¿De dónde **procede** la palabra *músculo*? Viene de la palabra latina *mus,* que significa "ratón pequeño". Lo que nos lleva a preguntarnos, ¿qué tendrá que ver un ratón pequeño con un músculo? Pues bien, hace muchos años, los científicos occidentales les pusieron ese nombre a los músculos porque los movimientos de flexión de estas fibras les recordaban a pequeños ratoncillos que se escondían debajo de la piel. Cuánta imaginación, ¿no?

Seguramente, lo primero que **nos viene a la cabeza** cuando pensamos en los músculos son los grandes brazos de alguien que boxea o levanta pesas, o en los cuerpos atléticos de quienes se dedican al deporte. Esos músculos que nos imaginamos, sin duda, pueden llamarnos la atención. Pero los músculos que podemos ver desde fuera no son los únicos que tenemos. Muchos órganos, por ejemplo, están hechos de tejido muscular. El corazón, sin ir más lejos, es un músculo ¡y uno bastante importante!

Los músculos, en pocas palabras, son un conjunto de fibras que tienen como propiedad más destacada la *contractilidad*. Esta facultad permite a los músculos contraerse al recibir la orden **adecuada**. Esa contracción (o **acortamiento**) es una característica única de los músculos y los distingue del resto de tejidos del cuerpo. Cuando un conjunto de fibras musculares se contraen, se acortan y **tiran** del hueso o de la estructura a la que están sujetas. Una vez terminado el trabajo, regresan a su posición de **reposo**. Gracias a la capacidad de contracción, los músculos son responsables de la gran mayoría de los movimientos corporales. Estos movimientos pueden ser de lo más diversos.

Como decíamos, los extremos de los músculos se insertan, por lo general, en los huesos. Lo hacen de dos maneras. Una es por medio de los *tendones*, que son una especie de **cinta** o cordón blanco **nacarado** con mucha resistencia. La otra forma es a través de una formación de láminas fibrosas planas —también de color blanco **brillante**— que envuelven los músculos y forman grupos o paquetes musculares. Estas formaciones de láminas fibrosas llevan el nombre de *aponeurosis*.

Por tanto, como vemos, el sistema muscular y el sistema óseo colaboran estrechamente para **dar forma**, sostener y movilizar el cuerpo. ¡Y lo hacen de forma muy eficiente! Tomemos como ejemplo nuestras propias manos. Pensemos en la cantidad de cosas que podemos hacer con ellas: ¡son infinitas! De hecho, gracias a la capacidad de movimientos de las manos, el ser humano está donde está. ¿¡Qué sería de nuestra precisión para manipular herramientas y, por ende, de nuestra cultura sin ellas!?

> ### *¡Mantente saludable!*
>
> *Una de las cosas más importantes para cuidar de nuestros músculos —y nuestra salud en general— es mantener un peso adecuado. Cada persona tendrá un peso saludable en función de su altura, su edad y su índice de masa corporal. Si controlamos nuestro peso, evitaremos muchos de los problemas asociados con el sobrepeso, uno de los principales males de nuestra era en el mundo occidental. Uno de esos problemas que evitaremos es el **desgaste** muscular, por lo que tener un peso idóneo contribuirá a tener unos músculos que funcionen mejor durante más tiempo.*

Vocabulario

(el) motor engine
(el) sitio place
mantenernos calientes (mantenerse caliente) keep us warm
procede (proceder) come from
nos viene a la cabeza (venir a la cabeza) comes to mind
adecuada right
acortamiento shortening
tiran (tirar) pull
(el) reposo rest
(la) cinta strip
nacarado pearly
brillante brilliant
dar forma shape
(el) desgaste wear down

3.1 LOS MÚSCULOS POR DENTRO

- *Los músculos son conjuntos de fibras unidas por tejido conjuntivo colocadas en forma de **haz** que activan movimientos de lo más variados.*
- *Los músculos se clasifican en diferentes tipos en función de su ubicación en el cuerpo, su forma y el tipo de movimiento que realizan.*
- *Las funciones principales del sistema muscular son la producción de movimiento, el mantenimiento de la postura, la estabilización de las articulaciones y la generación de calor.*

En esta sección haremos un pequeño viaje al interior del sistema muscular de nuestro cuerpo. Empezaremos por explicar la composición de nuestros músculos y nuestros tendones. El sistema muscular, igual que el esquelético, se clasifica en distintas categorías según diferentes criterios. Por tanto, hablaremos también de algunos de estos criterios y clasificaremos los músculos correspondientemente. Después veremos qué tipo de movimientos pueden realizar nuestros músculos. Además, explicaremos en más detalle algunas de las funciones que cumple el sistema muscular en nuestro cuerpo.

¿DE QUÉ ESTÁN HECHOS NUESTROS MÚSCULOS?

Los músculos son conjuntos de células **alargadas** que llevan el nombre de *fibras*. Estas células alargadas están unidas por tejido conjuntivo. Las fibras están colocadas en forma de haz. Ese haz, a su vez, se constituye en fascículos. Dentro de esos fascículos encontramos unos **filamentos** (también llamados *miofibrillas*) hechos de dos proteínas que son las responsables de provocar la contracción muscular. Estas proteínas son la *actina* y la *miosina*.

En los músculos hay, también, una zona en la que se produce el movimiento. Este movimiento se produce en la conexión entre un nervio de tipo motor y el músculo que va a realizar la contracción. Esta zona recibe el nombre de *placa motora* —o *unión neuromuscular*—. La placa motora, por tanto, es la estructura que sirve para conectar una neurona motora[4] y una fibra muscular.

Los fascículos musculares muchas veces se prolongan y forman tendones. Estos tendones son una especie de cuerda resistente que limita los arcos de movimiento de las extremidades en las que se anclan. Los tendones son de color blanco y están constituidos por fibras de colágeno. Los tendones son el medio de inserción de los músculos en el hueso al que se unen. El tendón es, precisamente, el que tira del hueso cuando un músculo se contrae, lo que permite el movimiento. El tendón más grande de nuestro cuerpo

---

[4] Una neurona motora es una estructura del sistema nervioso central que se encarga de transmitir órdenes a los nervios motores.

es el *tendón de Aquiles*. Es el que conecta los músculos de la parte posterior de la pierna con el tobillo (*gastrocnemios*, también llamados *gemelos*). Por lo tanto, es el responsable de que podamos impulsarnos para andar, correr, saltar, mover los pies o ponernos de puntillas.

Los músculos **gastan** mucho oxígeno y glucosa, sobre todo cuando están **sometidos** a un esfuerzo fuerte y prolongado. En estos casos, los músculos pueden empezar a acumular toxinas, lo que da lugar a **calambres**, tirones o fatiga muscular (¡las famosas **agujetas**!). Para que estos estados desaparezcan, es necesario el descanso. Algunos tratamientos fisioterapéuticos como los masajes —entre otras terapias— pueden contribuir a favorecer la circulación. La circulación es muy importante ya que la sangre **arrastra** las toxinas fuera del músculo para su eliminación.

CLASIFICACIÓN DE LOS MÚSCULOS

La clasificación de los músculos responde a diferentes factores, como su ubicación, su forma y el tipo de movimiento que realizan.

Músculos profundos y músculos superficiales

Uno de los criterios para clasificar los músculos de nuestro cuerpo es el lugar en el que están ubicados. Según este criterio, los músculos pueden agruparse en dos categorías: los músculos **profundos** y los músculos **superficiales**.

- Músculos profundos:

Por lo general, se insertan en los huesos del esqueleto mediante tendones. La variedad de efectos que permite este tipo de músculos es amplia (flexión, extensión, elevación, descenso, abducción o alejamiento, aducción o **acercamiento**, entre otros).

- Músculos superficiales:

Los músculos superficiales se insertan inmediatamente debajo de la piel y se encargan de cubrir las distintas partes del cuerpo. Suelen ser planos y guardan una íntima relación con el sistema tegumentario.

Músculos largo, planos, orbiculares, en abanico, y esfínteres

Los músculos pueden clasificarse también en atención a su forma.

- Largos:

Tienen forma de **huso**. La parte media es más prominente. Sus extremos tienen uno o varios tendones. Son músculos con mucho movimiento y mucha fuerza. Algunos ejemplos son los músculos *bíceps* y *tríceps* del brazo.

- Planos:

Tienen forma de lámina, ofrecen menos movimiento y tienen menos fuerza (por ejemplo, los que se encuentran en el recto del abdomen).

- Orbiculares:

Se trata de dos músculos unidos que cuentan con una **apertura** en el centro. Se encuentran en zonas como los ojos o los labios (por ejemplo, el músculo orbicular del ojo, el orbicular de la boca, etc.).

- En **abanico**:

Presentan una forma ancha que recuerda a un abanico. El músculo pectoral del tórax o el temporal del cráneo son dos buenos ejemplos de este tipo de músculo.

- Esfínteres:

Se presentan en forma de anillo. Son los encargados de cerrar las terminaciones de los órganos (por ejemplo, el ano, la uretra, etc.)

Músculos estriados, músculos lisos y músculo cardíaco

De acuerdo al tipo de movimiento que realizan, los músculos pueden ser estriados o esqueléticos, lisos o de la vida vegetativa, y cardíacos.

- Músculos estriados:

Llevan el nombre de estriados porque sus fibras son grandes y presentan **rayas** visibles. Se les conoce también como músculos esqueléticos. Son los que se adhieren al esqueleto corporal (como los músculos antigravitatorios de la cadera[5]). Representan casi el 40% de la masa corporal total. Forman, junto a los huesos, el sistema que permite el movimiento consciente. Su contracción, por tanto, es

voluntaria —aunque es cierto que algunos se activan mediante **reflejos**—. Esa contracción se caracteriza también por su **rapidez**. Suelen ser músculos muy fuertes, pero con sensibilidad a la fatiga. ¡Son como un coche de carreras muy veloz, pero al que se le acaba la gasolina rápido!

- Músculos lisos:

Estos músculos no tienen **estrías**, sino que, como su nombre lo indica, son lisos. A veces también se los llama "músculos de la vida vegetativa". En este caso hablamos de músculos involuntarios, ya que su contracción se activa sin que seamos conscientes de ello. Se trata de una contracción **lenta** y **sostenida**. Su movimiento puede ser constante, pero no sufren fatiga. Los músculos lisos forman parte de los órganos viscerales huecos como el esófago, el estómago, la vejiga, las vías respiratorias o los vasos sanguíneos. Estos músculos impulsan sustancias a través de los tractos o las vías del organismo. ¡Funcionan prácticamente sin descanso, pero no se quedan sin gasolina!

- El músculo cardíaco:

Se encuentra en un solo lugar en el cuerpo: el corazón. El músculo cardíaco es una especie de mezcla de los dos anteriores. Tiene estriaciones, como los músculos estriados. Pero es involuntario y no se puede contraer conscientemente, como los músculos lisos.

---

[5] Los **músculos antigravitatorios** son un conjunto de grupos musculares que tienen como función principal soportar la fuerza de la gravedad para mantener una postura determinada en el individuo.

¿QUÉ TIPO DE MOVIMIENTOS PUEDEN HACER NUESTROS MÚSCULOS?

Contamos con más de seiscientos músculos esqueléticos en nuestro cuerpo. Como ya sabemos, los músculos permiten el movimiento a través de la contracción. El tipo de movimiento concreto que producen dependerá del tipo de articulación en la que se inserten y de dónde está colocado el músculo en relación con esa articulación. Los tipos de movimientos corporales más comunes son los siguientes:

Flexión y extensión

- Flexión:

Es un movimiento que reduce el ángulo de la articulación y acerca dos huesos entre sí. La flexión es típica de las articulaciones en bisagra. Es el movimiento que hacemos cuando doblamos la rodilla o el codo.

- Extensión:

Es el movimiento contrario a la flexión. Es decir, es un movimiento que aumenta el ángulo de la articulación y con ello la distancia entre dos huesos o partes del cuerpo (por ejemplo, estirar la rodilla o el codo). Si la extensión es superior a los 180º, hablamos de hiperextensión (el cuello es una parte del cuerpo que permite este tipo de movimiento).

Abducción y aducción

- Abducción:

Es un tipo de movimiento que consiste en mover una

articulación hacia afuera. Es decir, son movimientos que alejan la parte que se mueve de la línea media del cuerpo (por ejemplo, el movimiento en forma de abanico que hacen las manos y los pies cuando los movemos hacia afuera).

- Aducción:

Se trata del movimiento contrario a la abducción. Es decir, es el movimiento de una extremidad hacia adentro, acercándose al plano medio del cuerpo (por ejemplo, el movimiento en forma de pirámide que hacen las manos y los pies cuando los movemos hacia dentro).

Circunducción

Es un movimiento que combina todos los anteriores (flexión, extensión, abducción y aducción). Es típica, por ejemplo, de los hombros, donde la extremidad describe un movimiento en forma de cono.

Rotación

Es un movimiento que permite la rotación de un hueso a lo largo de su eje longitudinal —es decir, a lo largo—. Un ejemplo podría ser cuando decimos "no" con la cabeza. Los músculos pronadores y supinadores de la muñeca son otros buenos ejemplos de músculos que permiten este tipo de movimiento al hacer girar el antebrazo para colocarlo palma arriba o palma abajo.

Depresión, dilatación y cierre

Además, podemos encontrar músculos que facilitan

movimientos de depresión (que **bajan** o deprimen un segmento del cuerpo o un miembro) y músculos especializados en abrir —o dilatar— y cerrar los orificios corporales, como es el caso de los esfínteres.

LAS MISIONES DE LOS MÚSCULOS

Para hablar de las funciones que cumple el sistema muscular, nos centraremos en los cometidos que cumplen los músculos estriados o esqueléticos, que son los que forman parte de este sistema. Las principales misiones de estos músculos en el cuerpo afectan a las siguientes cuestiones:

Movimiento

La producción de movimiento es una de las principales funciones del sistema muscular. Casi todos los movimientos de nuestro cuerpo **surgen** como resultado de la contracción muscular y del apoyo en los huesos. Gracias a estos movimientos, somos capaces de reaccionar a los cambios del entorno y de interactuar con él. Los músculos **aportan** una gran velocidad y potencia a los movimientos. Esto es muy útil por razones de supervivencia. Además, la capacidad de movimientos que traen los músculos nos permite expresar sentimientos y emociones a través del **lenguaje corporal** y las **expresiones faciales**. Esto es fundamental para una de las facetas clave del ser humano: la comunicación —que, en un gran porcentaje, es **no verbal**—. Esta función la comparten también los músculos lisos y los músculos cardíacos, que, sin embargo, promueven otro tipo de movimiento: el de las sustancias y los fluidos corporales (la orina, la bilis, la comida, la sangre, entro otros).

Postura

Los músculos esqueléticos son una pieza fundamental a la hora de mantener la postura corporal. Hay que **tener en cuenta** que la gravedad está **ejerciendo** continuamente una **fuerza** sobre nuestro cuerpo. El sistema muscular tiene que **contrarrestar** esa fuerza para mantenernos **erguidos**. Lo hace a través de multitud de pequeños ajustes que realiza casi constantemente. Muchas veces ni siquiera somos conscientes de ello.

Articulaciones

Nuestros músculos cumplen también una tarea importante a la hora de estabilizar las articulaciones. En particular, los tendones en conjunto con los ligamentos son clave para reforzar algunas articulaciones que cuentan con menor fijación (como la articulación del hombro), al servir como bandas de tensión que limitan los arcos de movimiento extremo; en el hombro, una serie de ligamentos, y los tendones del manguito rotador, evitan que la cabeza del húmero se luxe al realizar movimientos extremos.

Calor

La generación de calor corporal es quizás la función más sorprendente del sistema muscular. En realidad, el calor que se produce es un resultado del movimiento o, más concretamente, de las contracciones musculares. Este calor juega un papel fundamental a la hora de mantener nuestra temperatura corporal, algo que es esencial para que el resto de los sistemas de nuestro cuerpo funcionen correctamente. Es por esto que comienzas a temblar cuando tienes frío; tus músculos comienzan a moverse para generar calor.

> *¿Sabías que...?*
>
> *La fascia es un tejido conectivo fibroso que reduce la fricción y facilita los movimientos musculares. Está presente en todo el cuerpo, desde la cabeza a los pies, como una envoltura que separa los tabiques musculares en grupos de acuerdo a su ubicación y función. De hecho, lo **fusiona** todo. Biológicamente, es lo que nos mantiene unidos. Hasta hace relativamente poco tiempo, era un tejido que se desechaba sin estudiarse ya que se entendía que cumplía solo una función residual en el cuerpo. Hoy sabemos que no es así. Se trata de un campo de estudio todavía **incipiente**, pero que ofrece mucho potencial, tanto a nivel terapéutico como de investigación.*

Vocabulario

(el) haz beam
alargadas stretched
(los) filamentos filaments
gastan (gastar) spend
sometidos (someter) subjected
(los) calambres cramps
(las) agujetas delayed onset muscle soreness
profundos deep
superficiales superficial
acercamiento approach
(el) huso spindle

(el) abanico fan
(las) rayas stripes
voluntaria voluntary
(los) reflejos reflexes
(la) rapidez speed
(las) estrías stretch marks
lenta slow
sostenida sustained
bajan (bajar) lower
surgen (surgir) arise
el lenguaje corporal body language
(las) expresiones faciales facial expressions
no verbal non-verbal
tener en cuenta have in mind
ejerciendo (ejercer) exercising
(la) fuerza strength
contrarrestar counter
erguidos upright
fusiona (fusionar) fusión
incipiente emerging

3.2 LOS MÚSCULOS POR REGIONES

- *Los científicos dividen el sistema muscular en partes para facilitar su estudio.*
- *Estas partes son: la cabeza y el cuello, el tronco y las extremidades.*
- *Los músculos de cada zona cumplen funciones distintas y tienen características diferenciadas.*

Tenemos músculos alrededor de todo nuestro cuerpo. Para facilitar el estudio del sistema muscular, los anatomistas acostumbran a dividirlos por regiones: la cabeza y el cuello, el tronco, las extremidades superiores y las extremidades inferiores. En este capítulo haremos un pequeño repaso por esas diferentes regiones musculares de nuestro organismo y destacaremos algunos de los músculos principales de cada región y sus peculiaridades más importantes.

LOS MÚSCULOS DE LA CABEZA Y EL CUELLO

Músculos de la cabeza

Son numerosos y desempeñan funciones específicas variadas. Suelen presentarse en dos grandes grupos: los músculos faciales y los músculos de masticación.

- Músculos faciales:

Muchos de los músculos de nuestra cara son músculos faciales. Se insertan en tejidos blandos como otros músculos o la piel, algo que los hace únicos. Cuando se contraen, tiran de la piel y dan lugar a todas nuestras expresiones faciales (como puede ser una sonrisa, un guiño o una mueca). Los músculos faciales principales son los siguientes: *frontal, occipital, orbiculares de la boca y los ojos* y *zigomático*.

- Músculos de masticación:

Los músculos de **masticación**, como su nombre indica, son los que se encargan de que podamos masticar. La masticación es importante porque es el primer **estadio** en la descomposición de la comida. Hablaremos de esto en más profundidad en el capítulo dedicado al sistema digestivo. Los músculos de masticación son: el *masetero,* el *buccinador* y el *temporal*.

Músculos del cuello

Son músculos fuertes y potentes. Sostienen la cabeza y permiten los movimientos laterales, transversales, de giro y de estiramiento de la cabeza y de la cintura escapular (por ejemplo, cuando decimos "sí" y "no" con la cabeza). Los dos músculos principales del cuello son el *platisma* y el *esternocleidomastoideo.*

LOS MÚSCULOS DEL TRONCO

Se pueden dividir a su vez entre músculos del tórax posterior, músculos del tórax anterior y músculos del abdomen.

Los músculos del tórax posterior

Estos músculos son los encargados de mover la columna vertebral, los hombros y los brazos, y también de apoyar en el sostenimiento de la cabeza. Algunos de los más importantes son: el *trapecio*, el *cuadrado lumbar*, los músculos del *manguito rotador*, el *deltoides*, el *dorsal ancho* y *los erectores de la espina dorsal*.

Los músculos del tórax anterior

Son los que contraen y expanden la caja torácica, lo que permite la respiración. Algunos de los más importantes son los *músculos intercostales*, el *pectoral menor*, y el *pectoral mayor* (este último apoya también el movimiento del brazo).

Los músculos del abdomen

Envuelven y protegen los órganos viscerales de la zona abdominal. También facilitan los procesos de excreción y contribuyen al movimiento de la columna. Son unos músculos fuertes que recuerdan en estructura a un **contrachapado**, ya que las fibras de muchos de estos músculos van en direcciones opuestas. Algunos de los más importantes son: el *recto abdominal*, los *oblicuos externo e interno* y el *transverso del abdomen*.

LOS MÚSCULOS DE LAS EXTREMIDADES SUPERIORES

Los músculos de las extremidades superiores se dividen en tres secciones: los de la parte alta del brazo (cintura escapular y hombros), los de la parte media del brazo (codo) y los de la parte baja del brazo (antebrazo y mano). Ya hemos hablado de alguno de los principales músculos de la primera sección —como el *pectoral mayor*, el *manguito rotador*, el *dorsal ancho* y el *deltoides*—.

Los músculos del segundo grupo son los que se encargan de mover la articulación del codo. Son los músculos del húmero que **actúan** en el antebrazo. Algunos de los más importantes son los siguientes: *bíceps del brazo, braquial, braquiorradial* y *tríceps del brazo*.

En cuanto a la última sección, encontramos los músculos del antebrazo que se insertan en los huesos de la mano. Son los que permiten el movimiento de la muñeca y de los dedos. Algunos de los más importantes son los *músculos supinadores y pronadores* (un amplio grupo de músculos presentes en el antebrazo), que hacen girar la muñeca y la mano, o los *músculos flexores y extensores* de los dedos; como regla general, los músculos que se encargan de la extensión se ubican en la cara dorsal del antebrazo, mientras que los encargados de la flexión se ubican en la cara palmar.

LOS MÚSCULOS DE LAS EXTREMIDADES INFERIORES

Son los que impulsan los movimientos articulares de la cadera, las rodillas y los pies. Aquí encontramos algunos de los músculos más grandes y fuertes del cuerpo. Son, entre otras cosas, los encargados de mantenernos en equilibrio y de hacer que nos **desplacemos**.

Los músculos que provocan el movimiento en la articulación de la cadera son el *glúteo mayor*, el *glúteo medio*, el *iliopsoas* y los músculos *abductores*. Los músculos que provocan el movimiento en la articulación de la rodilla son los *músculos isquiotibiales*, el *sartorio* y el grupo del *cuádriceps*. En cuanto a los músculos que provocan el movimiento del tobillo y del pie, son el *tibial anterior*, el *extensor largo de los dedos*, los *músculos fibulares*, el *gastrocnemio* y el *sóleo*.

¿Sabías que…?

*El dedo meñique es el más pequeño, pero proporcionalmente, es el que más fuerza tiene. Según algunos estudios, si nos quedáramos sin él, perderíamos hasta un 30% de la fuerza de nuestra mano. ¡Sin duda es un dedo pequeño pero **matón**!*

Vocabulario

(la) masticación chewing
(el) estadio stage
(el) contrachapado plywood
actúan (actuar) act
desplacemos (desplazar) move
(el) matón bully

4. EL SISTEMA CARDIOVASCULAR

- *El sistema cardiovascular sirve para transportar las sustancias necesarias para el **correcto** funcionamiento del organismo.*
- *El sistema circulatorio lleva a cabo su trabajo de forma **ininterrumpida**. Los intercambios que se producen gracias a este sistema solo paran cuando morimos.*
- *El corazón aporta el impulso necesario para mantener todo el sistema en funcionamiento.*

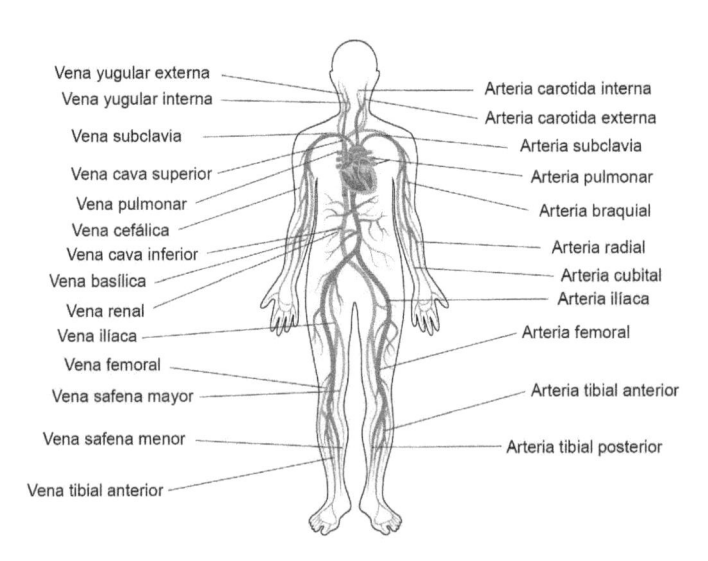

Vena yugular externa
Vena yugular interna
Vena subclavia
Vena cava superior
Vena pulmonar
Vena cefálica
Vena cava inferior
Vena basílica
Vena renal
Vena ilíaca
Vena femoral
Vena safena mayor
Vena safena menor
Vena tibial anterior

Arteria carotida interna
Arteria carotida externa
Arteria subclavia
Arteria pulmonar
Arteria braquial
Arteria radial
Arteria cubital
Arteria ilíaca
Arteria femoral
Arteria tibial anterior
Arteria tibial posterior

Llegamos al corazón de este libro, nunca mejor dicho. En esta sección analizaremos uno de los sistemas más importantes de nuestro cuerpo: el sistema cardiovascular. Hablaremos, por supuesto, del rey de los órganos: el corazón. ¡Pero el sistema cardiovascular es mucho más que ese órgano tan famoso!

Si comparamos nuestro cuerpo con una ciudad **concurrida**. Los ciudadanos de esa ciudad serían los trillones de células que tenemos en nuestro organismo, que durante todo el día están absorbiendo nutrientes y excretando desechos para que esa ciudad (o ese organismo) siga en funcionamiento. Esos intercambios son continuos. Quizás se ralentizan cuando dormimos, pero siempre están ahí, de lo contrario moriríamos. Las ciudades tienen una red de distribución que **suministra** lo que los ciudadanos necesitan para vivir y evacúa los residuos desechables. De la misma manera, el cuerpo tiene su propio sistema de transporte. En vez de autopistas, carreteras y calles, el cuerpo tiene vasos sanguíneos (arterias, venas y capilares).

De modo que la función principal del sistema cardiovascular es el transporte, pero ¿qué y cómo se transporta? En las autopistas hay vehículos como coches, furgonetas y camiones que transportan las **mercancías**, en el cuerpo, ese vehículo es la sangre. En cuanto a qué transporta la sangre, son varias sustancias. Lleva oxígeno, nutrientes, desechos o residuos celulares, hormonas, sustancias que nos inmunizan contra enfermedades y muchas otras cosas necesarias para lograr la homeostasis corporal.

La distribución de la sangre en el cuerpo cambia dependiendo de las actividades y el esfuerzo realizado, la exposición al frío o al calor e, incluso, las emociones. Por ejemplo, un estímulo nervioso puede hacer que sintamos **vergüenza** y que la piel de nuestra cara se **enrojezca** porque los capilares de esa zona del cuerpo se dilatan y reciben más cantidad de sangre. De forma similar, cuando hacemos ejercicio físico, la sangre va a los músculos; cuando hacemos la digestión, los vasos de los intestinos reciben más sangre; cuando hace frío, la sangre va a los vasos internos para conservar el calor; si sentimos miedo, la sangre **fluye** hacia los músculos de las extremidades inferiores y hacia los órganos vitales a manera de prepararlos para la huida. Y así sucesivamente.

El encargado de dar la fuerza necesaria para mover la sangre y que todo este sistema de distribución de mercancías tan particular pueda funcionar es el corazón. Lo hace a través de los **latidos** cardíacos y la tensión arterial.

¡Mantente saludable!

*Las enfermedades cardiovasculares son la principal **causa de muerte** del mundo. Causan alrededor de 17,9 millones de muertes al año. Los factores de riesgo cardiovasculares clásicos son la edad, el tabaquismo, la diabetes y los **hábitos alimentarios**. Otra parte del riesgo cardiovascular es genético. El estrés también contribuye a la aparición de accidentes cardiovasculares. La práctica de ejercicios de relajación como el mindfulness puede ayudar a reducir este factor de riesgo.*

Vocabulario

correcto right
ininterrumpida uninterrupted
concurrida crowded
(las) mercancías goods
(la) vergüenza shame
enrojezca (enrojecer) redden
fluye (fluir) flow
(los) latidos heartbeats
(la) causa de muerte cause of death
(los) hábitos alimentarios eating habits

4.1 EL CORAZÓN: UN ÓRGANO MUY FAMOSO

- *El corazón es el **sistema de bombeo** que impulsa la sangre alrededor de nuestro organismo.*
- *Es un órgano situado en el centro del pecho, se divide en dos mitades y está compuesto por tres tipos de tejidos.*
- *El proceso de funcionamiento del corazón se conoce como **ciclo cardíaco**.*

El corazón actúa como una bomba que impulsa la sangre alrededor del cuerpo a través de los vasos sanguíneos. En este capítulo **entraremos** en un poco más de detalle en sus características. Describiremos cómo es, explicaremos dónde está situado y qué tejidos tiene, hablaremos de su estructura y analizaremos su funcionamiento.

DESCRIPCIÓN GENERAL DEL CORAZÓN

Aspecto, forma, tamaño y ubicación del corazón

El corazón es un órgano **hueco**, de consistencia compacta y color **rojizo**. Tiene una forma parecida a una pirámide estirada (es decir, esa pirámide tendría su base hacia atrás y a la derecha, y su vértice hacía adelante a la izquierda). En cuanto a su tamaño, se dice que es similar al puño cerrado de la persona. Su peso, generalmente, es de entre 240 y 260 gramos en las mujeres y de entre 250 y 280 gramos en los hombres. El corazón se encuentra encerrado en la cavidad torácica, entre los pulmones y sobre el diafragma. Está situado en la parte central del pecho (o tórax), aunque está ligeramente desplazado hacia el lado izquierdo en el extremo inferior.

Los tejidos del corazón

El corazón está constituido por tres tipos de tejido diferentes: *endocardio, miocardio* y *pericardio*.

- Endocardio:

La capa interior se conoce como *endocardio*. El endocardio es una membrana fina que recubre las cavidades internas y las válvulas del corazón. Está compuesto de tejido conectivo y tejido epitelial. El endocardio regula las contracciones del corazón, asiste al desarrollo cardíaco y regula la composición de la sangre que alimenta los tejidos del corazón.

- Miocardio:

El *miocardio* es la capa con más volumen. Se encuentra entre el endocardio y el pericardio. Está compuesto por tejido muscular cardíaco. Como ya sabemos, el corazón es un músculo autoexcitable (que se activa automáticamente) y que funciona de manera involuntaria; el miocardio es, precisamente, el responsable de producir las contracciones del corazón.

- Pericardio:

El pericardio es una especie de saco que envuelve completamente al corazón. Este saco se ciñe al corazón y se une a las zonas vecinas (como el esternón, el diafragma y la columna vertebral). El pericardio protege al corazón, lo sostiene en su lugar y contribuye a que funcione adecuadamente.

Estructura del corazón

El corazón se divide en dos **mitades**. Estas mitades no están comunicadas entre sí directamente. La mitad derecha contiene sangre poco oxigenada **procedente** de dos de las grandes venas del corazón: la *vena cava superior* y la *vena cava inferior*. La mitad izquierda, por su parte, recibe sangre **rica** en oxígeno procedente de las venas pulmonares. Esa sangre oxigenada es la que saldrá por la gran arteria del corazón —la *arteria aorta*— para llevar oxígeno a los tejidos del cuerpo a través de sus ramificaciones. De forma resumida, lo que ocurre es lo siguiente: la sangre con mucho oxígeno entra en el corazón desde los pulmones y sale hacia el cuerpo, y la sangre pobre en oxígeno entra en el corazón desde el cuerpo y sale hacia los pulmones.

Cada una de las dos mitades presenta una cavidad superior, que lleva el nombre de *aurícula*, y una cavidad inferior, también conocida como *ventrículo*. En total, por tanto, el corazón tiene dos aurículas, una derecha y una izquierda, y dos ventrículos, uno derecho y otro izquierdo. Las dos aurículas se prolongan en dos **divertículos** de forma aplanada e irregular. Es lo que se conoce como *orejuelas*. También hay dos, una a la izquierda y otra a la derecha.

Entre la aurícula y el ventrículo de cada mitad correspondiente del corazón encontramos unas válvulas llamadas *válvulas auriculoventriculares*. La de la mitad derecha se conoce con el nombre de *tricúspide*. La de la mitad izquierda se denomina *bicúspide* o *mitral*. Estas válvulas se van abriendo y cerrando para permitir o impedir el flujo de sangre. Al abrirse, las válvulas se adaptan a las paredes y permiten que la sangre pase de la aurícula al ventrículo. Cuando se produce la contracción ventricular, las válvulas cierran los orificios. Esto impide el reflujo sanguíneo desde el ventrículo a la aurícula.

De la misma manera, existe una válvula entre el ventrículo derecho y la arteria pulmonar, llamada *válvula pulmonar,* y una válvula entre el ventrículo izquierdo y la arteria aorta, llamada *válvula aórtica,* las cuales se encargan de limitar el flujo de sangre desde los ventrículos hacia las dos principales vías de salida del corazón hasta el momento que se abren durante el latido del corazón.

Funcionamiento del corazón

El corazón impulsa la sangre alrededor del organismo como si fuera una bomba. Realiza ese trabajo de bombeo en varias **fases sucesivas**. El proceso que hace posible ese sistema de bombeo se llama *ciclo cardíaco*. Cada ciclo cardíaco dura 0,8 segundos en una dinámica que se repite continuamente durante el tiempo que estamos vivos.

- Las fases del ciclo cardíaco

Lo primero que ocurre durante este proceso es que **se llenan** las cámaras superiores (o aurículas). Luego se contraen, se abren las válvulas y la sangre entra en las cavidades inferiores (o ventrículos). Cuando los ventrículos están llenos, se produce otra contracción que impulsa la sangre hacia las arterias.

Entonces, el corazón tiene dos tipos de movimientos: uno de contracción, que se denomina *sístole,* y otro de dilatación, llamado *diástole*. Estos dos movimientos no se realizan a la vez en todo el corazón, sino que se distinguen tres fases:

- Sístole auricular: Las aurículas se contraen y la sangre fluye hacia los ventrículos, que estaban vacíos, a través de las válvulas tricúspide y bicúspide.

- Sístole ventricular: Los ventrículos se contraen y se cierran las válvulas tricúspide y bicúspide. La sangre —que ya no puede volver a la aurícula— atraviesa las válvulas aórtica y pulmonar y sale impulsada por la arteria pulmonar y por la aorta.

- Diástole general: Se produce la dilatación de las aurículas y los ventrículos. Al relajarse la **musculatura**, la sangre puede entrar de nuevo en las aurículas para que se reinicie el proceso, y las válvulas tricúspide y bicúspide se vuelven a cerrar, evitando el flujo hacia los ventrículos, ¡y así durante toda la vida!

- Frecuencia cardíaca

La frecuencia cardíaca hace referencia al número de ciclos cardíacos que se dan en un minuto. A veces se la conoce también como **pulso** cardíaco. La forma de medirlo es a través de los **latidos del corazón**, que se originan con la contracción de los ventrículos.

En **condiciones normales de reposo**, la frecuencia cardíaca suele oscilar entre las setenta y ochenta pulsaciones por minuto. Sin embargo, estos valores pueden variar considerablemente dependiendo de la edad: un recién nacido rondará los ciento cuarenta latidos por minuto, un niño, los noventa latidos por minuto y la frecuencia cardíaca de un anciano podría disminuir hasta alrededor de los sesenta o setenta latidos por minuto. En un minuto en el que un adulto sano en reposo tiene alrededor de setenta y cinco pulsaciones, el corazón bombea unos cinco litros de sangre. ¡Esto son entre siete mil y diez mil litros de sangre en un día!

La frecuencia cardíaca normal puede cambiar cuando el organismo tiene que adaptarse a circunstancias concretas: por ejemplo, cuando se hace actividad física o por factores anímicos como el estrés y la ansiedad. Hormonas como la *adrenalina* o la *noradrenalina*, **segregadas** por el sistema endocrino, juegan un papel importante en este sentido. La frecuencia cardíaca también puede verse alterada por causas disfuncionales —es decir, por una enfermedad—.

Las alteraciones del ritmo cardíaco normal reciben el nombre de **arritmia**. Cuando las pulsaciones bajan de sesenta latidos por minuto, estamos ante una *bradicardia* ("bradi", de origen griego, significa lento); entre sesenta y noventa latidos por minuto, hablamos de *normocardia*, y si superan los noventa latidos por minuto, de *taquicardia* ("taqui", igual de origen griego, significa rápido). Es decir que solo la bradicardia y la taquicardia son arritmias, pero **cabe recalcar** que estas podrán ocurrir en respuesta a un estímulo, como el realizar actividad física, que aumentará la frecuencia cardiaca, o encontrarse en relajación, que la disminuirá, y son eventos normales y esperados.

¡Podemos hacer la prueba de contar nuestros propios latidos! Hay que ponerse la mano en el cuello, justo al lado de la nuez, en la muñeca, bajo el dedo gordo o en el pecho y contar cuántas veces late el corazón en un minuto.

- El *marcapasos* natural del corazón

El estímulo que determina el ritmo cardíaco es totalmente **autorregulado**. El encargado de establecer el ritmo de las pulsaciones es una masa de tejidos cardíacos especializados que lleva el nombre de *nódulo sinusal* (o *nodo seno-auricular*), comúnmente conocido como el "marcapasos del corazón", que está ubicado en la pared de la aurícula derecha.

Este marcapasos funciona de la siguiente manera. Todas las células de nuestro cuerpo presentan una **carga eléctrica** positiva en el exterior y una carga eléctrica negativa en el interior. Esto ocurre también en las fibras del músculo cardíaco. Pues bien, en el marcapasos se produce una descarga automática cada vez que se produce una pulsación. Las fibras musculares que hay alrededor de la aurícula reciben esa descarga, lo que provoca una **tenue** onda eléctrica que recorre las aurículas y hace que se contraigan. Esa corriente es absorbida, entonces, por el *nodo auriculoventricular* (o *nodo A-V*), que actúa como una especie de marcapasos secundario, **ubicado** entre ambas aurículas y en el tabique muscular que divide a éstas de los ventrículos. Ese nodo A-V lleva la corriente, a través de una serie de fibras ramificadas, a todas las regiones de los ventrículos para que se contraigan.

- Fenómenos químicos del corazón

Para que todo este sistema verdaderamente impresionante funcione, es necesario que se cumplan una serie de condiciones. Como ya hemos visto, para que se produzcan los ciclos cardíacos, entran en juego fenómenos de varios tipos. Unos son mecánicos (la contracción y dilatación de los músculos del corazón). Otros son eléctricos y están regulados por el marcapasos natural del corazón.

Pero hay una serie de fenómenos más que hacen que el funcionamiento del corazón sea posible: los fenómenos químicos. A continuación, explicamos de forma resumida en qué consisten esos fenómenos químicos tan necesarios.

El sistema nervioso y todos los músculos del cuerpo se excitan, entre otras cosas, por los intercambios de iones. Estos iones entran y salen de las células. En los músculos cardíacos, ese intercambio es entre iones de calcio y de sodio. Ese intercambio se da, concretamente, en las fibras del miocardio. Gracias a ese intercambio, se produce la excitación que da lugar a los movimientos del corazón (sístole y diástole).

> **¿Sabías que...?**
>
> *Un corazón puede seguir latiendo, incluso fuera de nuestro cuerpo, durante minutos ¡o incluso horas! Esto se debe a que el corazón es un órgano autónomo que puede contraerse **por sí mismo** gracias a los impulsos eléctricos que genera y a las fibras musculares cardíacas que lo componen. Se trata de una facultad clave para poder realizar **trasplantes**.*

Vocabulario

(el) sistema de bombeo pumping system
(el) ciclo cardíaco cardiac cycle
entraremos (entrar) enter
hueco hollow
rojizo reddish
(las) mitades halves
procedente coming from
rica rich
(los) divertículos diverticulum
(las) fases sucesivas successive phases
se llenan (llenar) filled
(la) musculatura muscle
(el) pulso pulse
(los) latidos del corazón heartbeats
(las) condiciones normales de reposo normal resting conditions
(la) frecuencia cardíaca heart rate
segregadas segregated
(la) arritmia arrhythmia
cabe recalcar it is worth noting
(el) marcapasos pacemaker
autorregulado self-regulated
(la) carga eléctrica electric charge
tenue faint
ubicado located
por sí mismo on itself
(los) trasplantes transplants

4.2 LOS VASOS SANGUÍNEOS

- *Los vasos sanguíneos están compuestos por arterias, venas y capilares.*
- *Las arterias llevan sangre pobre en oxígeno a los pulmones y sangre oxigenada alrededor del cuerpo.*
- *Las venas son más finas y menos elásticas que las arterias porque la sangre fluye por ellas con menor presión.*

Los vasos sanguíneos incluyen las arterias, las venas y los capilares. Son conductos musculares **en forma de tubo** que recogen y distribuyen la sangre a todos los rincones del cuerpo. Bueno, no a todos, hay una excepción: la córnea —que es la parte transparente del ojo, la que permite el paso de la luz—. ¡Si la sangre llegara ahí, no veríamos nada!

Como decíamos al principio de este capítulo, los vasos sanguíneos se asemejan a una red de carreteras. Las grandes arterias y venas serían las autopistas; las arterias y venas más pequeñas —arteriolas y vénulas— serían las carreteras y las calles, y los capilares serían las callecitas y los callejones.

Las grandes arterias que salen de los ventrículos del corazón se van ramificando y haciendo más y más finas hasta que se convierten en capilares. Esos capilares pueden ser tan finos como un pelo. A través de esos capilares se realiza el intercambio **gaseoso** y de sustancias entre la sangre y los diferentes tejidos del cuerpo. Una vez realizado el intercambio por medio de la red capilar, esos capilares se van reuniendo como pequeños arroyos que **desembocan** en riachuelos —vénulas— y después en ríos —venas—. A través de estas últimas, de las venas, la sangre **regresa** a las aurículas del corazón.

Las circulación en el cuerpo humano se define como *vascular* (porque la sangre circula por vasos sanguíneos), *cerrada* (porque la sangre no sale de esos vasos sanguíneos), *completa* (porque la sangre carboxigenada[6] no se mezcla con la oxigenada) y *doble* (porque la sangre recorre dos circuitos: el corporal o mayor[7] y el pulmonar o menor[8]).

---

[6] La **sangre carboxigenada** es sangre que contiene dióxido de carbono y es pobre en oxígeno.

[7] **Circulación mayor**: La sangre oxigenada sale impulsada desde la aurícula izquierda hacia el ventrículo izquierdo. De ahí se dirige a la arteria aorta. La aorta se ramifica en arterias de menor tamaño: arteriolas y capilares. De esta manera, la sangre recorre todo el cuerpo mientras deja el oxígeno en las células. A su vez, la sangre se carga del dióxido de carbono producido en las células. En este proceso, la sangre oxigenada pasa a ser sangre carboxigenada. Los capilares arteriales se prolongan con los venosos. Estos capilares venosos se reúnen en vasos cada vez mayores hasta formar las venas cavas superior e inferior. Estas venas llevan la sangre carboxigenada hasta la aurícula derecha del corazón. Ahí es donde termina la circulación mayor y da comienzo la circulación menor.

[8] **Circulación menor**: La sangre carboxigenada pasa de la aurícula derecha al ventrículo derecho. De ahí sale impulsada hacia la arteria pulmonar. Esta arteria lleva la sangre directamente a los pulmones. En los alvéolos pulmonares tiene lugar el intercambio gaseoso (también conocido como *hematosis*). Una vez realizado, la sangre oxigenada vuelve a la aurícula izquierda por medio de las venas pulmonares. Allí es donde finaliza la circulación menor.

LAS ARTERIAS

Las arterias son los vasos sanguíneos que llevan sangre desde el corazón a los pulmones y al resto de los tejidos corporales. Esta sangre puede ser rica o pobre en oxígeno. Hablamos de vasos gruesos y elásticos que nacen en los ventrículos y llevan la sangre alrededor del cuerpo.

Del corazón salen dos arterias principales:

- La arteria pulmonar, que sale del ventrículo derecho y lleva la sangre pobre en oxígeno a los pulmones.

- La arteria aorta, que sale del ventrículo izquierdo y empieza a ramificarse para transportar la sangre oxigenada por el organismo. De la arteria aorta salen, por tanto, otras arterias principales entre las que podemos destacar las siguientes:

    - Las *carótidas*, que llevan sangre rica en oxígeno a la cabeza.

    - Las *subclavias*, que llevan sangre rica en oxígeno a los brazos.

    - La *hepática*, que lleva sangre rica en oxígeno al hígado.

    - La *esplénica*, que lleva sangre rica en oxígeno al bazo.

- Las *mesentéricas*, que llevan sangre rica en oxígeno al intestino.

- Las *renales*, que llevan sangre rica en oxígeno a los riñones (**cabe mencionar** que los riñones son los órganos del cuerpo que más sangre reciben —alrededor del 22% de la sangre que bombea el corazón—, seguidos de cerca por el cerebro, que recibe entre el 15 y el 20%).

- Las *ilíacas*, que llevan sangre rica en oxígeno a las piernas.

La sangre circula por esas arterias a una determinada presión conocida como *presión arterial* —o *presión sanguínea*—. Esta presión depende, entre otras cosas, de la elasticidad de los vasos (por eso es común que, al envejecer, aumente la presión arterial, porque a medida que cumplimos años los vasos sanguíneos pierden elasticidad).

LAS VENAS

Las venas, a diferencia de las arterias, tienen una presión sanguínea baja. Por ello, las paredes de las venas son más finas y no son tan elásticas como las de las arterias. Las luces[9] de las venas tienden a ser mucho más grandes que las de las arterias. Algunas venas grandes poseen válvulas que

---

[9] La **luz** de las venas y las arterias es el nombre que se le da al interior del vaso, es decir, al espacio central de las venas o arterias por el que fluye la sangre.

evitan el **retroflujo** de sangre, como en la *vena safena*, una vena de gran tamaño que sube desde el pie hasta la cadera; por su gran distancia, necesita contar con válvulas para evitar que la sangre regrese.

Las arterias, generalmente, están ubicadas en zonas profundas y bien protegidas del organismo. Muchas de las venas profundas siguen el curso de esas arterias principales. De hecho, el nombre de estas venas casi siempre es idéntico al de las arterias correspondientes. Sin embargo, hay también muchas venas que son más superficiales. Esas son las que podemos ver de color azul y palpar fácilmente en la superficie de nuestro cuerpo, y son las que dan lugar a las **várices**.

Las venas convergen en las venas cavas, que desembocan en la aurícula derecha del corazón. La *vena cava superior* recibe la sangre de las venas que drenan la cabeza y los brazos. La *vena cava inferior* recibe la sangre de las venas que drenan la parte inferior del cuerpo.

¿Sabías que...?

Si cogiéramos la red de vasos sanguíneos de nuestro cuerpo y los pusiéramos en línea recta, acabaríamos con un hilo de alrededor de ochenta mil kilómetros. Teniendo en cuenta que la circunferencia de la tierra ronda los cuarenta mil kilómetros, ¡podríamos darle la vuelta al mundo dos veces!

Vocabulario

en forma de tubo tubular
gaseoso gassy
desembocan (desembocar) flow out
regresa (regresar) return
cabe mencionar it's worth mentioning
retroflujo backflow
várices varicose veins

4.3 LA SANGRE

- *La sangre es el líquido que transporta sustancias alrededor del cuerpo a través del sistema circulatorio.*
- *Algunos de los principales componentes de la sangre son el plasma, los glóbulos rojos y blancos y las **plaquetas**.*
- *La sangre se produce en la médula ósea de un puñado de huesos del cuerpo.*

Si antes comparábamos las venas con arroyos y con ríos, la sangre es el agua de ese río de la vida que es el sistema circulatorio. Es el vehículo que transporta alrededor del organismo todo lo necesario para que se cumplan las funciones vitales, desde nutrientes y calor, hasta **desechos**, pasando por hormonas, elementos de defensa de nuestro organismo y más. En esta sección hablaremos un poco sobre ese líquido rojo que, durante mucho tiempo, se consideró mágico.

CARACTERÍSTICAS Y VOLUMEN

La sangre es un fluido ligeramente **pegajoso** que puede ir desde el color escarlata al rojo **apagado** en función de la cantidad de oxígeno que contenga. Su **sabor** es **salado** y recuerda al metal, concretamente al **hierro**. Es un líquido más pesado que el agua y cinco veces más **espeso**. La sangre tiene un pH que ronda el 7,4, así que es **alcalina**. Su temperatura es ligeramente más alta que la temperatura corporal (unos 38 °C). Representa cerca del 8% del peso de nuestro cuerpo. Una persona sana puede tener circulando en su organismo entre cinco y seis litros de sangre.

COMPOSICIÓN

La sangre es el único tejido de nuestro cuerpo que es líquido. Aunque a simple vista parece que la sangre es totalmente líquida, al microscopio comprobamos que también está compuesta por varios elementos sólidos. La sangre es un tejido conectivo compuesto por agua, sustancias orgánicas —como células sanguíneas vivas—, sustancias inorgánicas disueltas —como sales minerales— y los elementos figurados (glóbulos rojos, glóbulos blancos y plaquetas). Todo ello flota en un líquido **amarillento** llamado plasma. Los glóbulos rojos representan alrededor del 45% del volumen total de una **muestra** de sangre; los glóbulos blancos y las plaquetas, menos de un 1%; y el plasma, el 54% restante. Veamos en un poco más detalles algunos de estos componentes.

- Plasma

Está formado en un 90% por agua, por lo que es la parte más líquida de la sangre. Hay más de 100 sustancias disueltas en este fluido: nutrientes, electrolitos, gases, hormonas, proteínas y desechos, entre muchas otras. De hecho, la composición del plasma cambia de forma continua a medida que las células desechan o añaden sustancias al torrente sanguíneo (aunque se mantiene relativamente constante a través de los mecanismos homeostáticos del organismo).

- Glóbulos rojos

La función principal de los glóbulos rojos —también conocidos como *eritrocitos* o *hematíes*— es transportar el oxígeno en la sangre para distribuirlo a todas las células del cuerpo. Tienen forma de disco y son tan pequeños (7 micras de diámetro) que en cada milímetro cúbico —es decir, en una **gotita** de sangre— hay entre cuatro y cinco millones de ellos. No tienen núcleo (lo descartan durante su proceso de maduración), por lo que se las considera células muertas. Estas células viven aproximadamente 180 días.

El componente más importante de los glóbulos rojos es la *hemoglobina*. La hemoglobina está compuesta por una proteína llamada hemo que fija el oxígeno para que pueda ser intercambiado por dióxido de carbono en los pulmones. No producir suficiente hemoglobina (o suficientes glóbulos rojos) da lugar a lo que se conoce como ***anemia***.

- Glóbulos blancos

Los glóbulos blancos —o *leucocitos*— son de mayor tamaño que los eritrocitos, pero no tan **numerosos**: en torno a siete mil por milímetro cúbico. Cumplen una tarea esencial para el sistema inmunitario, ya que realizan las tareas de limpieza (fagocitos) y de defensa (linfocitos) del organismo. Son células vivas que tienen capacidad para trasladarse y salirse de los capilares para destruir los **microbios** —lo hacen a través de la producción de anticuerpos— y las células muertas que se encuentran en el organismo. ¡Son a la vez los soldados y los **barrenderos** de nuestro cuerpo!

- Plaquetas

Las plaquetas son fragmentos de células con formas irregulares, de color púrpura, que son necesarias para la coagulación normal de la sangre. Sirven para **taponar heridas** y evitar hemorragias. Ayudan a controlar la pérdida de sangre en los vasos sanguíneos que se rompen, al formar una red que actúa como un tapón para la herida.

¿CÓMO SE FORMA LA SANGRE?

Los glóbulos rojos, los glóbulos blancos y las plaquetas se forman en la parte esponjosa de los huesos. Esa parte esponjosa está compuesta por médula roja (o médula ósea). Es allí donde se producen las células sanguíneas.

Como ya hemos visto anteriormente, solo algunos huesos contienen la médula ósea que produce células sanguíneas. Estos huesos son: el esternón, los huesos del cráneo, el hueso ilíaco y las cabezas de los huesos de los miembros.

> *¿Sabías que...?*
>
> *Los **grupos sanguíneos** son un sistema de clasificación de la sangre humana que es útil para determinar la compatibilidad de los donantes de sangre y de los pacientes en casos de transfusión. Los cuatro más conocidos son A, B, AB y O.*

Vocabulario

(las) plaquetas platelets
(los) desechos waste
pegajoso sticky
apagado off
(el) sabor flavor
Salado salty
(el) hierro iron
espeso thick
alcalina alkaline
amarillento yellowish
muestra sample
(la) gotita droplet
(la) maduración maturation
(la) anemia anemia
numerosos numerous
(los) microbios microbes
barrenderos street sweepers
taponar clog
(las) heridas wounds
(los) grupos sanguíneos blood groups

5. EL SISTEMA LINFÁTICO Y LAS DEFENSAS DEL CUERPO

- *El sistema linfático es un sistema esencial para el organismo.*
- *Está **estrechamente** relacionado con el sistema circulatorio y de él depende el sistema inmunitario.*
- *El sistema linfático está compuesto por vasos linfáticos (por donde fluye la linfa) y tejidos y órganos linfoides.*

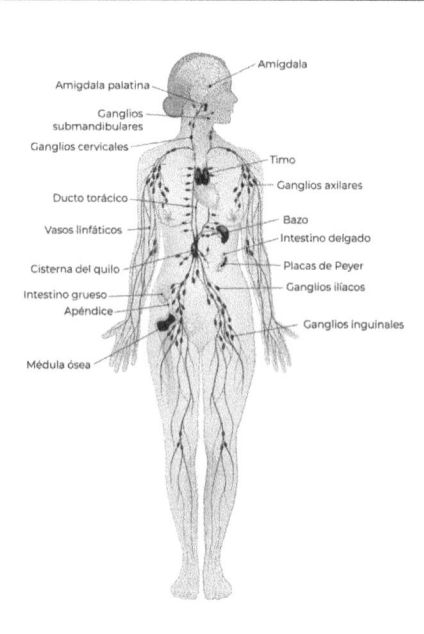

Aunque el sistema linfático no es uno de los más conocidos, es un sistema fundamental. **Juega un papel** muy importante en el funcionamiento, por un lado, del sistema cardiovascular y, por otro, del sistema inmunitario. Sin el sistema linfático, ninguno de esos dos sistemas podría llevar a cabo sus funciones. ¡Así que, sin él, no nos iría nada bien!

El sistema linfático se compone de dos partes separadas pero interrelacionadas. Por un lado, los *vasos linfáticos*, que se organizan en una red serpenteante y tienen como cometido devolver a su origen a los fluidos sanguíneos que se han salido del sistema circulatorio. Por esa red circula la *linfa*, un líquido **incoloro** compuesto por plasma sanguíneo y glóbulos blancos, que es la parte de la sangre que se escapa por las porosidades de los capilares sanguíneos. Por otro lado, están los *tejidos y órganos linfoides*, que hospedan a los linfocitos y a las células fagocitarias. Como ya sabemos, tanto linfocitos como fagocitos realizan tareas fundamentales de defensa, limpieza y resistencia frente a enfermedades.

> ### ¡Mantente saludable!
>
> *El sueño juega un papel muy importante en la regulación del sistema inmunitario y del resto de procesos del cuerpo. Durante el sueño, nuestro cuerpo recupera energía, elimina radicales libres, regula multitud de sistemas, consolida la memoria, redistribuye las células y activa linfocitos T, entre otras cosas. El sistema inmunitario es uno de los más afectados por la privación de sueño, que debilita su capacidad de respuesta y su efectividad. Cada persona, en función de su edad y su metabolismo, necesitará una cantidad de sueño específica. Cuanto más jóvenes somos, más necesitamos dormir. En un adulto normal, se recomienda dormir al menos siete horas al día.*

Vocabulario

estrechamente closely
juega un papel (jugar un papel) plays a role
incoloro colorless

5.1 VASOS LINFÁTICOS Y ÓRGANOS LINFOIDES

- *Los vasos sanguíneos son un complejo sistema de **drenaje** que recoge la linfa y la devuelve a la sangre.*
- *Los órganos linfoides más importantes son los **ganglios** linfáticos, el bazo, el timo, las amígdalas y las placas Peyer.*
- *La médula ósea también suele considerarse una parte del sistema linfático.*

En esta sección, detallaremos un poco las partes que componen el sistema linfático: los vasos linfáticos y los órganos linfoides.

LOS VASOS LINFÁTICOS

Como estamos viendo, todos y cada uno de los elementos del cuerpo cumplen una función en el organismo. La función de los vasos linfáticos es la creación de un elaborado sistema de drenaje que recoge el **excedente** de *fluido tisular*[10] —que llamamos *linfa*— y lo lleva de vuelta al torrente sanguíneo.

---

[10] El **fluido tisular** es el líquido que se encuentra en los espacios que rodean las células. Está formado por sustancias que se escapan de los capilares sanguíneos. Su función es ayudar a nutrir y oxigenar las células, a la vez que contribuye a eliminar sus desechos.

La linfa circula en una sola dirección. Los capilares linfáticos son parecidos a los capilares sanguíneos, aunque los primeros tienen una gran permeabilidad. Igual que ocurre con las venas del sistema cardiovascular, las paredes de los vasos linfáticos son **estrechas** y los vasos más grandes cuentan con válvulas. El sistema circulatorio de la linfa se parece también al sistema venoso. Esto se debe a que se trata de un sistema de circulación de baja presión sin bombeo. Su funcionamiento es también muy parecido al que permite el retorno de la sangre a las venas (los movimientos musculares impulsan la linfa hacia el corazón).

Los vasos linfáticos son un sistema circulatorio abierto, compuesto por vasos capilares de tamaño muy pequeño. Estos capilares están en contacto con prácticamente todos los órganos y tejidos corporales. Esos pequeños capilares linfáticos se van uniendo poco a poco hasta formar vasos más grandes en los dos grandes **conductos** recolectores de linfa: el conducto **torácico** y el conducto linfático derecho.

El *conducto torácico* vacía la linfa en una vena situada en el hombro izquierdo. El *conducto linfático derecho*, por su parte, recoge la linfa de la extremidad superior derecha, de la parte derecha de la cabeza, del cuello y del tórax, y la lleva a la unión de las venas yugular interna y subclavia, en ese mismo lado derecho del cuerpo.

Los vasos linfáticos toman una serie de **desvíos** que les hacen pasar por los ganglios linfáticos, los cuales veremos a continuación.

ÓRGANOS LINFOIDES

Hablaremos de varios: los ganglios linfáticos, la médula ósea, el bazo, el timo, las amígdalas y las placas de Peyer del intestino.

- Ganglios linfáticos:

Los ganglios linfáticos están estrechamente ligados al sistema inmunitario. Su forma y su tamaño pueden variar, pero la mayoría tienen forma de riñón y no superan los dos o dos centímetros y medio de longitud. Estos órganos linfoides protegen al organismo. Y esto lo hacen eliminando del flujo linfático cuerpos extraños como microbios o bacterias, así como células **tumorales**. Además, sirven como centros donde los linfocitos pueden madurar para después actuar como defensa del organismo. Los ganglios linfáticos se encuentran alrededor de todo el organismo, pero las agrupaciones más grandes están estratégicamente situadas en el cuello, las **axilas** y la **ingle**. Dentro de los ganglios linfáticos podemos encontrar *macrófagos* —que se encargan de fagocitar (comer) y destruir bacterias, virus y otras sustancias extrañas que haya en la linfa— y enormes cantidades de *linfocitos* —que responden también a sustancias extrañas elaborando anticuerpos (linfocitos B) y se encargan de destruir células tumorales y controlar las respuestas inmunitarias (linfocitos T)—.

- Médula ósea:

Ya hemos hablado de ella. La médula ósea también puede considerarse parte del sistema linfático. Cumple funciones importantes en relación a la defensa del cuerpo como la creación de leucocitos, entre otras células que forman parte de la línea celular blanca.

- Bazo:

Es el más grande de los órganos linfoides. Es un órgano blando de alto contenido sanguíneo. Está situado en la parte izquierda del abdomen, justo debajo del diafragma. El bazo no filtra la linfa, sino que limpia la sangre de virus, bacterias y otros desechos. Su principal función es destruir glóbulos rojos gastados y llevar sus productos en descomposición al hígado para que puedan ser reutilizados. ¡Ya ves, el cuerpo también recicla! Este órgano también cumple funciones importantes de **almacenaje** de plaquetas y reserva sanguínea, y juega un papel importante en caso de hemorragias. Además, participa activamente en la maduración de los leucocitos y linfocitos, al contar con dos tipos de médula en su interior donde estas células pueden exponerse a diferentes agentes que les permiten especializarse en la producción de anticuerpos.

- La glándula timo:

Es un órgano que aumenta de tamaño durante la vida fetal, la infancia y la pubertad. A partir de ese momento empieza a **involucionar**. Por tanto, solo funciona a niveles máximos durante la juventud. Es una masa de tejido linfoide situada en la parte inferior de la garganta, encima del corazón. En el timo se producen hormonas, *timosinas*[11] y otras sustancias que intervienen en la programación de los linfocitos para que estos puedan realizar sus funciones de protección del organismo.

- Amígdalas:

Son pequeñas masas de tejido linfoide situadas en la garganta, concretamente en la **mucosa** que rodea la faringe. Son las encargadas de atrapar y destruir las bacterias o los patógenos que entren en el cuerpo por la boca. ¡Son las auténticas torres de defensa que protegen el portón principal de nuestro organismo!

- Placas de Peyer:

Se parecen a las amígdalas, pero están situadas en el aparato digestivo, concretamente en las paredes del intestino delgado. En todo el intestino encontramos grandes cantidades de macrófagos, pero los que están ubicados en las Placas de Peyer cuentan con una posición privilegiada para capturar y eliminar a los invasores que hayan llegado hasta esa zona. También están asociados a las mucosas, al igual que las amígdalas. Son los **centinelas** que protegen las vías respiratorias y las vías digestivas. ¡Y tienen mucho trabajo, porque esas zonas sufren muchos ataques!

---

[11] Las **timosinas** son un grupo de proteínas de naturaleza hormonal que juegan un papel importante en el desarrollo de las células del sistema inmune.

> *¿Sabías que…?*
>
> *Las bacterias y los virus tienen facilidad para penetrar en los capilares linfáticos, sobre todo en zonas **inflamadas**. Algunas de esas bacterias y virus (y también las células cancerígenas) que entran en el sistema linfático lo utilizan como **autovía** para moverse por el organismo y extenderse. Esta es una de las razones por las cuales el sistema linfático se desvía hacia los ganglios linfáticos. Esos ganglios ayudan a eliminar los agentes infecciosos y las células cancerosas, pero a veces se ven **inundados** por ellos. Cuando esto ocurre, los ganglios se inflaman y pueden hacerse sensibles al tacto (especialmente si están infectados por microorganismos).*

Vocabulario

(el) drenaje drainage
(los) ganglios nodes
(el) excedente surplus
estrechas close
(los) conductos duct
torácico thoracic
(los) desvíos diversion
tumorales tumorous
(las) axilas armpits
(la) ingle groin
(el) almacenaje storage
involucrar involve
(la) mucosa mucosa
(los) centinelas sentinels
inflamadas inflamed
(la) autovía motorway
inundados flooded

5.2. ¿CÓMO SE DEFIENDE NUESTRO ORGANISMO?

- *Nuestro cuerpo es el hogar de enormes cantidades de huéspedes extranjeros, desde bacterias y hongos, hasta virus.*
- *Algunos de esos microorganismos extraños son beneficiosos para el organismo y ayudan a llevar a cabo procesos vitales y a mantener el equilibrio corporal.*
- *El sistema inmunitario se encarga de proteger el cuerpo frente a los desequilibrios o las invasiones de esos microorganismos.*

Aunque no podamos verlos, todos los días, a todas horas, tenemos batallones enteros de virus, bacterias y hongos avanzando por nuestra piel, intentando entrar en nuestro organismo por alguna de sus entradas o buscando proliferar en nuestro interior e invadirnos. El cuerpo parece haberles lanzado un mensaje claro. Un mensaje parecido a este: "Si habéis venido a ayudarnos, ¡bienvenidos! Si no, ¡preparaos, porque vamos a por vosotros!". Y esta estrategia funciona bastante bien, porque nos mantenemos sanos la mayoría del tiempo.

Muchas personas no lo saben, pero en nuestro cuerpo viven billones de bacterias, colonias enteras de hongos y, lo que quizás sea más sorprendente, ¡cantidades **ingentes** de virus! Tenemos alrededor de cuarenta billones de células bacterianas, un número incluso mayor que el de células humanas. ¡Pero es que tenemos al menos diez veces más partículas de virus! Así que, somos un mundo viviente. Pues bien, las bacterias y los hongos que colaboran con nuestro sistema cumplen funciones esenciales para el funcionamiento del organismo. Tienen papeles fundamentales en órganos como la piel o el intestino, pero también en los ojos, la boca, el sistema urinario y la vagina. Si has oído hablar, por ejemplo, de la *flora intestinal*[12], sabrás a lo que nos referimos. Con los virus pasa algo similar. Se conoce poco de ellos aún (solo se ha explorado alrededor del 1% de la diversidad viral que existe). Pero se sabe que, aunque tengan tan mala fama, muchos de ellos están involucrados en procesos corporales cruciales para nuestra supervivencia. Ellos también forman parte de nuestro ecosistema interno y, si desaparecieran, no nos mantendríamos vivos mucho tiempo. Sin embargo, se sabe que son bacteriófagos, es decir, que atacan a las bacterias. Cumplen, así, un papel fundamental en la regulación de las poblaciones bacterianas de nuestro cuerpo. Una muestra más del **complejísimo** y perfecto equilibrio que es nuestro organismo, y con él, la vida. Somos como una jungla, con sus **depredadores** y sus **presas**, todos necesarios para regular el ecosistema. Si algo se descompensa en esa jungla, el sistema se desequilibra y empiezan las invasiones, es decir, las enfermedades.

---

[12] La **flora intestinal** —o **microbiota intestinal**— es el conjunto de microorganismos que viven en nuestro intestino en una relación de simbiosis con nuestro organismo. Esos microorganismos nos ayudan a sintetizar y absorber nutrientes, favorecen el **tránsito** intestinal y cumplen funciones protectoras e inmunológicas.

El sistema inmunitario

Sin embargo, **no todo es coser y cantar**. A veces, las poblaciones de esas bacterias y esos virus se descompensan a causa de algún desequilibrio. O bien llegan **intrusos** extranjeros que no son tan "amigos". Es entonces cuando los defensores del organismo se tienen que poner manos a la obra. Las defensas del organismo actúan a través de dos sistemas. Ambos trabajan juntos y forman el *sistema inmunológico*. Estos sistemas son: el *sistema de defensa innato* —o *no específico*—, y el *sistema de defensa adaptativo* —o *específico*—.

- Sistema de defensa innato:

También conocido como sistema de defensa no-específico. Es el encargado de responder de forma inmediata a cualquier sustancia invasora para proteger al organismo. El equipamiento defensivo de este sistema incluye la piel, las membranas mucosas, la respuesta inflamatoria, la fiebre y la producción de determinadas proteínas antimicrobianas que el organismo utiliza para defenderse. Este tipo de respuesta no está dirigida a ningún agente en particular, y se emplean estrategias generales que pueden servir contra muchos invasores y sustancias nocivas.

El sistema de defensa innato facilita el trabajo del otro sistema. Lo hace al reducir la carga de trabajo del sistema de defensa adaptativo impidiendo la entrada y propagación de intrusos indeseados en nuestro cuerpo.

- El sistema de defensa adaptativo:

También conocido como sistema de defensa específico. Se dedica a atacar sustancias extrañas concretas de manera específica.

Hay varios órganos concretos que actúan en la respuesta inmunitaria (por ejemplo, los órganos linfoides y los vasos sanguíneos, entre otros). Sin embargo, el sistema inmunitario no es tanto un sistema de órganos, sino un *sistema funcional*. Esto quiere decir que se caracteriza, más que por lo que lo compone, por cómo funciona. De hecho, las estructuras de defensa del sistema inmunitario (sus moléculas, sus células inmunes, etcétera) se encuentran repartidas por casi todos los lugares del cuerpo, desde los tejidos linfoides, a los órganos, pasando por los fluidos corporales. Las más importantes entre estas estructuras de defensa son los *linfocitos*. Al contrario del sistema innato, el sistema adaptativo monta respuestas dirigidas a agentes o sustancias específicas por medio de la producción de anticuerpos y otras proteínas.

Los mecanismos del sistema de defensa adaptativo pueden ser directos (por medio de un ataque celular) o indirectos (a través de ataques químicos o moléculas de anticuerpos protectores). ¡Todo un arsenal **bélico**!

> ### ¿Sabías que...?
>
> *De alguna manera, ¡somos virus y bacterias! Lo somos, como hemos explicado, por el papel que cumplen en nuestro organismo. Pero también porque el genoma humano está literalmente compuesto en algunas de sus partes (al menos un 8%) por un tipo de virus llamados retrovirus endógenos. De hecho, se ha descubierto que los virus pueden jugar un papel esencial en la transcripción de genes. Los virus comparten una relación evolutiva profunda tanto con animales como con plantas y han formado parte del baile evolutivo desde el principio de la vida. De hecho, ¡los virus son los organismos más numerosos del planeta!*

Vocabulario

ingentes huge
complejísimo very complex
(los) depredadores predators
(las) presas preys
(el) tránsito traffic
no todo es coser y cantar not everything's easy
(los) intrusos intruders
bélico war

6. EL SISTEMA RESPIRATORIO

- *Las células necesitan recibir oxígeno y liberarse del dióxido de carbono para sobrevivir.*
- *La respiración es una parte esencial del proceso de oxigenación y limpieza de las células. Sin ella, moriríamos en poco minutos.*
- *El sistema respiratorio es el encargado de llevar adelante este proceso.*

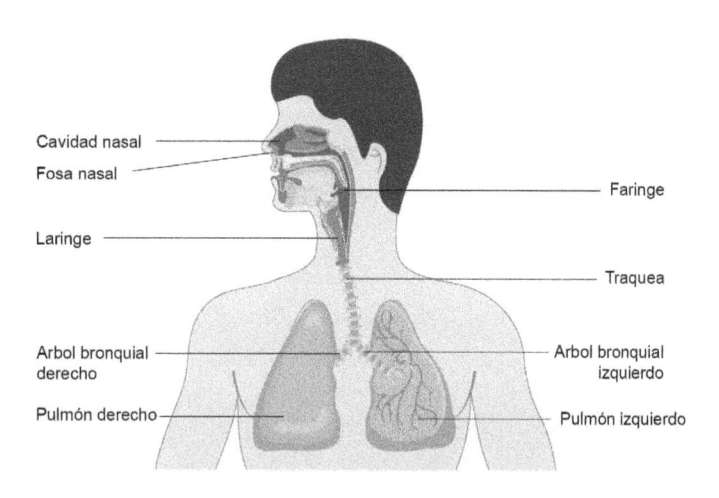

Cavidad nasal
Fosa nasal
Faringe
Laringe
Traquea
Arbol bronquial derecho
Arbol bronquial izquierdo
Pulmón derecho
Pulmón izquierdo

Si retenemos el aire un momento, podemos ver cuánto tiempo aguantamos sin respirar. Poco, ¿verdad? Así es: para vivir, no podemos dejar de respirar. El oxígeno es tan necesario como la comida que ingerimos o el agua que bebemos. ¡O incluso más! Porque sin oxígeno, las trillones de células de nuestro organismo no podrían llevar a cabo sus funciones vitales. Para morirnos de hambre o de sed tienen que pasar varios días. Pero solo se necesitan unos minutos para que la falta de este valioso gas colapse nuestro sistema.

Además de utilizar oxígeno, las células de nuestro cuerpo **desechan** dióxido de carbono. El cuerpo debe deshacerse de ese otro gas para no **intoxicarse**. La tarea de aportar el oxígeno y eliminar el dióxido de carbono la comparten el sistema cardiovascular y el sistema respiratorio. El sistema respiratorio es el encargado de **captar** oxígeno del aire y **supervisar** el intercambio gaseoso que se da entre la sangre y el entorno. El sistema circulatorio, como ya hemos visto, se encarga —por medio de la sangre— de transportar tanto el oxígeno que respiramos (desde los pulmones a los tejidos del cuerpo), como el dióxido de carbono que debemos eliminar. De modo que, si alguno de estos dos sistemas no funciona, podemos ir **despidiéndonos**.

El sistema respiratorio, por tanto, es el encargado de la respiración. La respiración es un proceso **inconsciente**, **involuntario** y automático. Involucra diversos músculos, órganos y huesos de nuestro cuerpo. A través de la respiración, extraemos oxígeno del aire **inspirando** y expulsamos los gases de desecho **espirando**. ¡Lo estás haciendo ahora mismo! ¡Lo hacemos todo el tiempo!

> ### ¡Mantente saludable!
>
> *Fumar tabaco tiene efectos perjudiciales para el sistema respiratorio. Es el causante de un alto porcentaje de los cánceres de pulmón que se producen. Sin embargo, sus efectos negativos no se quedan solo en eso: también juega un papel importante en la salud cardiovascular y en otros sistemas del cuerpo. Y esos efectos negativos no afectan solo a la persona que fuma, sino también a quienes están a su alrededor: los fumadores pasivos. Siempre es más fácil no empezar a fumar que dejarlo. Pero incluso si eres una persona que lleva muchos años fumando, dejar ese hábito le aportará beneficios a tu salud que sentirás de forma casi inmediata y que se mantendrán a largo plazo.*

Vocabulario

desechan (desechar) discard
intoxicarse get intoxicated
captar capture
supervisar supervise
despidiéndonos (despedirse) saying goodbye
inconsciente unconscious
involuntario involuntary
inspirando (inspirar) inhaling
espirando (espirar) exhaling

6.1 LOS ÓRGANOS RESPIRATORIOS

- *El proceso respiratorio se inicia en la nariz y acaba en los pulmones.*
- *Durante ese recorrido, el aire que inhalamos atraviesa una serie de **etapas** en las que pasa por diferentes órganos que van calentándolo, **humedeciéndolo** y **purificándolo**.*
- *Algunos de esos órganos intermedios son la faringe, la laringe, la tráquea y los bronquios principales.*

El proceso respiratorio comienza cuando inhalamos aire por la nariz. Allí, el aire se calienta y se humedece. Esto es posible porque las fosas nasales están conectadas a unos espacios calientes y húmedos que hay en el interior de algunos huesos de la cabeza. Estas cavidades llevan el nombre de *senos paranasales* —o *cavidades sinusales*— (son las que, al inflamarse, dan lugar a la *sinusitis*). De la nariz, el aire pasa a la faringe, continúa por la laringe y penetra en la tráquea. La tráquea se divide en dos bronquios, que es a donde llega el aire después. Esos bronquios se dividen una y otra vez hasta ser alrededor de doscientos cincuenta mil bronquiolos. El viaje del aire termina en los pulmones. Allí, los bronquiolos se agrupan en **racimos** de alvéolos.

Los alvéolos son pequeños sacos de aire donde tiene lugar el **intercambio de gases** con la sangre. Como los alvéolos son el único lugar donde tiene lugar ese intercambio, el resto de las estructuras del aparato respiratorio son solamente vías de comunicación que llevan el aire a los pulmones. Sin embargo, esto no quiere decir que el papel de estas estructuras no sea importante. Gracias a ellas, el aire que llega a los pulmones es cálido, húmedo y está purificado de elementos irritantes como el **polvo** o las bacterias.

En este capítulo vamos a estudiar los órganos más importantes que intervienen en el proceso de respirar con un poco más de detalle.

NARIZ

Las narices pueden ser muy diferentes por fuera, pero por dentro todas son bastante similares (al menos en la función que cumplen). ¡Metámonos en ellas!

Los orificios nasales son los agujeros por donde entra el aire. Ya dentro de la nariz, encontramos la cavidad nasal. Esta está dividida al medio en dos por el tabique nasal. A su vez, el **paladar** separa la cavidad nasal de la cavidad oral.

En la parte alta de la cavidad nasal, nos topamos con la mucosa donde se ubican los **receptores olfativos**. El resto de mucosa que recubre la cavidad nasal lleva el nombre de *mucosa respiratoria*. En ella hay una amplia red de vénulas que calientan el aire a medida que avanza hacia el interior del cuerpo. Esas vénulas están tan cerca de la superficie que no es difícil que se rompan de vez en cuando. Por eso, a veces, nos sangra la nariz.

Las glándulas mucosas son las encargadas de fabricar el **moco**. Este puede ser un poco **asqueroso**, pero es muy útil. Las funciones del moco son filtrar el aire, y atrapar y destruir las bacterias o las partículas extrañas que entran por la nariz.

El aire que ha entrado en la nariz avanza haciendo **remolinos** en un viaje de lo más **escarpado** y **sinuoso** a través de unas estructuras mucosas llamadas *cornetes*. Muchas de las partículas externas que inhalamos quedan atrapadas a lo largo de ese **tortuoso** trayecto. Así, no llegan a los pulmones.

FARINGE

La faringe es un conducto hecho de tejido muscular que suele tener alrededor de trece centímetros de longitud. Normalmente nos referimos a ella como "**garganta**". A través de la faringe pasan tanto el aire como los alimentos que ingerimos. Se comunica con la cavidad nasal en la parte de arriba (a través de la *apertura nasal posterior*) y con la cavidad oral un poco más abajo. La faringe también está comunicada con el oído por medio de un pequeño conducto llamado "*trompa de Eustaquio*". Los cambios de presión o el cúmulo de **moco** pueden hacer que este tubo se tape, causando el dolor tan característico que ocurre al tener un resfriado o al volar en avión.

El aire inicia un viaje descendente desde la cavidad nasal a través de la parte superior del conducto muscular de la faringe (*nasofaringe*), la parte media (*orofaringe*) y la parte baja (*laringofaringe*). La laringe se encuentra situada justo debajo de esta última. Como veremos a continuación, el aire continúa por ese recorrido.

LARINGE

Solo una letra la separa de la anterior y, además, está situada muy cerca de ella, así que, ¡cuidado con confundirlas! La laringe se sitúa en la parte baja de la faringe. Es el conducto por donde continúa el aire la siguiente etapa de su recorrido y cumple un papel **destacado** en el **habla**.

La laringe está hecha de diferentes tipos de cartílago. Uno de ellos es el *cartílago tiroides* (comúnmente conocido como la "**nuez**"), una banda de tejido fibroso que recubre anteriormente a la glándula de mismo nombre que se ubica en la parte frontal del cuello. En esa misma zona encontramos la epiglotis, que protege la abertura superior de la laringe. Funciona de la siguiente manera: cuando ingerimos alimentos o líquidos, la laringe asciende y la epiglotis se hace puntiaguda para bloquear la apertura laríngea. Esto asegura que el alimento y los líquidos vayan por el camino del esófago en su ruta hacia el estómago, y no por el de la larınge, que está reservado para el aire. ¡Es como el **portero** del equipo del sistema respiratorio! Si algún elemento llega a traspasar esa barrera, se activa el reflejo de la **tos** para expulsarlo e impedir que llegue a los pulmones.

En la laringe podemos encontrar también las **cuerdas**

vocales (que hacen vibrar el aire cuando lo expulsamos, permitiéndonos hablar) y, entre ellas, la *glotis* (la parte más estrecha de la laringe); estas estructuras se contraen o se relajan durante el habla, cambiando el sonido que hace el aire al pasar a través de ella. Son estas las responsables de nuestro tono y volumen al hablar. Las cuerdas vocales varían de persona a persona, siendo más delgadas o gruesas, y esto permite que cada quien tenga una voz que suena diferente.

TRÁQUEA

La tráquea es un tubo descendente de entre diez y doce centímetros, que continúa el recorrido de la laringe y llega hasta la mitad del pecho. Es muy rígido y está reforzado por **anillos** en forma de C hechos de cartílago duro. Esos anillos sirven para dos cosas. Por un lado, la parte abierta de la "C" permite al esófago expandirse en caso de que tenga que pasar por él un alimento de grandes proporciones. La parte cerrada sostiene las paredes de la tráquea y la mantiene abierta incluso cuando se producen cambios de presión durante el proceso respiratorio.

La tráquea también está recubierta de mucosa. Esa mucosa impulsa el moco hacia arriba, hacia la garganta, para que se trague o se **expectore**. De esta manera, mantiene los agentes **nocivos** (polvo, microbios u otras partículas extrañas) que se acumulan en los mocos, lejos de los pulmones.

BRONQUIOS PRINCIPALES

La tráquea se divide en dos bronquios principales (o primarios). Uno sale hacia la izquierda, y el otro hacia la derecha. Discurren en sentido **oblicuo** durante un tramo y después se **hunden** en su pulmón correspondiente. El bronquio primario derecho es más ancho, más corto y está más inclinado que su homólogo izquierdo debido al espacio que ocupa el corazón dentro del tórax entre ambos pulmones.

Normalmente, el aire que llega a este punto ya es un aire cálido, húmedo y limpio. Sin embargo, si algún cuerpo extraño consiguiera superar todas las barreras que hemos ido mencionando en los apartados anteriores, lo más común es que terminé en el bronquio derecho por su orientación y tamaño (es aquí donde más comúnmente se alojan los objetos que la gente ingiere por error). Los bronquios principales se van subdividiendo dentro de los pulmones en un recorrido que termina en los alvéolos.

PULMONES

Son los órganos más conocidos dentro del sistema respiratorio, lo primero que nos viene a la cabeza cuando hablamos de respirar. Esto quizás se deba a su gran tamaño, ya que los pulmones ocupan gran parte de la cavidad torácica, o lo que es lo mismo, de nuestro pecho. Son órganos suaves y esponjosos con un peso de alrededor de un kilo y medio, ya que la gran parte de su interior está ocupada por alvéolos llenos de aire.

La parte superior de los pulmones es estrecha, está situada debajo de la clavícula y se la conoce como *ápex*. La parte más ancha, llamada *base*, descansa sobre el diafragma. Aunque a simple vista el pulmón izquierdo y el derecho parezcan iguales, no lo son. La cara interna de los pulmones es por donde entran los bronquios y por donde salen los vasos y los nervios pulmonares. La cara externa es **convexa** y lisa, y presenta unas divisiones conocidas como *cisuras*, que separan los pulmones en *lóbulos*. El pulmón izquierdo está dividido en dos lóbulos (ya que el corazón le quita espacio dentro del tórax), mientras que el derecho está dividido en tres.

Al entrar en los pulmones, los bronquios principales se dividen en bronquios más pequeños (bronquios secundarios, terciarios, etcétera). Al final, se convierten en bronquiolos, que son vías de comunicación más pequeñas y recuerdan a la estructura de las ramas de un árbol. Estos bronquiolos continúan estrechándose hasta convertirse en alvéolos. Los alvéolos están rodeados de una fina red de capilares sanguíneos. El intercambio entre el aire atmosférico y la sangre tiene lugar a través de las finas paredes de esos capilares. Este proceso lleva el nombre de *hematosis*. Los más de treinta millones de alvéolos que forman la masa pulmonar parecen **uvas** que se agrupan en forma de racimo. Si pusiéramos todos esos alveolos juntos **desplegados**, ocuparían una superficie de setenta metros cuadrados y, si se colocaran uno detrás de otro, ¡recorrerían unos mil seiscientos kilómetros! Los pulmones, por tanto, son en gran medida espacios aéreos.

¿Sabías que…?

*La razón de que tengamos más mocos en invierno es la temperatura. Unas células especializadas de la mucosa nasal llamadas células ciliadas se encargan de mover los mocos hacia la garganta (faringe). De ahí pasan al estómago para ser digeridos por los jugos gástricos. Esto suele ocurrir sin que nos demos ni cuenta. Sin embargo, cuando la temperatura es muy baja, la acción de esas células ciliadas se hace más lenta, además de esto, los vasos sanguíneos dentro de la nariz se dilatan con la intención de calentar el aire frío que entra por la nariz, reduciendo aún más el espacio y favoreciendo el acúmulo de moco. Esto hace que el moco se acumule en la cavidad nasal. ¡Y si no tenemos un **pañuelo** a mano, puede llegar a salirse por los orificios nasales!*

Vocabulario

(las) etapas stages
humedeciéndolo (humedecer) moistening
purificándolo (purificar) purifying
(los) racimos clusters
(el) intercambio de gases gas exchange
(el) polvo dust
(el) paladar palate
(los) receptores olfativos smell receptors
(el) moco mucus
asqueroso disgusting
(los) remolinos swirls
escarpado steep
sinuoso winding
tortuoso tortuous
(la) garganta throat
(el) moco mucus
destacado prominent
(el) habla speech
nuez walnut (in this case, Adam's apple)

(el) portero goalkeeper
(la) tos cough
(las) cuerdas vocales vocal chords
(los) anillos rings
expectore (expectorar) cough something up
nocivos harmful
oblicuo oblique
hunden (hundir) sink
convexa convex
(las) uvas grapes
desplegados spread out
(el) pañuelo tissue

6.2 ¿CÓMO RESPIRAMOS?

- *El proceso de respiración se produce en tres fases: el intercambio en los pulmones, el transporte de los gases y la respiración celular.*
- *El aire entra y sale de los pulmones mediante los movimientos de inspiración y espiración.*
- *La respiración de las células es un proceso clave para la producción de la energía que nuestro organismo necesita para operar.*

La respiración, como hemos dicho, consiste en tomar oxígeno del aire y **desprenderse** del dióxido de carbono que producen las células. Esa respiración se produce en tres fases: el intercambio gaseoso en los pulmones, el transporte de los gases y la respiración de las células y los tejidos. A continuación, vamos a ver en qué consiste cada una de esas fases.

INTERCAMBIO GASEOSO EN LOS PULMONES

El aire entra y sale de los pulmones por medio de los movimientos respiratorios, que son dos:

- <u>Inspiración:</u>

Durante la inspiración, el diafragma y los músculos intercostales externos se contraen para aumentar el tamaño de la caja torácica. El diafragma desciende y las costillas se levantan. Al ocurrir esto, los pulmones —que están adheridos a la pared torácica— se expanden para adaptarse al nuevo y mayor tamaño del tórax. Cuando lo hacen, aumentan su volumen interior. Todo este proceso hace que el aire penetre en los pulmones.

- Espiración:

Se trata del proceso opuesto. Durante la espiración, los músculos inspiratorios (diafragma e intercostales externos) se relajan y vuelven a su posición de reposo. El volumen torácico y el intrapulmonar decrecen ya que los pulmones se comprimen al disminuir el tamaño de la caja torácica. Todo este proceso hace que el aire sea arrojado al exterior.

El intercambio gaseoso, como ya hemos visto, se produce en los alvéolos pulmonares y se denomina *hematosis*. Lo que ocurre exactamente es que cuando el aire llega a esos alvéolos, parte del oxígeno atraviesa sus finas paredes y pasa a los glóbulos rojos —donde es capturado por el componente de *hemoglobina*— de la sangre. El dióxido de carbono, por su parte, hace el trayecto contrario: traspasa los capilares sanguíneos y va a parar a los alvéolos. Con ello, la sangre se enriquece de oxígeno y se desprende del dióxido de carbono.

TRANSPORTE DE GASES

El oxígeno y el dióxido de carbono viajan a través del torrente sanguíneo desde los pulmones a los diferentes tejidos del cuerpo, y viceversa.

Los glóbulos rojos llevan el oxígeno que han recogido en los alvéolos al corazón. Después, las arterias principales lo distribuyen a todas las células del cuerpo a través de su red circulatoria (arterias secundarias, arteriolas y capilares).

En cuanto al dióxido de carbono, parte lo recogen los glóbulos rojos y parte, el plasma sanguíneo. Se transporta a través de las venas cavas hasta el corazón, y de ahí se lleva a los pulmones vía arterias pulmonares para que sea expulsado al exterior.

RESPIRACIÓN DE LAS CÉLULAS

Así es, las células también respiran. De hecho, todas las células del cuerpo lo hacen. Pero como no tienen pulmones ni el resto de los órganos respiratorios, su manera de respirar es distinta a la nuestra. El uso de oxígeno y la producción de dióxido de carbono por parte de las células es un punto crucial en todas las reacciones que tienen como misión producir energía.

Las células recogen el oxígeno de la sangre y lo utilizan para metabolizar los alimentos que han absorbido. De forma resumida, así es cómo se produce la energía que nuestro cuerpo necesita para desempeñar sus funciones y procesos vitales. Gracias a esa energía, por ejemplo, podemos producir el calor que mantiene nuestra temperatura corporal constante en torno a los 37 °C.

> *¿Sabías que…?*
>
> *En condiciones normales, respiramos entre doce y diecisiete veces por minuto. En cada respiración normal, introducimos alrededor de medio litro de aire en nuestros pulmones (unos seis litros por minuto). Sin embargo, en una inspiración **forzada**, podemos renovar una cantidad de aire que ronda los tres litros y medio (a esto se lo llama **capacidad vital**). La capacidad pulmonar total de una persona alcanza los cinco litros.*

Vocabulario

desprenderse get rid off
forzada forced
(la) capacidad vital vital capacity

7. EL SISTEMA DIGESTIVO

- *El sistema digestivo es el encargado de procesar los alimentos que comemos.*
- *Está compuesto por una serie de órganos (boca, esófago, estómago, intestinos, hígado, páncreas, ano, y más) que la comida recorre en su viaje por nuestro cuerpo.*
- *La digestión de alimentos es esencial para que las células puedan generar la energía que le permite a nuestro organismo realizar sus actividades.*

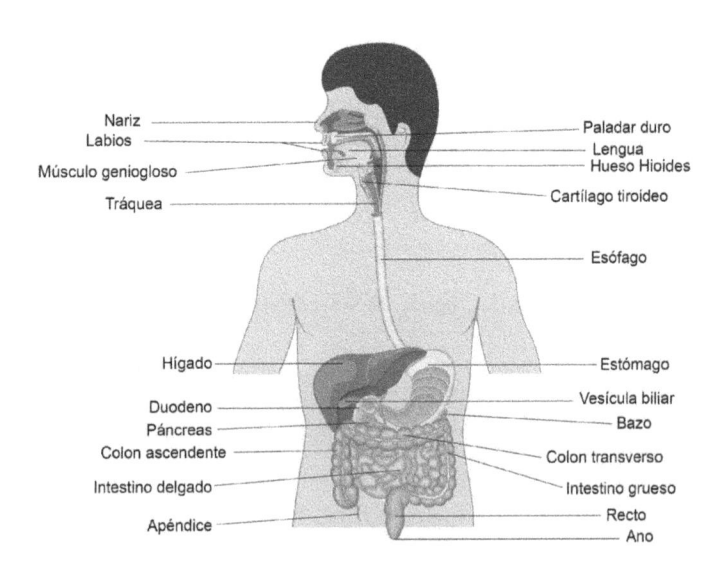

Y por fin, ¡llegó la hora de la comida! ¿Quién no disfruta comiendo una paella, un buen jamón o una rica y variada ensalada? Pues, además de disfrutar comiendo, los alimentos cumplen una función esencial para nuestra supervivencia. Son el **combustible** que nuestras células necesitan para generar la energía que nos hace funcionar. Pero no solo eso, ¡se dice que en el sistema digestivo se encuentra el segundo cerebro! Luego veremos por qué.

El sistema digestivo actúa como una auténtica **fábrica** de procesamiento industrial. Es un componente más en la gran ciudad que estamos viendo que es nuestro cuerpo. El sistema digestivo ingiere el alimento; lo descompone física y químicamente hasta convertirlo en moléculas nutrientes a través de la digestión; después absorbe esos nutrientes en el torrente sanguíneo para que puedan ser transportados alrededor del cuerpo a las células; y por último, se deshace de los desechos que no puede digerir. Igual que una fábrica: recibe materias primas y, a través de un sistema de procesamiento, las convierte en productos finales de consumo.

Si a una célula le ponemos delante un filete, no sabrá qué hacer con él, ¡por mucho que se lo llevemos con **cuchillo** y **tenedor**! El producto final que sale de la fábrica, es decir, esas moléculas de nutrientes de las que hablamos antes, son las que las células saben **aprovechar**. Son sustancias simples y fácilmente asimilables por el organismo. Pero para llegar a ellas, hay que hacer toda una travesía: desde la boca hasta el ano, pasando por órganos como el esófago, el estómago, los intestinos, el hígado, el páncreas ¡y unos cuantos más!

En este capítulo hablaremos de todo ese fascinante recorrido lleno de transformaciones y cambios que transita la comida desde el momento que entra por nuestra boca (¡o incluso antes, porque ya solo con verla podemos empezar a **salivar,** y la saliva cumple un papel importante en la digestión!).

> ### *¡Mantente saludable!*
>
> *La dieta es esencial para la salud. Comer una combinación de diferentes tipos de alimentos, incluidos verduras, legumbres, frutas, frutos secos y granos integrales es una de las* **claves** *para mantenernos saludables. La cantidad de fruta y verdura recomendada para un adulto es de alrededor de cuatrocientos gramos* **diarios***. Si a esto añadimos que sean frutas y verduras de temporada, y que no hayan sido tratadas con productos químicos, estaremos dando un paso más allá en nuestra salud. Al fin y al cabo, ¡lo que es bueno para la tierra es bueno para nosotros! Una dieta equilibrada es un elemento esencial para prevenir los riesgos de la malnutrición o de otras enfermedades características de nuestra época como la obesidad, la diabetes, los problemas cardiovasculares o el cáncer.*

Vocabulario

(el) combustible fuel
(la) fábrica factory
(el) cuchillo knife
(el) tenedor fork
aprovechar benefit from
salivar to drool
(las) claves keys
(los) diarios a day

7.1 EL RECORRIDO DE LA COMIDA

- *La digestión empieza en la boca, donde los dientes y la saliva comienzan la descomposición de los alimentos.*
- *De ahí pasa a la faringe, recorre el esófago, llega al estómago y pasa al intestino delgado, donde se produce la absorción de nutrientes. El último tramo del recorrido es el recto, la parte final del intestino grueso.*
- *En este proceso entran en juego otros órganos como el páncreas, el hígado o la vesícula biliar, que contribuyen al proceso de degradación de los alimentos por medio de sus **secreciones**.*

La digestión propiamente dicha comienza en la boca. Allí, los dientes trituran los alimentos (descomposición mecánica) y la saliva los humedece y comienza su descomposición química.

Después, nos tragamos esa comida en un movimiento que llamamos *deglución*. La deglución es un proceso voluntario al principio e involuntario, o reflejo, más tarde. Se divide en tres partes: bucal, faríngea y esofágica. Lo que ocurre es lo siguiente: el bolo alimenticio[13] pasa de la boca a la faringe. Este primer movimiento de tragar es voluntario. Es

---

[13] Se le da el nombre *de bolo alimenticio* a la **pasta** suave, masticada y ensalivada en la que se convierten los trozos de comida luego de su paso por la boca.

entonces cuando la *epiglotis* se activa doblándose hacia atrás, como veíamos en el capítulo anterior, para evitar que los alimentos sólidos y líquidos ingresen en la tráquea y acaben en los pulmones. Este segundo movimiento es reflejo. A la vez que ocurre esto, se eleva también la *úvula* (conocida coloquialmente como "**campanilla**"), lo que cierra el paso hacia la cavidad nasal. Este es otro movimiento reflejo.

Tras cruzar la faringe, el alimento continúa por el esófago, hasta llegar al estómago. El estómago, como veremos más adelante, es una bolsa muscular con una capacidad aproximada de litro y medio de volumen. Allí, el alimento es **agitado** y descompuesto por un potente jugo gástrico que segregan las mucosas del estómago. Tras el paso por el estómago, el alimento queda reducido a una especie de papilla que se conoce como *quimo*.

Al salir del estómago, el tubo digestivo se prolonga en forma de *intestino delgado*. Este puede llegar a unos siete metros de longitud, aunque está **replegado** sobre sí mismo, por lo que no ocupa más que un espacio reducido en la cavidad abdominal. La primera parte de ese intestino delgado lleva el nombre de *duodeno*. Allí, recibe las secreciones de las glándulas intestinales, la bilis y los jugos del páncreas. La gran cantidad de enzima que contienen estas secreciones contribuye a seguir descomponiendo y degradando los alimentos hasta convertirlos en sustancias solubles simples. Estas sustancias son fácilmente asimilables por el organismo; son las que las células pueden aprovechar para nutrirse.

El tubo digestivo continúa después por el *intestino grueso*. La longitud de este es de algo más de metro y medio, y, como su nombre lo indica, es más ancho. El recto es la porción final del intestino grueso y desemboca en el ano. Por este último se evacúan en forma de **heces** los restos de comida que no se han podido digerir.

¿Sabías que...?

*¡Nuestro estómago es capaz de derretir metales! Bueno, mejor dicho, nuestros jugos gástricos (a veces llamados coloquialmente "ácidos del estómago") son capaces de hacerlo. Ya sabemos que esa potente secreción de las mucosas estomacales puede disolver la comida y destruir todo tipo de partículas extrañas. ¡Pero puede hacer mucho más que eso! Algunas investigaciones han demostrado que puede descomponer sustancias tan duras como los metales. Para hacer este descubrimiento no han obligado a nadie a tragarse un trozo de metal, tranquilos. Lo que se hizo fue dejar unas **cuchillas** de afeitar en remojo en ácidos similares a los que tenemos en el estómago. El resultado fue que, en un solo día, más de la mitad de esas cuchillas habían desaparecido. Increíble, ¿no?*

Vocabulario

(las) secreciones secretions
(la) deglución swallowing
(la) pasta dough
(la) campanilla uvula
agitado agitated
replegado retracted
(las) heces feces
(las) cuchillas blades

7.2 ANATOMÍA DEL APARATO DIGESTIVO

> - *Hay dos tipos de órganos en el aparato digestivo: los que constituyen el tracto gastrointestinal y los órganos digestivos secundarios.*
> - *Entre los primeros encontramos la boca, la faringe, el esófago, el estómago, el intestino delgado y el intestino grueso.*
> - *Entre los órganos secundarios encontramos los dientes, las glándulas salivales, el páncreas, el hígado y la vesícula biliar.*

Ya hemos visto el recorrido que hace la comida en su proceso de digestión. Ahora nos vamos a detener un poco en cada uno de los órganos que participan en este increíble proceso.

Los órganos del sistema digestivo suelen dividirse en dos grupos: los que forman el *tubo digestivo* (o *tracto gastrointestinal*) y los órganos digestivos secundarios. El tubo digestivo lleva a cabo el conjunto de funciones digestivas —ingestión, digestión, absorción y defecación—. Los órganos digestivos secundarios facilitan el proceso de descomposición de los alimentos a través de varios mecanismos.

En este capítulo vamos a ver ambos grupos, pero los veremos de forma entremezclada, siguiendo el orden en el que van participando en el proceso digestivo.

LA BOCA

La boca, que también recibe el nombre de cavidad oral, es una cavidad cubierta por mucosa. Está compuesta por los *labios*, que protegen la apertura exterior; las *mejillas*, que componen sus paredes laterales; el *paladar*, que se divide en blando y duro, en la parte superior; la *úvula*, que es esa especie de campanita que cuelga al final de la boca, debajo del paladar; la *lengua*, que ocupa el suelo de la boca; y las *amígdalas*, en el extremo posterior.

Cuando los alimentos entran en la boca, se mezclan con saliva y se mastican. De este modo, la descomposición empieza incluso antes de que los traguemos por el efecto de un grupo de enzimas presentes en la saliva, que comienzan a digerir azúcares y grasas de forma temprana. En la boca, por tanto, encontramos dos órganos digestivos secundarios: los dientes y las glándulas salivares.

- Dientes:

La **dentadura** permanente de un adulto tiene treinta y dos piezas dentales —incisivos, caninos, premolares y molares—. Los dientes son los encargados del proceso de masticación. Este proceso se da abriendo y cerrando la mandíbula. La lengua también participa: mueve los alimentos entre los dientes y nos ayuda a tragar (así que, ¡cuidado con mordérsela!). Los dientes machacan y despedazan los alimentos para descomponerlos en fragmentos **triturados**.

- Las glándulas salivares:

Tenemos tres pares de ellas. Se dedican a segregar saliva en la boca. La saliva es una mezcla de líquidos y mucosidad que contiene proteínas y enzimas que ayudan a crear el *bolo alimenticio*, e inician el proceso de digestión. La saliva también contiene sustancias como *lisozima* y anticuerpos, que cumplen funciones protectoras frente a las bacterias. Y no lo olvidemos: la saliva también disuelve las sustancias químicas de los alimentos que ingerimos. ¡De esta manera —a través de las papilas gustativas situadas en la lengua— podemos darnos el gusto de saborear la comida!

LA FARINGE

Como ya hemos hablado de ella en el capítulo anterior, no nos detendremos demasiado. Solo diremos que las capas de músculo esquelético que forman la faringe se contraen para empujar los alimentos hacia el esófago. Este mecanismo de impulsión recibe el nombre de *peristalsis*.

ESÓFAGO

Es otra de las partes de la garganta. Va de la faringe hasta el estómago a través del diafragma. Se trata de un conducto de músculo membranoso que conduce los alimentos a la siguiente parada del recorrido gracias al empuje de la peristalsis. El esófago empieza en el cuello, cruza todo el tórax y se inserta en el abdomen a través del diafragma.

Las paredes del esófago normalmente están unidas, solo se abren cuando pasa el bolo alimenticio. Al igual que las paredes del estómago y del intestino grueso, están compuestas por cuatro capas (mucosa, submucosa, capa muscular externa y capa serosa).

ESTÓMAGO

El estómago está localizado en el lado izquierdo de la cavidad abdominal, escondido entre el hígado y el diafragma. Tiene forma de "C". Su tamaño suele variar entre los quince y los veinticinco centímetros, aunque su diámetro y su volumen están definidos por la cantidad de alimento que hay en su interior. De esta forma, llega a contener hasta cuatro litros de alimento cuando está lleno; pero si está vacío, puede retraerse sobre sí mismo a través de grandes pliegues (o *rugosidades*) de su mucosa.

El estómago actúa como una especie de **despensa** temporal de alimentos y, a la vez, como un centro de descomposición de estos. El estómago no solo almacena y mueve los alimentos por el tracto digestivo, sino que además los golpea y los **bate** para que se sigan descomponiendo en fragmentos cada vez más pequeños. ¡Como si fuera una auténtica batidora!

La descomposición química de las proteínas de los alimentos también comienza en el estómago. Las *glándulas gástricas* segregan el jugo gástrico. Este jugo está compuesto por varias sustancias:

- <u>Agua</u>: Ablanda el alimento y proporciona el medio **acuoso** necesario para que actúen las enzimas digestivas.

- <u>Enzimas</u>: Hay varias de ellas (pepsina, renina, lipasas gástricas). Actúan sobre proteínas distintas y son fundamentales para transformarlas en sustancias útiles para el organismo.

- <u>Ácido clorhídrico</u>: Convierte el medio estomacal en un medio ácido para que las enzimas puedan trabajar y tiene propiedades **antisépticas**. Podemos llegar a producir más de dos litros y medio de este ácido en un día.

En este momento, puede que surja la pregunta sobre cómo es posible que un ácido corrosivo como el ácido clorhídrico —que, como hemos visto, es capaz hasta de derretir metales— no descomponga o autodigiera el propio estómago. ¡Pero el cuerpo piensa en todo! La solución es una capa mucosa interna (*mucus*) que protege las paredes del estómago y que segrega bicarbonato para neutralizar la acción del ácido. Esto crea un microclima neutro que protege también esa mucosa. Además, las células que componen la mucosa se renuevan rápidamente. Gracias a esto, las que se van destruyendo se cambian por nuevas. De esta forma, entre cada tres y cinco días, estrenamos **revestimiento** estomacal.

Una vez que el estómago procesa los alimentos, se convierten en una especie de **papilla** o crema **espesa** llamada *quimo*. El quimo es lo que pasa a la siguiente etapa del recorrido, el intestino delgado, por una válvula conocida como *esfínter pilórico*.

INTESTINO DELGADO

Aquí llegamos al **meollo** del tema. El intestino delgado es el órgano principal del aparato digestivo. Es la parte más larga de este tracto (cuando estamos vivos, su longitud media es de entre dos y medio y siete metros; cuando morimos se hace más grande). Se trata de un tubo muscular que se extiende desde el esfínter pilórico hasta el intestino grueso. La forma del intestino delgado recuerda a una salchicha **enrollada** que va serpenteando a lo largo de la cavidad abdominal.

El intestino delgado está subdividido en tres partes:

- Duodeno: Situado en la parte superior del órgano, justo debajo del estómago. Representa el 5% de la longitud del intestino delgado. Es una de las partes más interesantes del intestino delgado, porque es donde muchas de las enzimas intestinales producidas cumplen su efecto y también donde van a parar las enzimas pancreáticas y la *bilis*, que juegan un papel esencial en la degradación de alimentos (hablaremos de esto en más detalle un poco más adelante).

- Yeyuno: Ocupa la parte media del trayecto total del intestino delgado . Representa casi el 40% de la longitud del órgano.

- Íleon: Es la parte inferior del intestino delgado y se une al intestino grueso a través de la *válvula ileocecal*. Abarca casi el 60% de la longitud total.

El intestino delgado es el lugar donde realmente comienza la digestión química de los alimentos propiamente dicha. Este órgano solo puede hacerse cargo de una reducida cantidad de alimentos a la vez, así que el *esfínter pilórico* cumple una labor importante como "**vigilante**" que controla el paso de alimentos desde el estómago al intestino. En ese proceso de digestión entran en juego otros tres órganos que se consideran órganos digestivos secundarios, pero que cumplen un papel fundamental en este sistema. Son el páncreas, el hígado y la vesícula biliar.

- Páncreas:

El páncreas es una glándula con forma triangular situada en la parte posterior del abdomen. Va desde el bazo hasta el duodeno. El páncreas es el único órgano que produce enzimas capaces de descomponer todas las categorías de productos digeribles. De ahí su importancia. Esas enzimas pancreáticas se secretan en el duodeno en un líquido alcalino que neutraliza la acidez que trae el quimo tras su paso por el estómago. El páncreas también cumple la función de producir hormonas, pero esto lo veremos más adelante, en la sección dedicada al sistema endocrino.

- Hígado:

El hígado es la víscera más grande del cuerpo. Puede llegar a pesar más de un kilo y medio. Está situado debajo del diafragma, en la zona alta del abdomen, hacia el lado derecho. Cubre casi completamente el estómago, que está debajo. El hígado está dividido en cuatro *lóbulos* y está sujeto por el *ligamento falciforme*. Se trata, sin duda, de uno de los órganos más importantes del cuerpo. Sus funciones metabólicas y reguladoras del organismo son muy variadas. Su función principal en el aparato digestivo es la producción de *bilis*[14]. Esa bilis sale del hígado por el *conducto hepático* e ingresa en el duodeno a través del *conducto biliar*.

- Vesícula biliar:

Es un saquito verde de finas paredes situado debajo del hígado. La vesícula sirve como lugar de almacenamiento de la bilis cuando no se está produciendo la digestión de alimentos. Cuando entran alimentos con grasa en el duodeno, la vesícula recibe un estímulo hormonal, se contrae y lanza esa bilis acumulada. De este modo, cumple una función importante en el proceso de digestión de grasas.

Prácticamente la totalidad de la absorción de los alimentos tiene lugar también en el intestino delgado. Este órgano

---

[14] La *bilis* es una sustancia acuosa de color verde-amarillento que contiene sales, pigmentos biliares (uno de los principales es la bilirrubina, un producto que surge de la degradación de la hemoglobina), colesterol, fosfolípidos y una amplia variedad de electrolitos. Las sales biliares y los fosfolípidos ayudan en el proceso digestivo. La bilis no contiene enzimas, pero esas sales biliares *emulsionan* las grasas a través de la descomposición de grandes trozos de grasa en trozos más pequeños. Esto ayuda a las enzimas que digieren las grasas, ya que les permite trabajar sobre una superficie mayor.

está bien adaptado a esta función. Sus paredes cuentan con microvellosidades (parecidas a pequeños pelillos),

vellosidades (parecidas a pelos en forma de dedo) y pliegues circulares. Estos pelillos y pliegues le dan al intestino un aspecto aterciopelado parecido al tejido de una toalla. Todas estas estructuras aumentan mucho la superficie de absorción y contribuyen a que los productos digeridos puedan absorberse mucho mejor.

Pero el intestino delgado no se dedica solo a la digestión y a la absorción de alimentos. El órgano cuenta, además con importantes colecciones de tejido linfático que juegan un papel de protección importante. Estos tejidos se encuentran sobre todo hacia la parte final del intestino delgado, ya que allí se acumula la mayor cantidad de residuos alimentarios sin digerir, que pasarán al intestino grueso. Que haya una mayor protección en esas secciones tiene sentido, porque allí se acumulan muchas más bacterias y es importantísimo evitar que pasen al torrente sanguíneo. El papel defensivo que cumple el intestino, por tanto, es central. Tanto es así que se calcula que nada menos que el 70% de las células del sistema inmune están alojadas allí.

No podemos olvidarnos tampoco del importantísimo trabajo que cumple el microbioma de nuestro intestino. El microbioma de cada persona difiere de los de otras personas; su composición y combinación dependen de la dieta, el estilo de vida y la zona del mundo en la que se viva. Recordemos que ese microbioma es el conjunto de bacterias, hongos, virus y protozoos que viven en nuestro tracto digestivo —sobre todo en el intestino delgado— y que nos ayudan a descomponer los alimentos y absorber mejor los nutrientes. Nuestra salud depende de la salud de esas mascotas microbianas, así que, ¡**más nos vale** cuidarlas! Cuanto más variada y equilibrada sea nuestra dieta, y menos estrés y ansiedad suframos[15], más diverso y óptimo será nuestro microbioma. Y, con ello, mejor funcionarán nuestro sistema digestivo, nuestro sistema inmunológico y, como veremos al final de este capítulo, ¡incluso nuestro sistema nervioso!

INTESTINO GRUESO

El intestino grueso es la última sección del recorrido del tubo digestivo. Está dispuesto de forma que enmarca el intestino delgado por los laterales y por arriba. Es más corto que el intestino delgado (tiene alrededor de un metro y medio de longitud), pero su diámetro es mayor, de ahí su nombre. Va desde la *válvula ileocecal* —situada, como hemos visto, en el último tramo del intestino delgado— hasta el ano. Esa válvula es otro de los "guardianes" del tracto digestivo, ya que controla que el contenido del intestino delgado no se vacíe demasiado rápido en el grueso y también que no se produzca un **reflujo** en sentido contrario.

---

[15] Numerosos estudios demuestran que el estrés y la ansiedad pueden producir o empeorar síntomas gastrointestinales como pesadez, hinchazón, dolor abdominal, náuseas o diarrea, y conforma un diagnóstico llamado *"síndrome de intestino irritable"*.

La función principal del intestino grueso es la eliminación de los residuos alimentarios **indigeribles,** como la fibra no digerible presente en los vegetales. Para ello, primero

seca esos residuos absorbiendo el agua que puedan tener y después los expulsa en forma de heces.

Se divide en varias subsecciones: ciego, apéndice, colon, recto y canal anal. El **ciego** tiene forma de saco y está en la primera parte del intestino grueso. De ahí sale una protuberancia en forma de **gusanillo** que a veces da algunos problemas porque suele acumular muchas bacterias: el *apéndice*. El *colon* —en sus distintas partes— recorre gran parte del recorrido del intestino grueso. El último tramo del colon, así como las últimas secciones del intestino grueso —el *recto* y el *canal anal*—, se encuentran ya en la pelvis.

En el intestino grueso no encontramos vellosidad, pero su mucosa cuenta con una enorme cantidad de células especializadas que producen un moco alcalino que sirve como lubricante para facilitar el trayecto de las heces hasta el ano, la última estación del tracto digestivo.

¿Sabías que...?

El tubo digestivo cuenta con una enorme cantidad de neuronas (más de cien millones), muchas más que las que hay en algunas de las estructuras más importantes del sistema nervioso, como, por ejemplo, la columna vertebral. Esas células cerebrales cumplen funciones esenciales en el sistema digestivo, como controlar el movimiento intestinal (o peristaltismo), u otras relacionadas con la secreción de sustancias al intestino. Esas neuronas están monitoreadas por el sistema nervioso central —que controla las funciones voluntarias de nuestro cuerpo— y por el sistema nervioso autónomo —que controla las funciones involuntarias o reflejas—. Pero lo más curioso de todo es que esas células cerebrales pueden actuar incluso por cuenta propia, de manera independiente al sistema nervioso central y autónomo. Quizás por ello se dice que el tracto digestivo es el "segundo cerebro" del cuerpo.

Vocabulario

(la) dentadura denture
triturados crushed
(la) despensa pantry
bate (batir) beats
acuoso watery
antisépticas antiseptic
revestimiento coating
(la) papilla mash
espesa thick
(el) meollo core
enrollada rolled
(el/la) vigilante watchman
más nos vale we'd better
reflujo reflux
indigeribles indigestible
(el) gusanillo little worm

8. EL SISTEMA URINARIO

- *Los órganos **por antonomasia** del sistema urinario son los riñones.*
- *Las funciones de los riñones son variadas: desde la excreción hasta la activación de vitaminas, pasando por la producción de hormonas y enzimas, y otras funciones reguladoras.*
- *Otros órganos y conductos como los uréteres, la vejiga o la uretra completan el aparato urinario.*

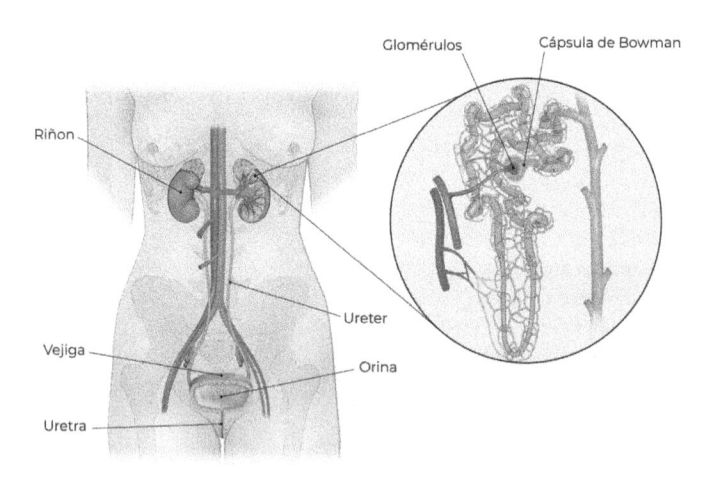

Los órganos más importantes del sistema urinario son los riñones. Son órganos que contribuyen, como ningún otro, a mantener el equilibrio homeostático. Se encargan de mantener los fluidos corporales limpios y constantes. Los demás componentes del aparato urinario (uréteres, vejiga y uretra) cumplen funciones de almacenamiento y transporte de la orina que se produce en los riñones.

El sistema urinario, por tanto, sería el sistema de **saneamiento** de nuestra particular ciudad. Siguiendo esta analogía, los riñones serían los trabajadores encargados de tratar el agua para hacerla potable, mientras que el resto de órganos formarían parte del sistema de **alcantarillado**, que se encargaría de reconducir y expulsar las **aguas sucias** de la ciudad. Igual que ocurriría en una ciudad, el trabajo de los riñones y del resto del sistema urinario pasa desapercibido siempre y cuando todo vaya bien. En cambio, si hubiera algún problema en este sistema, se notaría rápidamente.

Todos los días los riñones filtran varios litros de sangre. Los desechos tóxicos y el exceso de iones que resultan de ese filtrado son expulsados del cuerpo a través de la orina. ¡Pero los riñones no tiran nada que pueda reutilizarse! De esta manera, actúan también como una planta de reciclaje. Al hacerlo, aprovechan para regular el volumen de la sangre y su composición química para mantener el equilibrio entre agua y sales, y entre ácidos y bases (en muchas ocasiones, precisamente, reaprovechando algunas de esas sustancias recicladas). Este trabajo, que sería muy difícil hasta para un químico experto, los riñones lo realizan (casi siempre) sin apenas despeinarse.

Por si todo esto fuera poco, los riñones, además, realizan otras funciones reguladoras, como la producción de enzimas (por ejemplo la *renina*, que controla la generación de hormonas reguladoras que se encargan de mantener estable la tensión arterial por medio del equilibrio de agua y sales) y de hormonas (por ejemplo la *eritropoyetina*, que estimula la creación de glóbulos rojos en la médula ósea). También cumple un papel importante en la regulación de la presión sanguínea. Por último, las células renales tienen la capacidad de transformar la vitamina D en su forma activa; sin ellas, se vuelven inútiles los precursores de la vitamina D, y se ve alterado el metabolismo del calcio. ¡Como vemos, los riñones son órganos de lo más versátiles!

Hay manuales que **reúnen** las funciones excretoras del sistema urinario con algunas de las funciones depuradoras y limpiadoras de residuos de otros sistemas, como el respiratorio, el tegumentario o el digestivo. Las juntan en un sistema independiente al que denominan *sistema excretor*.

¡Mantente saludable!

El alcohol es una sustancia muy extendida y aceptada en nuestra sociedad, pero su consumo puede llevar a problemas de salud que afectan a múltiples partes de nuestro organismo. Los riñones —junto con el hígado— son unos de los principales filtros del cuerpo. Cuando ingerimos cantidades excesivas de alcohol (o de otras sustancias nocivas), estamos haciendo que estos órganos tengan que trabajar más y podemos llegar a saturarlos. Esto puede traer consecuencias negativas para nuestra salud ya que, sin un filtrado adecuado, el entorno celular se ensucia. Y los entornos celulares sucios son el contexto donde surgen las enfermedades. El alcohol, además de ser una sustancia que causa dependencia, puede acarrear otros problemas, como el riesgo de sufrir un accidente en la carretera y diferentes formas de agresividad y violencia.

Vocabulario

por antonomasia par excellence
(el) saneamiento sanitation
(el) alcantarillado sewage
(las) aguas sucias dirty water
reúnen (reunir) gather

8.1 LOS RIÑONES

- *Los riñones son órganos con forma de **judía** situados en la parte alta de la región lumbar.*
- *Están compuestos por nefronas, que son las que producen la orina.*
- *Uno de los procesos de los riñones consiste en reutilizar sustancias desechadas que siguen siendo útiles.*

Ya hemos introducido los riñones, pero hay mucho más que contar sobre ellos. Esto es exactamente lo que vamos a hacer en esta sección.

LOCALIZACIÓN

Lo primero que vamos a hacer es detenernos en la localización de los riñones, ya que suele haber bastante confusión al respecto. Mucha gente piensa que estos órganos están situados en la parte baja de la espalda. Sin embargo, no es así. Los riñones se sitúan en la parte superior de la zona lumbar, tan arriba que están protegidos por la parte baja de la caja torácica. ¡Así es, aunque a algunos les sorprenda, los riñones están más cerca de los pulmones que de la pelvis! Además, los riñones, a diferencia de lo que suele pensarse, no están a la misma altura. El riñón derecho se encuentra situado un poco más abajo que el izquierdo.

El responsable de esto es el hígado, quien **desplaza** al riñón derecho hacia abajo.

TAMAÑO, FORMA Y ASPECTO

El tamaño medio del riñón de un adulto es de unos doce centímetros de largo, seis centímetros de ancho y tres centímetros de grosor (más o menos como una patata grande). Los riñones se **encorvan** en los extremos, lo que les da una forma convexa que recuerda a una judía gigante. El *hilio renal* es la parte del riñón que se mete hacia adentro en la parte media de su cara interna. A través de esta concavidad, el riñón está conectado con el resto del cuerpo a través de uréteres, vasos sanguíneos —arteria renal y vena renal— y nervios. Encima de los riñones encontramos las *glándulas suprarrenales*: un órgano separado con forma de pirámide que forma parte del sistema endocrino. El aspecto brillante y fresco que tienen los riñones se lo confiere la cápsula fibrosa transparente que los envuelve. Además, ambos están protegidos de golpes por una masa de grasa (la *cápsula grasa perirrenal*). Una capa exterior más, la *fascia renal*, se encarga de **anclar** los riñones en su lugar y sostenerlos contra los músculos de la pared del tórax.

ESTRUCTURA Y FUNCIONAMIENTO

Las *nefronas* son las principales unidades estructurales y funcionales del riñón. Son muy pequeñas, pero hay alrededor de un millón trescientas mil nefronas en cada riñón. Su principal función es la producción de orina. Cada nefrona está compuesta por un *corpúsculo renal* que contiene *glomérulos* (un **nudo** u **ovillo** de capilares). Estos están rodeados por una fina capa en forma de taza que lleva el nombre de *cápsula de Bowman*. En el interior de esa cápsula encontramos unas células en forma de **pulpo** llamadas *podocitos*. Allí hay unos **agujeritos** (*poros de filtración molecular*) que crean una membrana porosa que rodea al glomérulo. Todas estas estructuras constituyen la parte cerrada del túbulo renal. Ese túbulo avanza enrollándose en varios bucles y atraviesa zonas de tejido con diferentes concentraciones de sales. Durante ese recorrido van transportando y transformando la orina por medio de varios conductos y **bombas** ubicados en sus paredes, los cuales introducen o expulsan sustancias, modificando la concentración y el contenido de la orina. Al final, se convierten en el conducto colector del riñón. Estos conductos colectores reciben la orina final producida en las nefronas y la transportan a los cálices[16] y después a la pelvis renal[17].

Una vez vista la estructura de los riñones, podemos pasar a ver cómo se produce la orina, que es una de las funciones principales de estos órganos. La formación de la orina

---

[16] Los **cálices renales** son las cámaras o los conductos membranosos del riñón por donde pasa la orina. Los cálices mayores se abren en la base de la pelvis renal y se van subdividiendo en cálices menores.

[17] La **pelvis renal** está situada en el centro del riñón. Su principal función es recolectar la orina y llevarla hasta los uréteres, que a su vez la conducen a la vejiga.

depende de tres procesos: la *filtración glomerular*, la *reabsorción tubular* y la *secreción tubular*. Veamos en qué consisten:

- Filtración glomerular:

Los glomérulos actúan como pequeños filtros de la sangre. A través de ellos pasan sustancias como el agua, los iones, los aminoácidos, la glucosa, las sales, los productos de desecho y el exceso de iones. No pasan, en cambio, las proteínas, por ser demasiado grandes. Así, el *filtrado* contiene tanto sustancias que deben eliminarse de la sangre como sustancias que pueden ser útiles.

- Reabsorción tubular:

Esas sustancias útiles de las que hablábamos son devueltas a la sangre a través de la reabsorción tubular. Algunas —por ejemplo la glucosa o los aminoácidos— suelen reabsorberse completamente. Otras, como el agua, se reabsorben parcialmente a través de *ósmosis*. Y otras —como los desechos nitrogenados— casi nunca son reabsorbidos. Los riñones toman la decisión de qué absorber y qué excretar de forma automática durante este proceso en función de las necesidades del cuerpo (por ejemplo, el nivel de pH sanguíneo, y las cantidades y la composición de determinadas sustancias en la sangre, entre otras).

- Secreción tubular:

Es el proceso opuesto a la reabsorción tubular. Es decir, en vez de reabsorber, durante la secreción tubular se eliminan determinadas sustancias —como iones de hidrógeno y potasio, creatinina y otras—, que pasan del túbulo renal al filtrado para ser desechadas, más tarde, a través de la orina. Es un proceso importante sobre todo para las sustancias que cuesta más filtrar, como algunos fármacos o el exceso de potasio. Cumple una función importante también en el control del pH de la sangre.

ORINA: COMPOSICIÓN Y CARACTERÍSTICAS

Ya hemos visto que los riñones son órganos complejos y extraordinarios. Ahora vamos a hablar un poco del producto de sus **intrincados** procesos: la orina.

Los riñones filtran entre ciento cincuenta y ciento ochenta litros de plasma sanguíneo al día. De todo eso, se producen solo entre uno y dos litros de orina en esas mismas veinticuatro horas. Esa orina contiene, en su mayoría, desechos nitrogenados, pero también otras sustancias innecesarias. Los desechos nitrogenados están compuestos por urea, ácido úrico y creatinina (sustancias asociadas a procesos de descomposición o de metabolización de diferentes elementos). Algunos ejemplos de esas otras sustancias innecesarias que componen la orina son iones de potasio y sodio, iones de bicarbonato, amoníaco, fosfato o sulfato y más. Todos estos desechos y sustancias innecesarias constituyen alrededor del 5% de la orina: lo que se conoce como *soluto*. El otro 95% es agua.

Como muchos ya sabrán, el color de la orina de una persona sana es amarillento. Irá de más amarillo a más claro dependiendo, precisamente, del porcentaje concreto de solutos y agua (aunque también dependerá de nuestra dieta, ya que algunos alimentos, por ejemplo la **remolacha** o los **níscalos**, pueden teñir la orina de otros colores como el naranja o incluso el rojo). En cuanto al olor y al pH de la orina, estos pueden variar en función de los alimentos y fármacos que ingiramos, así como de determinadas enfermedades e infecciones que suframos.

> *¿Sabías que…?*
>
> *Nada en exceso es bueno, ¡ni siquiera el agua! De hecho, el exceso de agua en el organismo —o hiperhidratación— puede provocar síntomas graves como* **confusión**, **convulsiones**, *coma o incluso la muerte. Lo que pasa en estos casos es que se supera la capacidad de eliminación de agua del organismo. El principal problema cuando ocurre es que puede provocar una disminución drástica del sodio en la sangre (hiponatremia), que puede llegar a ser muy peligrosa. Por supuesto, esto es muy poco común, y una persona a la que le funcionen bien los riñones tendría que beber muchísima agua para sufrir una sobrehidratación.*

Vocabulario

(la) judía bean
desplaza (desplazar) displace
encorvan (encorvar) curve
anclar to anchor
(el) nudo knot
(el) ovillo ball
(el) pulpo octopus
(los) agujeritos little holes
(las) bombas pumps
intrincados intricate
(la) remolacha beetroot
(el) níscalo saffron milk cap
(la) confusión confusion
(las) convulsiones seizures

8.2 URÉTERES, VEJIGA Y URETRA

- *Los uréteres son los conductos que llevan la orina desde los riñones hasta la vejiga.*
- *La vejiga almacena la orina hasta que resulta conveniente expulsarla.*
- *La uretra transporta la orina desde la vejiga hasta el exterior.*

Además de los riñones, el aparato urinario está compuesto por los uréteres, la vejiga y la uretra. En este apartado vamos a analizar las características principales de cada uno de estos órganos accesorios del sistema urinario, que, esencialmente, cumplen tareas de transporte, almacenamiento y expulsión de la orina producida en los riñones.

URÉTERES

Los uréteres son los conductos que transportan la orina desde los riñones hasta la vejiga. Son dos tubos alargados, de casi treinta centímetros de largo y con un diámetro de unos seis milímetros. Los uréteres se conectan con la pelvis renal, salen del hilio renal y entran en la vejiga por su parte posterior. Están recubiertos por mucosa, al igual que la pelvis renal y la vejiga.

El papel de los uréteres en el transporte de la orina es muy importante. *A priori* podemos pensar que la orina llega a la vejiga por la fuerza de la gravedad, ya que está situada por debajo de los riñones. Sin embargo, no es así. Por el contrario, las capas de músculo de los uréteres se contraen y empujan la orina hasta la vejiga (en un proceso que, como ya sabemos, lleva el nombre de *peristalsis*). Otra función que cumplen los uréteres en el transporte de la orina es evitar que retroceda una vez que ha llegado a la vejiga. Esto se consigue gracias a unos pequeños **pliegues** localizados en la mucosa de la vejiga que llegan hasta los uréteres.

VEJIGA

Los riñones producen orina todo el rato. ¡Sin embargo, las personas no estamos todo el día orinando! La vejiga (o vejiga urinaria) tiene la función de almacenar la orina temporalmente hasta que sea conveniente expulsarla del cuerpo. Se trata de un órgano en forma de saco, liso y plegable. Está situada en la parte baja de la pelvis, entre el pubis y el recto. La vejiga cuenta con tres aperturas: una a cada lado para los uréteres y una en la parte inferior para la uretra. La vejiga está bien equipada para su función de almacenamiento gracias a las tres capas de músculo liso y la mucosa que la conforman. La capacidad que tiene este órgano para plegarse es bastante notoria. Cuando está vacía, se pliega y su longitud no suele superar los siete centímetros y medio. A medida que se llena, se va hinchando como un **globo** hacía arriba —llegando incluso a la cavidad abdominal—. Una vejiga más o menos llena puede aumentar su tamaño hasta cerca de los trece centímetros y acumular en torno a medio litro de orina. Sin embargo, si fuera necesario, su capacidad puede llegar a rozar el litro. A medida que la vejiga se va llenando, se va tensando y **estirando**. Además, pasa de ser redondeada a tener forma de pera. El acto de vaciar la vejiga lleva el nombre de *micción*.

URETRA

La uretra es el último tramo del aparato urinario. Es un tubo muscular de paredes delgadas que conduce la orina desde la vejiga al exterior. El conducto de la uretra tiene dos esfínteres (*esfínter uretral interno* y *esfínter uretral externo*). El primero es involuntario, y su función es mantener la uretra cerrada cuando no haya flujo de orina desde la vejiga. El segundo **consta de** dos partes: una que no podemos controlar y una que sí. Es por esta combinación que somos capaces de controlar cuándo orinar; sin embargo, la resistencia de este segundo esfínter puede ser vencida si la urgencia de expulsar la orina es excesiva. El tamaño de la uretra varía en función del sexo. En las mujeres, suele medir entre tres y cuatros centímetros y termina en la vulva. En los hombres alcanza aproximadamente los veinte centímetros de largo y termina en el extremo final del pene.

¿Sabías que...?

Los riñones, trabajando a pleno rendimiento, pueden filtrar toda la sangre del organismo ¡en solo cinco minutos! Además, podemos sobrevivir con solo uno de ellos. En estos casos, el riñón restante aumenta su tamaño y realiza el trabajo por los dos (esto ocurre también en el caso de otros órganos pares, como los pulmones y los testículos).

Vocabulario

(los) pliegues creases
(el) globo balloon
estirando (estirar) stretch
consta de (constar) consists of

9. EL SISTEMA TEGUMENTARIO

- *La piel (o membrana cutánea) es una de las principales membranas del cuerpo, aunque hay otras, como la membrana mucosa, la membrana serosa o la membrana sinovial.*
- *La piel recubre todo nuestro cuerpo. Tiene como función principal actuar como primera barrera de protección.*
- *Las otras membranas rodean o* **rellenan** *cavidades corporales y cumplen funciones como la protección, la* **lubricación** *o la* **amortiguación**.

La piel recorre todo nuestro cuerpo de la cabeza a los pies. Es la parte más importante del sistema tegumentario, que incluye también apéndices como el pelo, las uñas y las glándulas cutáneas.

La función principal de la piel es actuar como una primera capa de protección del cuerpo. Impide el paso a los agentes externos y sirve como **armadura** frente a agresiones del exterior. Así es, aunque al tocarla nos parezca muy blanda, es un auténtico **escudo**. También cumple funciones importantes en relación a la sintetización de la vitamina D y aloja los receptores cutáneos que nos permiten sentir.

La piel es una de las principales membranas corporales. Las membranas corporales recorren superficies, rodean las cavidades del cuerpo y forman capas protectoras y lubricantes de órganos internos.

Hay *membranas de recubrimiento* (o *membranas epiteliales)* como la membrana cutánea, la membrana mucosa o la membrana serosa. La *membrana cutánea* (es decir, la piel) es la única expuesta al aire y por tanto la única membrana seca. La *membrana mucosa* recubre las cavidades corporales que se abren al exterior, como las de los órganos con aperturas de los aparatos respiratorio, digestivo, urinario y reproductor. Son membranas húmedas que casi siempre están cubiertas de secreciones. La *membrana serosa* rodea la mayoría de las cavidades corporales cerradas al exterior. Esta membrana secreta un fluido, el *líquido seroso*. Este líquido actúa como lubricante para que los órganos se puedan deslizar fácilmente por las paredes de su cavidad y para que no haya fricción entre ellos. Es especialmente necesario en órganos que acostumbran a tener mucho movimiento, como el corazón o el estómago.

También hay *membranas de tejido conectivo,* como es el caso de la *membrana sinovial.* Este tipo de membrana se encuentra en las cápsulas fibrosas de las articulaciones, donde proporciona una superficie de contacto suave y actúa como lubricante. También cumple una importante función de amortiguación en órganos que realizan movimientos opuestos durante la actividad muscular (por ejemplo, el movimiento de un tendón en una superficie de hueso).

A continuación, nos centraremos en la primera membrana, la membrana cutánea o, lo que es lo mismo, en nuestra piel.

> ### *¡Mantente saludable!*
>
> *Uno de los principales factores de riesgo para padecer un melanoma (o cáncer de piel) es la radiación solar ultravioleta. Por eso, es muy importante siempre utilizar protección solar cuando vayamos a tomar el sol o a realizar actividades al aire libre, especialmente en verano, en zonas de alta montaña o en regiones donde la capa de ozono tenga un grosor menor (todos esos son lugares en los que el índice de radiación solar es mayor y, por tanto, más peligroso). Cuanta más blanca sea la piel, más importante será seguir estas recomendaciones.*

Vocabulario

rellenan (rellenar) fill
(la) lubricación lubrication
(la) amortiguación cushioning
(la) armadura armor
(el) escudo shield

9.1 LA PIEL

- *La piel cumple varias funciones importantísimas en nuestro organismo.*
- *La protección es quizás la más destacada de esas funciones, aunque hay otras como las de contención, regulación de la temperatura, excreción, metabolización, inmunidad y* ***sensibilidad***.
- *La piel está dividida en dos capas principales (epidermis y dermis) que, a su vez, están divididas en varias capas.*

La piel es un sistema verdaderamente fascinante. Tan delicado y a la vez tan resistente que resulta una auténtica paradoja.

Imaginemos que vamos andando por la calle y vemos una tienda que ofrece un traje mágico que es **impermeable**, flexible y **lavable**, que no se arruga, que se va adaptando a nuestras proporciones a medida que crecemos, que se repara a sí mismo y que, si se lo cuida de forma adecuada, puede durar décadas y décadas. Seguramente nos parecería que es un traje de alguna película de ciencia ficción o el último invento en trajes espaciales de la NASA, ¿verdad? Pensaríamos que es carísimo, porque con todas esas **prestaciones**... Pero tenemos la suerte de que todos nosotros poseemos uno de esos trajes hecho a medida desde el momento en que venimos a este mundo, porque ese traje mágico es nuestra piel. Tiene buena pinta, ¿no? Avancemos, ¡porque en este capítulo vamos a explicar todos sus detalles!

FUNCIONES DE LA PIEL

Hemos dicho que la piel es el escudo, la armadura exterior del cuerpo. Y lo es. Pero también es muchas más cosas.

- **Protección**

El **revestimiento** externo del cuerpo tiene como función principal proteger al organismo. Lo hace **manteniendo a raya** a los agentes externos nocivos (virus, bacterias, hongos, polvo y más), y nos protege frente a daños. Estos daños pueden ser de varios tipos: mecánicos (como golpes, cortes y quemaduras), químicos, y térmicos o de radiación solar ultravioleta. La capa principal de la piel cumple un papel esencial en este sentido, ya que es más dura. Esto es gracias a una de las sustancias que la componen: la *queratina*. La piel, además, amortigua y **aísla** los órganos corporales más profundos.

- **Contención**

La piel es el límite exterior de nuestro cuerpo, y actúa también como barrera de salida. La piel nos enmarca y contiene encapsulado en nuestro interior todo lo que necesitamos para sobrevivir. Un ejemplo de esto es el papel esencial que cumple la piel a la hora de mantener el agua y otras moléculas necesarias dentro de nuestro cuerpo, a la vez que mantiene fuera moléculas ajenas como ese mismo agua para que podamos hacer cosas como nadar sin **encharcarnos** por dentro.

- **Regulación de la temperatura**

Otra de las funciones más importantes de la piel es mantener el calor corporal. Esto es posible gracias a la compleja red capilar de la piel y a las glándulas sudoríparas, que veremos más adelante.

- **Excreción**

La piel, además, forma parte del sistema excretor del organismo. De hecho, es un sistema excretor a pequeña escala en sí mismo. Determinadas sustancias innecesarias para el cuerpo como la urea, las sales (como el **cloro**) o el agua, así como otras toxinas, son expulsadas de nuestro cuerpo por los poros de la piel a través del **sudor**.

- **Funciones metabólicas y de inmunidad**

La piel también forma parte del sistema inmunitario. Lo hace a través de la fabricación de varias proteínas que juegan un papel importante en la inmunidad. En cuanto a sus funciones metabólicas, la piel es la encargada de sintetizar la vitamina D mediante la luz solar. ¡Por eso es tan importante estar en la calle y que nos dé el sol en la piel!

- **Sensibilidad**

La piel es uno de los principales órganos de los **sentidos** —concretamente del sentido del tacto—. Lo es gracias a unos diminutos sensores (los *receptores sensoriales cutáneos*), que forman parte del sistema nervioso y que nos permiten sentir cosas como la presión, la temperatura o el dolor. ¡Un auténtico radar sensorial equipado con sistemas de aviso frente a amenazas! Esta función cumple un papel de protección importante ya que ayuda a distinguir las amenazas del exterior. Pero, además, nos permite disfrutar de los placeres del tacto y la sensibilidad, ¡no nos olvidemos de la importancia de esto! Sin este traje mágico y maravilloso que tenemos no sabríamos lo que es sentir la brisa, el roce de una caricia o el calor del sol, cosas que, sin duda, pueden dar sentido a la vida.

ESTRUCTURA DE LA PIEL

La piel está separada en dos partes: la externa se llama *epidermis*, y la interna, *dermis*. Estas dos partes están unidas entre sí de manera firme, pero la fricción continuada o las quemaduras pueden hacer que se separen. Cuando esto ocurre, surgen las **ampollas**.

Por debajo de la dermis encontramos otra capa más: la *hipodermis*, que no siempre es considerada parte de la piel. Sin embargo, está relacionada con ella porque fija los órganos que hay por debajo a la piel. La hipodermis, además, amortigua de eventuales golpes y mantiene los tejidos más profundos aislados para que no les afecten los cambios de temperatura del exterior.

- **Epidermis**

Es la capa más exterior de la piel. Se caracteriza por una importante dureza gracias a la acción de la *queratina*, una sustancia excepcionalmente resistente. La epidermis está separada, a su vez, en cinco capas y carece de **irrigación** sanguínea propia en sus **capas** más externas. Esto explica por qué solo sangramos cuando los cortes y las heridas profundizan más allá de la epidermis.

La epidermis es una capa protectora que se está regenerando continuamente desde el interior hacia el exterior. Lo hace a través de la producción de nuevas células que van empujando hacia arriba para formar parte de los estratos más cercanos a la piel. Allí, muchas mueren y terminan cayendo en forma de pequeñas escamas, que suelen conocerse como *caspa*. En ese momento son sustituidas por las que vienen detrás. De esta forma, más o menos cada mes **estrenamos** una epidermis nueva. Puede que eso que dicen de que la belleza es algo superficial sea más cierto de lo que creíamos, sobre todo si tenemos en cuenta que gran parte de lo que vemos en una persona cuando miramos su exterior son células muertas.

En la epidermis podemos encontrar la *melanina*, un pigmento que hace que nuestra piel pueda ir del color amarillo, al marrón y al negro. La producción de este pigmento se estimula con la luz solar, lo que explica el cambio de color de nuestra piel cuando **nos bronceamos.** Las concentraciones de melanina en un punto dan lugar a **pecas** y **lunares**.

- **Dermis**

La dermis es la parte subyacente de la piel, la que se encuentra oculta por debajo de la epidermis. Es una capa firme pero elástica que ayuda a mantener el cuerpo unido a cada una de sus partes.

Igual que como ocurre con la epidermis, la dermis tiene un grosor diferente dependiendo de la zona del cuerpo (por ejemplo, en las **plantas de los pies** y las palmas de las manos es más gruesa, mientras que en los **párpados** es muy fina).

La dermis también está separada en dos capas. La más superficial es la encargada de nutrir a la epidermis y contiene los receptores sensoriales del dolor. La más profunda cuenta ya con vasos sanguíneos, aloja las glándulas cutáneas y contiene receptores de la presión y temperatura. Allí encontramos también numerosos *fagocitos*, que se encargan de cerrarles el paso a los microorganismos que hayan traspasado la epidermis.

La dermis contiene *colágeno* y *fibras elásticas*. El colágeno le aporta resistencia. Además, atrae y fija el agua, lo que contribuye a mantener la piel hidratada. Las fibras elásticas, por su parte, aportan flexibilidad a la piel. A medida que vamos envejeciendo, la cantidad de colágeno y de fibras elásticas se reduce. Esto explica por qué, con la edad, la piel pierde elasticidad y firmeza, y empiezan a salirnos arrugas.

Por último, la dermis cumple un papel fundamental en el mantenimiento de la temperatura corporal. ¿Cómo lo hace?

Cuando la temperatura corporal es elevada, los capilares de la dermis se hinchan con sangre caliente. Esto enrojece y caliente la piel, lo que permite que parte del calor corporal se **irradie** hacia el exterior. Cuando hace mucho frío, ocurre lo contrario: la sangre escapa de esos capilares para dirigirse a zonas más profundas y mantener elevada la temperatura interna.

> *¿Sabías que...?*
>
> *La piel es un **semáforo** de nuestro estado mental y de salud. Las emociones pueden hacer que el color de nuestra piel cambie, y ese color puede indicar también la presencia de determinadas enfermedades. Por ejemplo, cuando la piel se pone de color rojo (eritema) puede significar que estamos **ruborizados** porque sentimos vergüenza y, a la vez, puede indicar fiebre, inflamación o patologías como hipertensión o alergias. De la misma manera, algunos tipos de estrés emocional (miedo, ansiedad, nervios) pueden hacer que una persona palidezca, pero la palidez también puede señalar problemas como anemia, hipotensión o circulación sanguínea deficiente. El color amarillo en la piel suele indicar trastornos hepático. Por último, las marcas negras, moradas y azules (también conocidas como **moratones**) aparecen en lugares donde la sangre se ha coagulado en zonas de tejido tras salirse del flujo circulatorio. Esto suele pasar a causa de golpes o contusiones. En algunos casos excepcionales, la presencia de moratones puede ser una señal de trastornos como carencias de vitamina C o hemofilia[18].*

---

[18] La **hemofilia** es un trastorno hemorrágico hereditario en el cual la sangre no coagula adecuadamente.

Vocabulario

(la) sensibilidad sensitivity
impermeable impermeable
lavable washable
(las) prestaciones features
(el) revestimiento coating
manteniendo a raya (mantener a raya) keep something at bay
aísla (aislar) isolate
encharcarnos to swamp
(el) cloro chlorine
(el) sudor sweat
(los) sentidos senses
(las) ampollas blisters
(la) irrigación irrigation
(las) capas layers
(la) caspa dandruff
estrenamos (estrenar) use for the first time
nos bronceamos (broncearse) get tanned
(las) pecas freckles
(los) lunares moles
(las) plantas de los pies soles of the feet
(los) párpados eyelids
irradie (irradiar) radiate
(el) semáforo traffic light
ruborizados flushed
(los) moratones bruises

9.2 LOS APÉNDICES DE LA PIEL

- *La piel está equipada con una serie de apéndices o derivados que completan sus funcionalidades.*
- *Estos apéndices son el pelo, las uñas y las glándulas cutáneas.*
- *Las glándulas cutáneas son dos: las glándulas sudoríparas y las glándulas sebáceas.*

En el capítulo anterior, hablamos de algunas de las principales características del traje mágico que es nuestra piel. Pues bien, en ese capítulo no mencionamos más que unas pocas de sus prestaciones. ¡Nuestro traje mágico tiene mucho más! Viene también con una serie de accesorios que incluyen un sistema de regulación de temperatura, varios sistemas de **blindaje** adicional, una crema **hidratante** que deja el traje suave y limpio en todo momento, y unas herramientas que sirven —entre otras cosas— para que tengamos más precisión en nuestras manos.

Estas funcionalidades son posibles gracias a los apéndices de la piel: el pelo, las uñas y las glándulas cutáneas (*glándulas sudoríparas* y *glándulas sebáceas*). Estos apéndices surgen de la epidermis y cumplen funciones clave en el mantenimiento de la homeostasis corporal. En este capítulo vamos a ver en detalle cada uno de ellos.

EL PELO

El pelo era mucho más importante para nuestros antepasados que para nosotros. Ellos —y numerosos animales— tenían mucho más pelo, lo que les brindaba, entre otras cosas, una mejor protección contra el frío. El ser humano actual tiene otros mecanismos para mantener su temperatura corporal, y la importancia del pelo en ese sentido **ha perdido peso**.

Sin embargo, el pelo sigue siendo útil en tareas concretas. Sirve para proteger la cabeza de golpes (gracias al pelo de la cabeza), para proteger los ojos de la entrada de agentes externos (gracias a las **cejas** y las **pestañas**), para mantener libre de partículas extrañas el aparato respiratorio (gracias a los pelos de la nariz), para ser una barrera protectora y un elemento de defensa frente a la fricción en la zona de los genitales (gracias al vello púbico), y para proteger zonas especialmente sensibles como las axilas.

Tenemos millones de pelos. De hecho, están en todo el exterior de nuestro cuerpo, salvo en las manos, los pies, los labios y los **pezones**. Los pelos se encuentran entre los tejidos que más crecen de nuestro organismo, y su desarrollo depende de las hormonas.

UÑAS

Nuestras uñas son el equivalente a las garras y las pezuñas de otros animales. Las uñas, igual que los pelos, son, en su mayoría, materia inerte. También al igual que el pelo, las uñas están formadas por células que producen grandes cantidades de queratina. A medida que las células de la uña se van acumulando, la uña empuja hacia adelante.

Las uñas cumplen tres funciones principales. La primera de ellas es soportar el tejido de los dedos. La segunda es proteger los bordes de los dedos, que son zonas sensibles, bastante expuestas y proclives a sufrir lesiones. Por último, las uñas otorgan a los dedos una mayor capacidad para coger y manipular objetos ¡Son como nuestras pinzas de precisión!

LAS GLÁNDULAS CUTÁNEAS

Las glándulas cutáneas se encuentran en las capas profundas de la piel y liberan sus secreciones en la superficie de esta mediante conductos. Las glándulas cutáneas se dividen en *glándulas sudoríparas* y *glándulas sebáceas*.

- **Glándulas sudoríparas**

Tenemos más de dos millones y medio de glándulas sudoríparas en nuestro cuerpo, todas ellas repartidas en diferentes puntos de la piel. Son de dos tipos:

- <u>Glándulas ecrinas:</u>

    Son las que producen el sudor. El sudor es una secreción corporal transparente hecha de agua, sales, vitaminas, desechos metabólicos y ácido láctico[1].

---

[19] El **ácido láctico** es una sustancia química que se acumula tras periodos de esfuerzo muscular importante.

El sudor sale por los poros de nuestra piel y tiene un efecto antiséptico gracias a su acidez. Esto es muy útil teniendo en cuenta el número de bacterias que pululan por la superficie de nuestro cuerpo. La evaporación del sudor se lleva consigo gran cantidad del calor corporal. La principal función del sudor —y con ello de las glándulas ecrinas— es regular la temperatura corporal en días muy calurosos o cuando la temperatura del cuerpo es muy alta por otras razones.

- Glándula apocrinas:

Se encuentran en la zona genital y en las axilas. La sustancia que secretan no es exactamente igual al sudor ya que, además de los componentes de este, tiene grasas y proteínas. Esto hace que su color ya no sea transparente si no **lechoso** o incluso amarillento. En un principio, esa secreción no huele mal. Sin embargo, cuando las bacterias que tenemos en esas zonas del cuerpo empiezan a alimentarse de las proteínas y las grasas, empieza a producirse ese olor desagradable que todos conocemos. Los científicos no tienen del todo clara la función de esta secreción y de estas glándulas. Lo que sí se sabe es que su activación se produce durante la pubertad —en ambos sexos— por vía de las hormonas sexuales masculinas (también conocidas como *andrógenos)*.

- **Glándulas sebáceas**

Las encontramos en la piel alrededor de todo nuestro cuerpo (excepto en las palmas de las manos y de los pies). Segregan *sebo*, una sustancia oleosa que actúa como una crema hidratante. Está formada por una mezcla de fragmentos de células y sustancias aceitosas. La principal función del sebo es mantener lubricados la piel y el pelo para que se mantengan firmes y suaves, y que no se rompan. El sebo, además, contiene sustancias bactericidas que acaban con las bacterias. Esto evita que accedan a capas más profundas. Las glándulas sebáceas están muy activas durante la adolescencia, ya que la producción de sebo está asociada a las hormonas sexuales. Esto explica porque es común tener la piel más aceitosa durante esa etapa de la vida.

¿Sabías que...?

La piel y el sistema nervioso central se crean durante la misma etapa del periodo embrionario, en un momento que se conoce como ectodermo. Esto quiere decir que tienen el mismo origen y se crean prácticamente a la vez, lo que puede tener mucha más importancia de la que creemos. De hecho, puede explicar por qué determinadas situaciones que tienen su origen en el sistema nervioso afectan a la piel. Por ejemplo, está comprobado que el estrés psicológico puede empeorar o desencadenar enfermedades o desequilibrios en la piel. De ahí el dicho de que lo que nos afecta por dentro, tiene su reflejo afuera.

Vocabulario

(el) blindaje shield
hidratante moisturizing
ha perdido peso (perder peso) has lost weight
(las) cejas eyebrows
(las) pestañas eyelashes
(los) pezones nipples
lechoso milky

10. EL SISTEMA ENDOCRINO

- *El sistema endocrino es el que se encarga de la regulación de numerosos procesos del cuerpo a través de la producción de hormonas.*
- *La producción de hormonas se lleva a cabo en las glándulas endocrinas.*
- *Los procesos corporales controlados por hormonas son diversos: desde el crecimiento hasta el estado de ánimo, pasando por el metabolismo, la función sexual y la reproducción.*

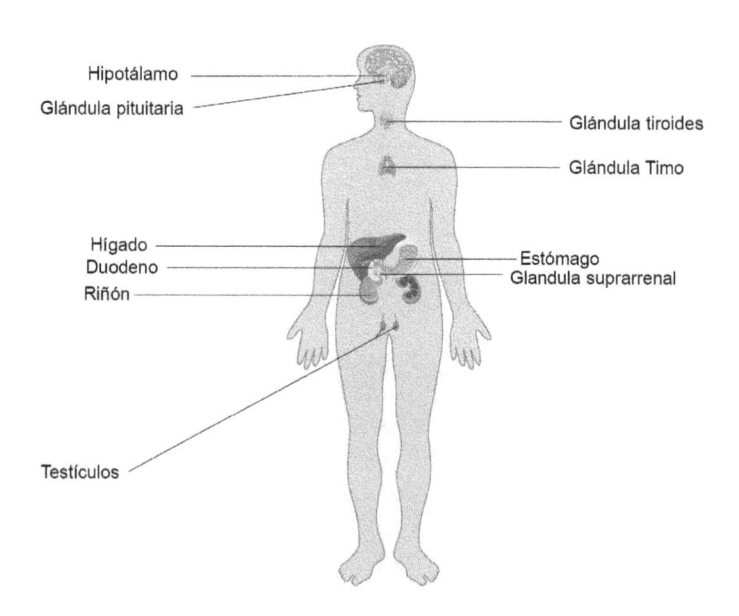

Hipotálamo
Glándula pituitaria
Glándula tiroides
Glándula Timo
Hígado
Duodeno
Riñón
Estómago
Glandula suprarrenal
Testículos

A lo largo de este libro hemos hablado varias veces de las hormonas. Seguramente, la mayoría tenemos alguna idea general o vaga sobre estas sustancias que produce nuestro organismo. Pero no sabemos exactamente qué son, ni para qué sirven. En esta sección vamos a intentar poner solución a eso, porque vamos a hablar del sistema endocrino. Este es el sistema encargado de producir, precisamente, esas hormonas por las que nos acaba de entrar tanta curiosidad.

Por tanto, antes que nada, empecemos por hacernos una idea un poco más clara de qué son las hormonas. De forma resumida y sencilla podríamos decir que las hormonas son los mensajeros químicos de nuestro cuerpo. ¡El sistema de correos de nuestra famosa ciudad! Esos mensajeros viajan a través del torrente sanguíneo para entregar sus mensajes a los diferentes tejidos y órganos del cuerpo. Los efectos de las hormonas no son inmediatos, de hecho actúan lentamente, pero afectan a gran cantidad de procesos. En otras palabras, los mensajeros se toman su tiempo, pero traen noticias que pueden movilizar a casi toda la ciudad.

De esta forma, las hormonas controlan gran cantidad de procesos corporales. Algunos de los más importantes son: el crecimiento, el desarrollo y las funciones del cuerpo y muchos tejidos, el metabolismo de los alimentos que consumimos para conseguir energía, la función sexual, la reproducción y también **el estado de ánimo**.

A nivel químico, las hormonas son moléculas con base de aminoácidos (que incluyen proteínas, péptidos y aminos) o esteroides (provienen del colesterol). ¡Las hormonas son muy potentes! Con una cantidad muy pequeña de ellas, se pueden producir grandes cambios en las células o incluso en todo el organismo. Por eso, tener un nivel hormonal adecuado es imprescindible para lograr la homeostasis corporal y contar con un buen estado de salud.

Las glándulas encargadas de la producción de hormonas son los órganos endocrinos (o glándulas endocrinas). Estos órganos son masas de células especializadas que tienen la capacidad de liberar hormonas. Las glándulas endocrinas más importantes son: la pituitaria, la glándula pineal, el timo, la tiroides, las glándulas **suprarrenales** y el páncreas. Además de esto, también producen hormonas los testículos en los hombres y los ovarios en las mujeres.

¡Mantente saludable!

*La prevención es la mejor medicina. Por eso, es muy importante mantener un estilo de vida equilibrado para estar sanos. Otra manera de prevenir es realizar revisiones médicas periódicas (sobre todo a medida que vamos cumpliendo años) y realizarnos análisis cuando hayamos estado expuestos a agentes de riesgo. Según algunos nutricionistas y profesionales de la salud, el **ayuno** es otro de los medios más eficaces para prevenir enfermedades y favorecer la regeneración celular y el correcto funcionamiento del organismo. Existen diferentes técnicas para realizar esta práctica, pero siempre es recomendable hacerlo de la mano de un profesional experto y previa consulta con un médico.*

Vocabulario

(el) estado de ánimo mood
suprarrenales suprarenal
(el) ayuno fast

10.1 ¿QUÉ ES EL SISTEMA ENDOCRINO Y CUÁLES SON SUS ÓRGANOS?

- *El sistema endocrino está formado por el conjunto de órganos que producen y liberan hormonas.*
- *El sistema endócrino realiza las tareas de* **gestión** *de las células del cuerpo* **de la mano del** *sistema nervioso.*
- *Los principales órganos endocrinos son: la hipófisis; la tiroides; las glándulas paratiroides, suprarrenal, pineal y timo; el páncreas; los ovarios; y los testículos.*

El sistema endocrino está compuesto por el conjunto de órganos y tejidos que producen y liberan hormonas. Hablamos del segundo sistema de control más importante del organismo. El sistema endocrino realiza sus tareas de dirección y organización de las células del cuerpo junto con el sistema nervioso.

Los órganos del sistema endocrino también se conocen como *glándulas endocrinas* o *glándulas sin conducto*. Estos nombres se deben a que sus secreciones se liberan directamente al torrente sanguíneo —es decir, sin necesidad de pasar por ningún conducto—. También existen glándulas exocrinas, que liberan sus secreciones sobre la superficie externa o interna de determinados órganos o tejidos (como los tejidos cutáneos, la mucosa del estómago o el revestimiento de los conductos del páncreas).

De esta manera, encontramos en el cuerpo tres grupos de tejido que producen sustancias que cumplen funciones hormonales. Las *glándulas endocrinas* producen exclusivamente hormonas y las liberan al torrente sanguíneo. Las *glándulas endo-exocrinas* son unas glándulas mixtas que producen hormonas y otras sustancias como enzimas y las liberan, o bien al torrente sanguíneo, o bien a los órganos. Los *tejidos no glandulares*, como el tejido nervioso del sistema nervioso autónomo, no producen hormonas, sino otras sustancias que cumplen funciones similares a las hormonas (por ejemplo, los neurotransmisores como la *noradrenalina* y la *acetilcolina*). En esta sección nos centraremos en las dos primeras. Volveremos a hablar de los neurotransmisores en el capítulo relativo al sistema nervioso.

Como veremos a continuación, el sistema endocrino está compuesto por órganos de un tamaño bastante reducido. Además, se trata de un sistema que se encuentra dividido por diferentes regiones del cuerpo. Pero ¡ni el tamaño es lo más importante, ni la continuidad importa tanto! De hecho, los órganos del sistema endocrino realizan una labor impresionante en la regulación de los procesos del cuerpo y el mantenimiento de la homeostasis corporal a pesar de ser pequeños y estar dispersos.

ÓRGANOS DEL SISTEMA ENDOCRINO

Los órganos endocrinos principales son la hipófisis o glándula pituitaria, la tiroides, las glándulas paratiroides, suprarrenal, pineal y timo, el páncreas y las gónadas (ovarios y testículos). Las dos últimas, el páncreas y las gónadas son ejemplos de glándulas endo-exocrinas. El resto son glándulas endocrinas.

Hipófisis o glándula pituitaria:

La hipófisis es una glándula del tamaño de un **guisante** adherida a la base del cerebro, en una zona conocida como hipotálamo. Se divide en dos lóbulos: la *hipófisis anterior* (tejido glandular) y la *hipófisis posterior* (tejido nervioso).

A pesar de su tamaño, la hipófisis es la glándula endocrina **maestra**. Es el motor principal del sistema endocrino ya que produce *hormonas trópicas*. Las hormonas trópicas se producen en la hipófisis anterior y estimulan la función de otras glándulas endocrinas. Algunos ejemplos de este tipo de hormonas son la *hormona adrenocorticotrópica (ACTH)*, que regula la actividad endocrina de la **corteza** de las glándulas suprarrenales; la *hormona tirotrópica (TSH)*, que estimula la glándula tiroides y regula su crecimiento y su actividad, o las *hormonas gonadotrópicas (GnRH)*, que regulan la actividad hormonal de los testículos y los ovarios.

Las otras dos hormonas hipofisarias anteriores no despliegan sus efectos sobre órganos del sistema endocrino. Así, la *hormona del crecimiento (GH)* estimula el desarrollo de los tejidos del organismo, en especial de los músculos esqueléticos y los huesos largos. En gran medida, es la que determina nuestro tamaño corporal final. También juega un papel importante en el metabolismo de los hidratos de carbono. La *prolactina (PRL)*, por su parte, estimula la producción de leche en las glándulas mamarias.

La relación entre la hipófisis y el **hipotálamo**[20] es muy importante. Esto se debe a que la liberación de las hormonas que hemos mencionado antes dependen de las hormonas liberadoras e inhibidoras producidas en el hipotálamo. Además, el hipotálamo produce dos hormonas adicionales: la *oxitocina* (que juega un papel importante durante el parto y el amamantamiento, y también durante las relaciones sexuales) y la *hormona antidiurética* (que regula la producción de orina). Estas hormonas se almacenan en la hipófisis posterior antes de liberarse en la sangre.

Tiroides

La tiroides es una glándula ubicada en la garganta, justo debajo de la nuez. Es una glándula bastante más grande compuesta de dos **lóbulos** que se unen en una masa central.

La glándula tiroides produce dos hormonas: la *hormona tiroidea* y la *calcitonina*. La hormona tiroidea está compuesta, a su vez, por dos hormonas, la *tiroxina* y la *triyodotironina*.

---

[20] El **hipotálamo** es una pequeña sección del cerebro situada en la base de este. Además de sus funciones de liberación e inhibición hormonal, regula cosas tan importantes como la temperatura corporal, la sed, el hambre, el sueño y la presión arterial.

Estas hormonas aumentan el consumo de oxígeno y estimulan la **tasa** de actividad metabólica. Además, regulan el crecimiento y desarrollo de los tejidos del organismo, y tienen influencia sobre el estado de alerta físico y mental. En cuanto a la calcitonina, es la hormona encargada de disminuir los niveles de calcio en sangre, lo que hace que el calcio pueda depositarse en los huesos.

Glándulas paratiroides

Las glándulas paratiroides son pequeñas glándulas que se suelen localizar en la superficie posterior de la tiroides, aunque es posible que haya más en otras regiones del cuello y del tórax. Segregan la *hormona paratiroidea (PTH)*, un importantísimo regulador de los iones de calcio —y también de fósforo— en sangre. Concretamente, sirven para aumentar esos niveles de calcio en sangre (lo contrario que la calcitonina, que actúa para reducirlos). La PTH actúa mayoritariamente sobre el esqueleto, pero también sobre los riñones y el intestino.

Glándulas suprarrenales

Las glándulas suprarrenales son dos pequeñas masas de tejido glandular que se sitúan, a modo de **gorrito**, encima de los riñones. Como ocurre con la hipófisis, cuentan con una parte glandular (la corteza) y una parte de tejido nervioso (la médula central).

La *corteza suprarrenal* se encarga de la producción de las hormonas corticosteroides, entre las que se encuentran las mineralocorticoides (como la aldosterona), que regulan el contenido mineral de la sangre, juegan un papel en la regulación del estrés a largo plazo y actúan sobre el funcionamiento de los riñones . También podemos mencionar a los glucocorticoides (como la cortisona y el cortisol), que contribuyen a un correcto funcionamiento del metabolismo celular y ayudan a lidiar con el estrés de larga duración y el dolor. Y, por último, las hormonas sexuales (como los andrógenos y los estrógenos), que se producen tanto en varones como en mujeres y contribuyen a determinadas funciones sexuales y reproductivas, además de influir en otras glándulas del cuerpo como, por ejemplo, las glándulas sudoríparas y sebáceas.

Cuando las neuronas del sistema nervioso simpático[21] estimulan la *médula suprarrenal*, se liberan dos hormonas: *adrenalina* y *noradrenalina*. Estas hormonas sirven para mejorar y prolongar los efectos de los neurotransmisores del sistema nervioso central. Esos neurotransmisores son los encargados, por ejemplo, de generar la respuesta de "lucha o huida" cuando nos sentimos amenazados. En este sentido, contribuyen a aumentar el pulso del corazón, la presión sanguínea y los niveles de glucosa en sangre, además de dilatar los conductos de los pulmones para que ganemos agilidad y resistencia, pensemos de forma más clara y precisa o estemos mejor preparados para comenzar un proceso inflamatorio.

---

[21] El *sistema nervioso simpático* es una de las divisiones del sistema nervioso autónomo. Se encarga de regular numerosas acciones involuntarias del cuerpo.

Páncreas

El páncreas, como hemos mencionado antes, es un órgano endo-exocrino o mixto. El páncreas está compuesto mayormente por tejido exocrino que libera enzimas en el duodeno y actúa como parte del sistema digestivo. Sin embargo, **escondidas** entre ese tejido, encontramos pequeñas masas de tejido endocrino que llevan el nombre de *islotes pancreáticos* (o *islotes de Langerhans*). Hay más de medio millón de islotes que actúan como un órgano dentro de un órgano. Estos islotes secretan *insulina* y *glucagón*. La insulina cumple un papel importante en la metabolización de los hidratos de carbono, las proteínas y las grasas. Concretamente, lo hace al aumentar la tasa de utilización de glucosa. El *glucagón*, por su parte, ayuda a controlar los niveles de glucosa (azúcar en sangre) del organismo. Lo hace favoreciendo el uso de las reservas de energía del hígado ante situaciones de estrés (como la *hipoglucemia)* o ante requisitos aumentados de energía.

Glándula pineal

La glándula pineal se encuentra en el cerebro. Es pequeña y de forma **cónica**. La función que cumple esta glándula a nivel endocrino todavía es un gran misterio. Sin embargo, se sabe que allí se segregan cantidades importantes de *melatonina*. La melatonina juega un papel importante en el sueño y en los ciclos día-noche del organismo. También está involucrada en procesos como la fertilidad y la maduración sexual.

Glándula timo

El timo se encuentra en la parte alta del tórax, detrás del esternón. El tamaño y la composición de este órgano va cambiando con la edad. A medida que nos vamos haciendo mayores, va perdiendo tamaño y eficacia. Como ya hemos visto anteriormente, el timo produce *timosinas*. Esta hormona es fundamental para la producción de *linfocitos T* y, con ello, para el sistema inmune.

Gónadas

Las gónadas incluyen los ovarios en las mujeres y los testículos en los hombres. Producen las mismas hormonas sexuales que se crean también en las glándulas suprarrenales, pero en otras cantidades.

Los ovarios tienen el tamaño de una **almendra** y están situados en la cavidad pélvica. Estos órganos producen óvulos, que son las células sexuales femeninas (las estudiaremos en el siguiente capítulo). También producen *estrógenos* y *progesterona*.

Los estrógenos son responsables del desarrollo y la maduración sexual de la mujer. La progesterona es responsable —actuando junto con los estrógenos— de producir el ciclo menstrual y preparar el organismo femenino durante el embarazo y la lactancia. Ambas hormonas cumplen un papel crucial, por tanto, en materia de fertilidad y reproducción.

Los testículos cuelgan del cuerpo del hombre, **sujetos** por un saco —el *escroto*—. Son los encargados de producir las células sexuales masculinas: el esperma (también lo estudiaremos en el siguiente capítulo). Los testículos también producen hormonas sexuales, en este caso las masculinas: los andrógenos. La más importante de ellas es la testosterona. Durante la pubertad esta hormona juega un papel esencial en el desarrollo y la maduración sexual del hombre. En la edad adulta, se encarga de la producción de esperma. Su importancia en materia de fertilidad y reproducción es central.

Placenta

La placenta sería como el *bonus track*. No suele ser considerado un órgano endocrino en sentido estricto. Sin embargo, lleva a cabo funciones endocrinas. La placenta es un órgano temporal que se forma en el útero de las mujeres embarazadas. Cumple funciones importantes en relación al desarrollo del feto. Pero también se encarga de producir determinadas hormonas y proteínas que cumplen un papel importante durante el embarazo y el parto. Durante el embarazo, la placenta asume algunas de las funciones endocrinas de la hipófisis y los ovarios. Una de las hormonas que se secretan en la placenta es la *gonadotropina coriónica humana* (hCG)[22], que estimula la producción de estrógeno y progesterona. Otra es el *lactógeno placentario humano* (hPL), que se encarga de preparar las mamas para la lactancia. Y otra es la *relaxina*, que ayuda a preparar la zona pélvica de la mujer para el parto.

---

[22] La **hCG** es la hormona presente en la orina durante la gestación. Es la hormona que se analiza en las pruebas de embarazo.

> *¿Sabías que…?*
>
> *El cuerpo humano está bien preparado para lidiar con el estrés (sobre todo el estrés de corta duración). En esos casos, cuando la amenaza pasa, los niveles hormonales vuelven a la normalidad y los sistemas que se han visto afectados por las respuesta adaptativas del cuerpo —como las respuestas hormonales que hemos visto— vuelven a sus tareas regulares. Sin embargo, cuando ese estrés se prolonga durante mucho tiempo, la respuesta adaptativa es más diversa, más **imprevisible** y menos efectiva. Esto se debe, entre otras cosas, a que la activación a largo plazo del sistema de respuesta al estrés (por ejemplo, la exposición prolongada al cortisol y a otras de las hormonas relacionadas con el estrés) altera el funcionamiento de casi todos los sistemas del cuerpo. Por mencionar unos pocos ejemplos, produce cambios como aumentos de la tensión arterial, supresión del sistema inmune, cambios en el flujo sanguíneo que reducen la actividad digestiva y del riñón y un largo etcétera. En estos casos de periodos de exposición más largos, volver a la normalidad no es tan sencillo. Todo ello contribuye a aumentar el riesgo de padecer problemas de salud.*

Vocabulario

(la) gestión management
de la mano de hand-in-hand with
(el) guisante bean
(la) maestra teacher
(la) corteza crust
(los) lóbulos lobes
(la) tasa rate
(el) gorrito little cap
escondidas hidden
cónica conical
(la) almendra almond
sujetos (sujetar) bound
imprevisible unpredictable

10.2 EL SISTEMA ENDOCRINO, UN AUTÉNTICO ROMPECABEZAS

- *Hay varias cuestiones que pueden causar algo de confusión en la definición y la categorización del sistema endocrino y sus órganos.*
- *Una de ellas es que existen órganos y tejidos pertenecientes a sistemas distintos al endocrino que producen sustancias que realizan labores similares a las hormonas endocrinas.*
- *Otra es que las hormonas endocrinas se han encontrado en zonas del cuerpo distintas a su lugar de origen, donde realizan funciones distintas a sus funciones típicas.*

Establecer claramente dónde empieza y dónde acaba el sistema endocrino no siempre es sencillo. De hecho, es un sistema cuyo funcionamiento puede causar bastante confusión, incluso entre los expertos. Esto se debe a varias razones.

Una de esas razones que dificultan la definición del sistema endocrino es que otros órganos y tejidos del organismo también producen hormonas o sustancias similares a las hormonas endocrinas. Pero los órganos que producen esas sustancias similares pertenecen a otros sistemas distintos al endocrino. Los riñones, por ejemplo, secretan *renina*, que activa algunas de las hormonas producidas en el hígado. También eleva la tensión arterial y está relacionada con las glándulas suprarrenales. Los riñones también elaboran otras hormonas, como la *eritropoyetina,* que tiene como objetivo **estimular** la producción de glóbulos rojos en la médula ósea. Algo similar ocurre en el sistema digestivo. También allí se segregan varias sustancias que actúan de forma similar a las hormonas. Algunos ejemplos pueden ser la *gastrina* del estómago, que estimula las secreciones ácidas en ese órgano; la *secretina* y la *colecistoquinina* del intestino delgado, que estimulan la secreción de enzimas y hormonas pancreáticas, y la actividad de la vesícula **biliar**. No hace mucho, en la década de los ochenta, ¡se descubrió que incluso el corazón segrega hormonas! El nombre de esa hormona del corazón es *péptido natriurético auricular (ANP)* y juega un papel importante en la regulación de la tensión arterial y el equilibrio hidroelectrolítico[23] del cuerpo.

La segunda razón que convierte al sistema endocrino en un **rompecabezas** es el hecho de que se ha ido descubriendo que muchas hormonas propias del sistema endocrino se pueden encontrar en zonas del cuerpo en las que no realizan actividades hormonales o endocrinas. Por ejemplo, la noradrenalina no se encuentra solo en las glándulas suprarrenales, sino también en las terminaciones nerviosas.

---

[23] El **equilibrio electrolítico** es un concepto que hace referencia al mantenimiento del estado de hidratación y de aporte de minerales adecuado en el organismo.

Otras, como la renina del riñón o la angiotensina del hígado, se han encontrado en el cerebro, donde se desconocen todavía sus funciones. De la misma manera, algunas de las hormonas gástricas e intestinales se han encontrado también en el cerebro. Y así varios ejemplos más: las *endorfinas*[24], producidas en el hipotálamo y la hipófisis, se han encontrado en el intestino; la hormona del crecimiento, producida en la hipófisis, se han encontrado en los islotes pancreáticos, donde cumple funciones distintas que en su lugar de origen.

Como vemos, el cuerpo es un sistema extremadamente complejo del que todavía no sabemos todo. Aún nos queda mucho por aprender y por descubrir. Quizás sea cierto el dicho: ¡cuanto más conocemos, más nos queda por conocer!

---

[24] Las **endorfinas** son hormonas que actúan como neurotransmisores de sensaciones placenteras. Son sustancias que libera el cuerpo para aliviar el dolor y producir sensaciones de bienestar.

¿Sabías que…?

La eficacia del sistema endocrino se va reduciendo con la edad. Una de las primeras muestras de ello es la llegada de la menopausia. Este período llega cuando las mujeres alcanzan la mediana edad. La menopausia se caracteriza por la pérdida de eficiencia de los órganos femeninos. La producción de estrógenos se reduce, lo que empieza a dar lugar a una serie de alteraciones. En los hombres no ocurre lo mismo a esa edad, ya que siguen produciendo testosterona en cantidades adecuadas. Sin embargo, con la llegada de la vejez, todos, tanto hombres como mujeres, empiezan a sentir los efectos de la pérdida de eficacia del sistema endocrino (así como de otros sistemas). La disminución de la función endocrina se ha visto asociada a otros factores además de la edad. Algunos de esos factores son: la exposición a pesticidas, productos químicos, dioxina y otros contaminantes de la tierra y el agua.

Vocabulario

estimular stimulate
biliar biliary
(el) rompecabezas puzzle

11. EL SISTEMA REPRODUCTIVO

- *Existen dos sistemas reproductivos: el sistema reproductivo femenino y el sistema reproductivo masculino.*
- *Las gónadas se encargan de producir las células sexuales: espermatozoides en el hombre y óvulos en la mujer.*
- *Las hormonas sexuales juegan un papel esencial en la reproducción y la sexualidad.*

Este tema es, en realidad, dos, ya que el sistema reproductor femenino y el sistema reproductor masculino son muy distintos. Sin embargo, ambos tienen un objetivo común: producir descendencia para asegurar la continuidad de la especie.

La reproducción está íntimamente unida a otro fenómeno: la sexualidad. El sexo, por su parte, fusiona dos componentes: uno fisiológico, que tiene que ver con la creación de un nuevo ser; y otro emocional, que tiene que ver con la expresión de amor, afecto o atracción entre dos personas.

Como ya hemos visto antes, los órganos sexuales principales llevan el nombre de *gónadas*. En el hombre son los testículos y en la mujer los ovarios. Pero estos no son los únicos elementos del sistema reproductor; existen otras estructuras que contribuyen a la función reproductiva. A veces, se los conoce como órganos reproductores accesorios.

Las gónadas se encargan de producir células sexuales (también conocidas como *gametos*). Además, segregan hormonas sexuales. En el caso del hombre esos gametos son los *espermatozoides,* que se encuentran contenidos en el esperma. Los gametos femeninos son los *óvulos*.

Si un espermatozoide y un óvulo se unen en las condiciones y el momento adecuados, se produce la fertilización del huevo. En ese momento, señoras y señores, se produce el misterioso milagro de la vida, ya que ese huevo fertilizado será la primera célula del nuevo ser. Ese huevo pasará a ser el *embrión* —más tarde llamado *feto*— y estará bajo la protección del *útero* femenino. Allí se desarrollará hasta el momento del parto.

Los órganos sexuales, además de esa función de producción de células sexuales, cumplen un papel fundamental en el acto sexual. De hecho, están diseñados precisamente para ese acto. En el caso de la mujer, hay, además, órganos especializados en la protección, nutrición y desarrollo del feto durante los nueve meses que dura la gestación desde la concepción hasta el **parto**.

Las hormonas sexuales también juegan un papel esencial en el funcionamiento y el desarrollo de los órganos sexuales. Pero no solo eso, también tienen influencia en nuestro comportamiento y en nuestros impulsos sexuales. Todo ello sin mencionar el importante papel que ya hemos visto que juegan estas hormonas en la actividad de varios otros órganos, tejidos y sistemas del cuerpo.

El sistema reproductor está "**adormecido**", tanto en hombres como en mujeres, hasta la llegada de la pubertad. En ese momento, el estallido hormonal empieza a poner en marcha una serie de cambios que inician el desarrollo y el funcionamiento de la maquinaria sexual y reproductiva del organismo. ¡Y no es una maquinaria cualquiera! Esa maquinaria es, ni más ni menos, ¡la que trae nueva vida humana a este mundo!

> ### ¡Mantente saludable!
>
> *La leche materna es el mejor alimento para el bebé. Se recomienda comenzar a amamantar a los hijos desde el momento del nacimiento y hasta que cumplan los dos años (o incluso más). De hecho, durante los seis primeros meses, la leche materna es esencial para el desarrollo saludable del bebé. El **amamantamiento** no sólo tiene efectos beneficiosos para los niños, sino también para sus madres. Algunos de estos beneficios son la reducción del riesgo de padecer cáncer de pecho y de ovarios, diabetes tipo II y depresión postparto.*

Vocabulario

(el) parto birth
adormecido numb
(el) amamantamiento breastfeeding

11.1 EL SISTEMA REPRODUCTOR FEMENINO

- *El sistema reproductor femenino está formado por los genitales femeninos externos y los genitales femeninos internos. Las glándulas mamarias también forman parte del sistema reproductor femenino.*
- *Los genitales femeninos externos incluyen los labios mayores, los labios menores y el clítoris.*
- *Los genitales femeninos internos incluyen la vagina y las glándulas de Bartolino, el útero, las trompas de Falopio y los ovarios.*

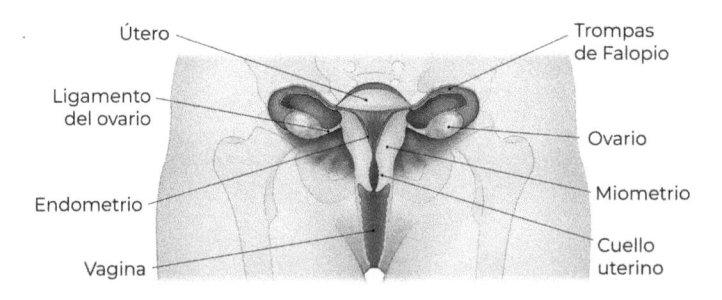

El sistema reproductor femenino puede dividirse en dos en función de la ubicación de sus órganos. De esta forma, están los órganos reproductores o genitales femeninos externos (que llevan a cabo funciones importantes durante los actos sexuales) y los órganos reproductores o genitales femeninos internos (que se encuentran localizados dentro de la pelvis y están relacionados con tareas de fecundación y gestación).

Además de los genitales femeninos externos e internos, el sistema reproductivo de la mujer está compuesto por las *glándulas mamarias*. Estas glándulas están situadas en las mamas, en la zona pectoral. Son las encargadas de producir y segregar **leche materna** gracias a la estimulación de hormonas como la prolactina y la oxitocina.

GENITALES FEMENINOS EXTERNOS

El conjunto de órganos reproductores femeninos externos lleva el nombre de *vulva*. La vulva se encuentra situada en la parte interna de los **muslos**, en la parte más baja de la pelvis. Sus principales funciones están relacionadas con la protección, la **excitación** y el placer sexual, así como con la mecánica del coito al participar en la lubricación del canal vaginal.

Justo antes de llegar a la vulva, situado sobre la **sínfisis** del pubis[25], encontramos el *monte de Venus*. Se trata de una prominencia redondeada de tejido graso que recuerda a una **montañita** de carne (de ahí su nombre) y está cubierta de

---

[25] La **sínfisis del pubis** es la articulación cartilaginosa media que junta las ramas superiores, derecha e izquierda de los huesos púbicos. Está ubicada delante de la vejiga urinaria y encima de los genitales externos. En las mujeres está situada sobre la vulva y en los hombres se localiza sobre el pene.

vello desde la pubertad. Cumple un papel importante en la protección de la vulva. Por un lado, sus pelos largos y rígidos evitan que agentes externos accedan a los órganos internos. Por otro lado, sirve de amortiguación durante el acto sexual.

Los genitales externos femeninos están formados por los *labios mayores*, los *labios menores* y el *clítoris*.

Labios mayores

Son repliegues de la piel que cumplen funciones de protección del resto de las partes de la vulva. Miden entre siete y ocho centímetros de largo y dos y tres de ancho. Ocupan la parte externa de la vulva. Son gruesos, resistentes y firmes, sobre todo durante la infancia y la juventud. A medida que avanza la edad, van perdiendo firmeza y grosor.

Labios menores

Los labios mayores rodean otros dos pliegues de menor tamaño: los labios menores. Estos labios menores son pliegues de color **rojizo** que recubren la salida de la vagina. Miden de treinta a treinta y cinco milímetros de largo por entre diez y quince milímetros de ancho. La parte delantera de los labios menores tiene dos hojas. Las de la cara posterior son muy cortas y se unen formando el *frenillo del clítoris*. Las de la cara anterior son más largas y se reúnen delante del clítoris, formando el *prepucio* —o **capuchón**— *del clítoris*. La parte trasera de los labios es más delgada y se junta con los labios mayores.

Clítoris

El clítoris es un pequeño órgano ubicado en la unión superior de los labios menores. Es —como el pene— un órgano eréctil[26]. El clítoris es el centro del placer sexual femenino. Es uno de los encargados de producir excitación y placer sexual. Ya lo hemos visto en otros ejemplos (las papilas gustativas que nos permiten saborear la deliciosa comida o los receptores táctiles de la piel, que nos permiten sentir las sensaciones placenteras en la superficie corporal), ¡el cuerpo también está diseñado para que disfrutemos!

GENITALES FEMENINOS INTERNOS

Aquí hablamos del conjunto de órganos reproductivos y sexuales femeninos que se encuentran en el interior de la cavidad pélvica. Algunos de ellos, como la vagina, cumplen funciones relacionadas con el acto sexual en sí (permitir la entrada del pene). El resto cumple funciones más relacionadas con la fecundación y la gestación. Las funciones hormonales de los ovarios también cumplen tareas relacionadas con la reproducción y la sexualidad.

Vagina

La vagina es el órgano femenino de copulación. Esto quiere decir que la vagina es el lugar en el que se introduce el pene para depositar el esperma. También permite el paso del flujo

---

[26] Un **órgano eréctil** es un órgano que tiene la capacidad de levantarse y ponerse rígido.

menstrual y es el **canal del parto** —es decir, el lugar por donde sale el feto—. La vagina es un músculo membranoso que comunica el útero con la vulva. Tiene la forma de un tubo aplanado. Su longitud es de entre siete y diez centímetros. En condiciones normales (cuando no hay excitación sexual o cuando no se está produciendo el coito ni el parto), sus paredes están unidas. Sin embargo, sus paredes son extensibles y muy elásticas. La apertura vaginal se encuentra entre los labios menores. Inicialmente, está cubierta por una fina membrana llamada *himen*, que suele romperse durante la primera penetración. Sin embargo, la forma del himen es variable; puede incluso no estar presente del todo. El extremo superior de la vagina es un orificio circular que abraza el cuello del útero y se une firmemente a él. A ambos lados del orificio vaginal encontramos las *glándulas vestibulares* (o *glándulas de Bartolino*). Estas glándulas secretan un fluido que actúa como lubricante de los órganos sexuales externos y facilita las relaciones sexuales.

Útero

¡Es nuestra primera casa! El lugar en el que crecemos. De hecho, para el feto es algo parecido a un hotel de cinco estrellas. Un lugar protegido, con **calefacción** ¡y hasta con **servicio de habitaciones** a través del cordón umbilical! El útero está ubicado entre la vejiga —por delante— y el recto —por detrás—. Su principal función, como decíamos, está relacionada con la gestación, pero también cumple una función importante después del coito ya que facilita la movilidad de los espermatozoides en su viaje ascendente en busca del ovocito[3]. Sus paredes son gruesas y están compuestas por una capa muscular abundante llamada *miometrio*. Esta es la capa que provoca la expulsión del feto durante el parto a través de las contracciones. Existe otra capa, en este caso una capa interna vascular, que se desprende en parte durante la menstruación. Se denomina *endometrio*. Durante el embarazo, el endometrio permite la implantación y la nutrición del embrión. El útero tiene una capa exterior más que cumple funciones de protección. Esa capa está hecha de tejido conectivo extensible.

Trompas de Falopio

Son dos órganos en forma de tubo alargado que tienen unos doce centímetros de longitud. Se extienden desde el útero hasta el ovario. Las trompas de Falopio se encargan de transportar los óvulos desde la superficie del ovario hasta la cavidad del útero. La base de las trompas de Falopio está **recortada** en forma de **lengüetas** (llamadas *fimbrias*), que cumplen una labor importante en la captación del óvulo. Dentro de las trompas se producen movimientos peristálticos que van desplazando el ovocito a lo largo de los músculos lisos de la pared del órgano. Las células de la mucosa interna de las trompas (*cilias*) también facilitan el desplazamiento del ovocito. La fecundación —es decir, la unión del óvulo y el espermatozoide— tiene lugar en el tercio externo de la trompa. De ahí, el óvulo fecundado avanza hasta el útero, donde el embrión **anida** y comienza el desarrollo del feto.

---

[27] El **ovocito** es la célula germinal femenina que está en proceso de convertirse en un óvulo maduro.

Ovarios

Ya hemos hablado un poco de ellos, por lo que sabemos que producen hormonas sexuales femeninas (*estrógeno* y *progesterona*). Los ovarios, además, son los órganos encargados de producir los gametos femeninos: los óvulos. Los ovarios están situados a los lados del útero, unidos a las trompas de Falopio y sujetos en su sitio por ligamentos. Tienen forma de almendra, pero su tamaño puede ser de casi el doble que estos frutos. Si miramos un ovario por dentro veremos que tiene unas estructuras parecidas a sacos llamadas *folículos ováricos*. Cada uno de ellos contiene un óvulo inmaduro u ovocito. El óvulo se desarrolla y madura dentro del folículo. Esto hace que el folículo aumente su tamaño y se llene de líquido en su zona central. En ese momento, el folículo pasa a denominarse *folículo vesicular* o *de Graff*. Llegados a este punto, el ovocito está listo para ser expulsado del óvulo. Esto se conoce como ovulación. Esa ovulación tiene lugar aproximadamente cada veintiocho días y es la responsable del ciclo menstrual.

¿Sabías que…?

El deseo y el placer sexual cumplen una función importante en la fertilidad. Tanto el deseo sexual como el orgasmo activan la maquinaria hormonal que pone en marcha la fertilidad. Además, el placer sexual facilita la fecundación, ya que las contracciones que se producen durante el orgasmo facilitan el trayecto del espermatozoide al óvulo.

Vocabulario

(la) leche materna breast milk
(los) muslos thighs
(la) excitación excitement
(la) sínfisis symphysis
(la) montañita little mountain
rojizo reddish
(el) capuchón hood
(el) canal del parto birth canal
(la) calefacción heating
(el) servicio de habitaciones room service
recortada cut
(las) lengüetas flaps
anida (anidar) nests

11.2 EL SISTEMA REPRODUCTOR MASCULINO

- *El sistema reproductor masculino cumple funciones reproductivas y de producción de hormonas.*
- *Los órganos sexuales externos del hombre son los testículos y el pene (junto con el epidídimo y la uretra).*
- *Los órganos sexuales internos del hombre son la próstata, las vesículas seminales, el conducto deferente y las glándulas de Cowper.*

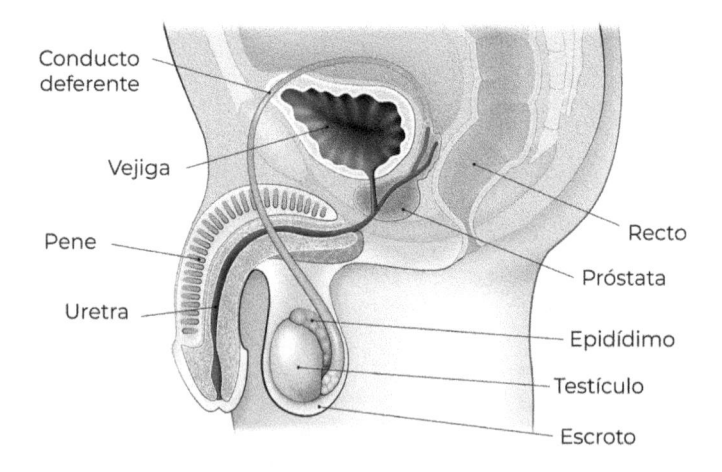

El sistema reproductor masculino está diseñado para hacer posible el coito y tiene funciones reproductoras y de producción de hormonas. También comparte estructuras con el sistema excretor, en concreto en relación a la eliminación de la orina.

Los órganos del sistema reproductor masculino son los siguientes: los *testículos*, los conductos de transporte (*epidídimo*, *conducto deferente* y *uretra*), las glándulas exocrinas anexas (*próstata* y *vesículas seminales*) y el *pene*.

La mayor parte del aparato reproductor masculino se encuentra fuera del cuerpo. Las partes visibles son los testículos y el pene. El resto se encuentran en el interior del cuerpo.

La función reproductora del hombre comienza en la pubertad.

ÓRGANOS SEXUALES MASCULINOS EXTERNOS

Son dos, los *testículos* y el *pene* (con sus conductos de transporte asociados: *epidídimo* y *uretra*).

Testículos

Tienen dos funciones principales. La primera es producir *espermatozoides*, las células sexuales masculinas. La segunda, como ya sabemos, es la producción de andrógenos (como la testosterona), la hormona sexual masculina. Los testículos están contenidos en unas bolsas que llevan el nombre de *escroto* y cuelgan entre los dos muslos, por delante de la sínfisis del pubis. Los testículos no son simétricos, uno suele ser más grande y colgar más que el otro. Las paredes de esas bolsas escrotales son finas y elásticas. Están cubiertas de pelos y cuentan con glándulas sebáceas y sudoríparas activas desde la pubertad. Las bolsas cumplen la función de mantener los testículos a una temperatura adecuada para que se puedan formar los espermatozoides. Esa temperatura debe estar entre uno y dos grados por debajo de la temperatura corporal. Esto explica por qué, cuando hace mucho frío, el escroto se contrae para acercarse al cuerpo y mantener así el calor corporal. Por el contrario, cuando hace mucho calor y la temperatura corporal asciende, el escroto se relaja para alejarse del cuerpo y evitar que los testículos se calienten más de lo indicado.

Pene

Es el órgano copulador masculino. Su función principal es llevar el esperma —contenido en el semen— al aparato reproductor femenino durante el acto sexual. Está situado justo encima del inicio de las bolsas escrotales, delante de la sínfisis púbica. El tamaño del pene varía según el estado en el que se encuentre. Al tratarse de un órgano eréctil, su tamaño puede cambiar bastante dependiendo de si está erecto o no. En estado de flacidez, el pene suele medir entre ocho y doce centímetros de largo y entre siete y diez centímetros de circunferencia. Durante la erección, puede alcanzar una longitud que suele ir de los trece a los dieciocho centímetros de largo por entre diez y trece centímetros de circunferencia. Externamente, está formado por el *glande*, que es la parte más externa del pene, y el *prepucio*, que es un pliegue de piel que recubre y protege el glande. En el interior del pene encontramos el *cuerpo esponjoso* y dos columnas de tejido conectivo esponjoso (los *cuerpos cavernosos*). Estos cuerpos cavernosos están cubiertos por numerosos vasos sanguíneos que se llenan de sangre ante un estímulo sexual. Esto provoca la erección del pene.

Uretra

Es un conducto largo que va desde el cuello de la vejiga hasta la apertura situada en el extremo del pene (esa apertura lleva el nombre de *orificio urogenital*). Sirve para transportar y evacuar la orina y el semen. Mide aproximadamente veinte centímetros.

Epidídimo

Es un tubo estrecho de unos siete u ocho centímetros enrollado alrededor del testículo. Los espermatozoides pasan de los testículos al epidídimo. Es el lugar en el que los espermatozoides maduran y se almacenan.

ÓRGANOS SEXUALES MASCULINOS INTERNOS

Los tres órganos sexuales masculinos internos son la *próstata*, las *vesículas seminales* y las *glándulas de Cowper*. También podemos incluir aquí un conducto de transporte interno: *el conducto deferente*.

Próstata

La próstata es una glándula que se despliega alrededor de la parte inicial de la uretra, justo debajo de la vejiga (en la cavidad pélvica). Tiene forma circular, consistencia dura y un tamaño similar al **hueso** de un **melocotón**. Esta glándula crece a gran velocidad durante la pubertad. En la vejez, sin embargo, tiende a **atrofiarse**. Esta glándula produce un líquido lechoso que, junto con el esperma y el líquido seminal, crean el semen. Ese líquido es alcalino y neutraliza la acidez de la vagina, porque los espermatozoides se vuelven lentos y perezosos en los medios ácidos.

Vesículas seminales

Hay dos, una a la derecha y otra a la izquierda. Están situadas en la base de la vejiga. Producen alrededor del 60% del líquido seminal, que constituye la parte líquida del semen. La secreción es densa y de un color amarillento. Es rica en fructosa, vitamina C, prostaglandinas y otras sustancias que sirven para nutrir y activar el esperma a medida que avanza por el tracto reproductor. Los conductos de las vesículas seminales se unen al conducto deferente para formar el conducto eyaculador. Esto permite que el esperma procedente de los testículos y el líquido seminal entren juntos en la uretra en el momento de la eyaculación.

Conducto deferente

El conducto deferente, como decíamos, es un conducto transportador del esperma. Nace en el epidídimo y pasa a través de la ingle para entrar en la cavidad abdominal y después unirse con la uretra. En su recorrido, el conducto deferente se hunde por detrás de la vejiga para entrar en la próstata y unirse a uno de los conductos de las vesículas seminales. Ese recorrido da origen al conducto eyaculador, que recoge todas las sustancias y los fluidos producidos en los diferentes órganos reproductores que hemos visto: esa mezcla es el semen[28].

Glándulas de Cowper

También conocidas como glándulas bulbouretrales. Su tamaño es pequeño, más o menos como el de una **lenteja**. Están situadas debajo de la próstata. Las glándulas de Cowper segregan una sustancia mucosa y clara que es la primera que pasa por la uretra cuando el hombre se excita sexualmente. Esta sustancia cumple dos funciones. Por un lado, limpiar y aclarar la uretra de restos de orina (que es ácida). Por otro lado, sirve como lubricante durante el acto sexual.

> *¿Sabías que…?*
>
> *Cada mililitro de semen puede contener entre veinte y trescientos millones de espermatozoides. Esto quiere decir que en cada eyaculación se pueden producir entre cuarenta y mil ochocientos millones de espermatozoides. ¡Es increíble pensar que nos creamos a partir del que ganó la carrera entre todos ellos!*

---

[28] Además de lo ya mencionado, el **semen** contiene sustancias antibióticas que destruyen ciertas bacterias, enzimas que aumenta la actividad y la movilidad de los espermatozoides y ciertas hormonas que inhiben las respuestas del sistema inmune y preparan al tracto reproductor femenino para la llegada del esperma.

Vocabulario

(el) hueso pit
(el) melocotón peach
atrofiarse atrophy
(la) lenteja lentil

11.3 EL ACTO SEXUAL Y LA FECUNDACIÓN

- *El acto sexual pone en conjunción al aparato reproductor femenino y al aparato reproductor masculino.*
- *El acto sexual comienza con la excitación, tiene lugar con el coito y desemboca en la fecundación.*
- *La fecundación es el proceso por el cual un espermatozoide llega a un óvulo y se une con su núcleo.*

Ya hemos visto los componentes de la maquinaria reproductora masculina y femenina. Ahora vamos a ver cómo funciona esa maquinaria: cómo los dos sistemas se unen y trabajan conjuntamente para traer nueva vida al mundo[29].

El acto sexual comienza con la excitación sexual. Esa excitación sexual produce cambios en los órganos sexuales masculinos y femeninos. En el pene del hombre se produce una erección. Los órganos sexuales femeninos también sufren una serie de modificaciones que los preparan para el coito (la parte interna de la vagina se expande, los labios menores se abren y crecen, el clítoris y los pezones se

---

[29] Es importante aclarar que hablamos de cómo interactúan el sistema reproductor femenino y el sistema reproductor masculino en relaciones heterosexuales para explicar la función reproductiva de los órganos sexuales.

hinchan y se hacen más sensibles al tacto y comienza la lubricación vaginal).

Durante el coito, el hombre introduce el pene en la vagina femenina. La estimulación del pene erecto hace que los músculos que rodean los órganos sexuales se contraigan y empujen el semen a través del sistema de conductos hasta la uretra. La eyaculación es el proceso de expulsión del semen por la uretra.

La vagina recibe cientos de millones de espermatozoides que nadan en trayecto ascendente a través de ella hasta llegar al útero. Allí, las contracciones de las paredes del útero que tienen lugar durante el orgasmo femenino ayuda a ascender a los espermatozoides hacia arriba. Al llegar los espermatozoides a las trompas de Falopio, los cilios que recubren las paredes del órgano empiezan a moverse para ayudar al desplazamiento de los espermatozoides. Solo unos pocos cientos de espermatozoides llegan al tercio superior de la trompas. Allí los espera el óvulo que ha salido del ovario. Ese óvulo será fecundado por un solo espermatozoide.

Tras penetrar la membrana del óvulo, el espermatozoide pierde su **cola** y entra en el protoplasma[30] del óvulo. El núcleo del óvulo y del espermatozoide se unen. El resultado de la fecundación es un zigoto **fiable**.

---

[30] El *protoplasma* es todo el material viviente de una célula, es decir, todo lo que se encuentra en el interior de una célula, lo que incluye el citoplasma y el núcleo.

Lo que ocurre a partir de entonces es que el zigoto comienza a dividirse a medida que avanza a lo largo de las trompas de Falopio hasta alcanzar el útero. Este trayecto

suele durar alrededor de una semana. Durante ese tiempo el óvulo fecundado se ha convertido en una esfera de entre treinta y dos y sesenta y cuatro células. El nombre que se le da a esta esfera es el de *mórula*. Las células se disponen a lo largo del exterior de la célula, mientras que el interior se llena de líquido. En esta etapa de desarrollo del joven embrión (o *blástula*), este se implanta sobre la mucosa del útero (el *endometrio* uterino). Es entonces cuando empiezan a formarse las células del embrión o las de la cavidad amniótica[31]. Un poco después se formarán las células del saco vitelino[32]. Este saco es más adelante reemplazado por la placenta. El embrión se unirá a esa placenta a través de un tejido conectivo que más adelante se convertirá en el cordón umbilical.

¡El **embarazo** está en marcha!

---

[31] La **cavidad amniótica** es el espacio en el que se sitúa el embrión/feto. Es una cavidad llena de líquido que envuelve al embrión/feto en desarrollo; el líquido se llama líquido amniótico.

[32] El **saco vitelino** es una membrana adosada al embrión que le proporciona los nutrientes y el oxígeno necesarios para su desarrollo. También elimina los desechos metabólicos.

¿Sabías que…?

*¡Tu cuerpo te ayuda a encontrar tu pareja ideal sin que lo sepas! El deseo que alguien produce en ti se debe a varios factores. Un factor importante es nuestro sistema inmunitario, más concretamente el antígeno leucocitario humano (HLA). Investigaciones recientes prueban que nos atraen las personas con un antígeno leucocitario humano muy distinto al nuestro. Esto significa que la atracción que sienten nuestros cuerpos está directamente relacionada con los anticuerpos de la otra persona. El HLA define cosas como el olor de nuestro cuerpo y el contenido de determinados fluidos corporales como el sudor o la saliva. ¡Esto significa que el olfato es uno de los sentidos más útiles para encontrar **complicidad** en la pareja!*

Vocabulario

(la) cola tail
fiable reliable
(el) embarazo pregnancy
(la) complicidad complicity

12. EL SISTEMA NERVIOSO CENTRAL

- *El sistema nervioso central es el órgano rector de las actividades y las funciones del cuerpo.*
- *El sistema nervioso central funciona mediante impulsos eléctricos que generan respuestas automáticas y específicas a lo largo y ancho de nuestro cuerpo. Las mensajeras de este sistema son las neuronas.*

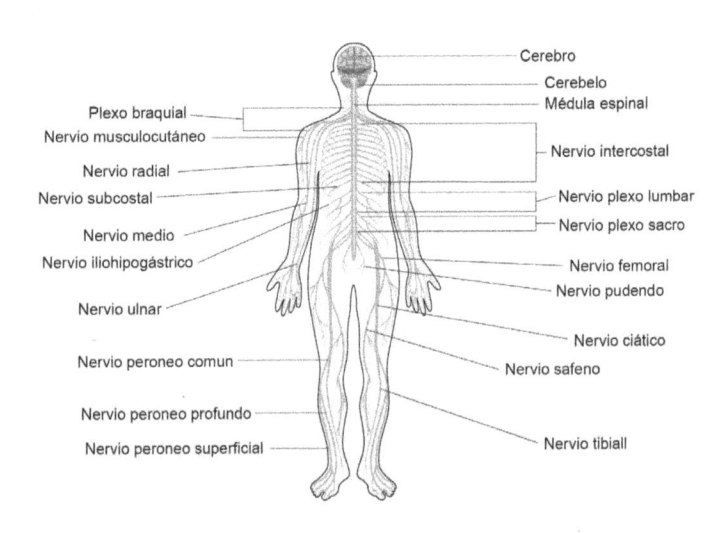

Hemos dejado para el final al jefe de cuerpo, al capitán del barco. En nuestra particular ciudad, sería el **ayuntamiento**: el organismo que coordina y supervisa todas las funciones del cuerpo. Así es, vamos a hablar del sistema nervioso central. Este sistema —junto con el sistema endocrino— regula nuestras actividades corporales. Sus principales funciones, por tanto, tienen que ver con la comunicación y el control.

Todos tus pensamientos, tus acciones y tus emociones están regidos por el sistema nervioso central. Las actividades de este sistema son las que determinan lo que hacemos y, **en gran medida**, lo que somos. De él dependen tanto nuestras acciones físicas, como nuestros procesos mentales. Y cómo afecta a ambos, su influencia en nuestra vida es enorme.

¿Pero cómo funciona el sistema nervioso central y de qué está compuesto? A esto dedicaremos este capítulo. Pero básicamente el sistema nervioso central es un sistema de comunicación mediante impulsos eléctricos en el que unas células especializadas llamadas *neuronas* transportan información de manera rápida y específica alrededor del cuerpo. La transmisión de información es tan rápida que genera respuestas casi inmediatas. Esto explica, por ejemplo, que tardemos tan poco tiempo en realizar una acción desde que la pensamos (de hecho, se calcula que el cerebro es capaz de enviar señales a más de trescientos sesenta kilómetros por hora, por lo que el impulso tarda apenas milisegundos en llegar a su **destino**).

Para realizar estas labores, el sistema nervioso central cuenta con tres funciones que realizan su actividad de forma **solapada**. En primer lugar, el sistema nervioso central actúa como un **centinela** que observa los cambios que ocurren dentro y fuera de nuestro cuerpo. Estos cambios llevan el nombre de estímulos y recogen la información a través de receptores sensitivos repartidos alrededor del cuerpo. Lo segundo que hace el sistema nervioso central es recolectar esa información, interpretarla y decidir qué hacer con ella en cada momento. Dicho de otro modo: integra la información. Por último, el sistema nervioso central emite una respuesta a través de la activación de determinados músculos o glándulas.

Pongamos un ejemplo sencillo de cómo tiene lugar este proceso simultáneo. Imaginemos que vamos por la calle y alguien en la distancia grita nuestro nombre. El sistema nervioso central escucha e integra ese grito (que significa que alguien nos está llamando). Esto envía una respuesta motora a los músculos del cuello para que levantemos la cabeza y busquemos a la persona que nos está llamando.

¡Mantente saludable!

La depresión y la ansiedad son dos de los trastornos más extendidos del mundo. Afectan a millones de personas alrededor del planeta y pueden llegar a convertirse en enfermedades graves si no son tratadas. Estos trastornos pueden manifestarse de diferentes maneras, a través pensamientos negativos, sensación de no ser suficiente o tener poco valor, nerviosismo o inquietud continua, angustia, apatía y tristeza sostenida y sensación de dolor y sufrimiento emocional. Si en algún momento sientes alguna de estas cosas, es importante que sepas que no eres la única persona a quien le sucede y que tiene solución. El primer paso para encontrar esa solución es compartir tu estado con tus amistades, familiares o allegados; con docentes, compañeros y compañeras de clase o de trabajo, o con profesionales de la salud.

Vocabulario

rector governing
(el) ayuntamiento council
en gran medida largely
(el) destino destiny
solapada overlapped
(el) centinela watchman

12.1 UN SISTEMA DE SISTEMAS

- *El sistema nervioso se clasifica atendiendo a diferentes criterios.*
- *Si atendemos a su estructura, se divide en el sistema nervioso central y el sistema nervioso periférico.*
- *Si atendemos a su actividad, se divide en la división sensitiva y la división motora.*

El sistema nervioso es un sistema amplio y complejo. Para que nos resulte más fácil estudiarlo, solemos clasificarlo atendiendo a su estructura y a su actividad.

CLASIFICACIÓN ESTRUCTURAL

Si miramos la estructura del sistema nervioso central podemos clasificar sus órganos en dos grandes grupos: el sistema nervioso central y el sistema nervioso periférico.

Sistema nervioso central (SNC)

El sistema nervioso central está compuesto por el *encéfalo* (conocido comúnmente como cerebro) y la médula espinal.

Estos órganos ocupan la cavidad dorsal[33] y son los centros de mando del cuerpo. Son las partes que se dedican a la interpretación y la integración de los estímulos y emiten las instrucciones correspondientes teniendo en cuenta esa información, las experiencias pasadas y las circunstancias del momento.

Sistema nervioso periférico (SNP)

El sistema nervioso periférico se compone por los nervios que nacen del encéfalo y la médula espinal. Estos nervios son como **cables eléctricos** que unen todas las partes del cuerpo. El SNP transporta los impulsos desde los receptores sensitivos hasta el SNC y desde el SNC hasta los músculos y glándulas que se activan en forma de respuesta. Los *pares craneales* son los nervios que se encargan de la transmisión de impulsos desde y hacia el cerebro. Los *nervios espinales* son los que se encargan de la transmisión de impulsos desde y hacia la médula espinal.

CLASIFICACIÓN SEGÚN ACTIVIDAD

Dentro del SNP podemos hacer otra clasificación más en función de la actividad realizada. Por un lado, encontraríamos la división sensitiva. Por otro lado, la división motora.

---

[33] La **cavidad dorsal** del cuerpo está situada a lo largo de la superficie posterior del cuerpo humano. Se subdivide en la cavidad craneal, que aloja el cerebro, y la cavidad espinal, que aloja la médula espinal. Las dos cavidades tienen continuidad entre sí.

La división sensitiva

La división sensitiva mantiene informado al SNC de todo los estímulos que tienen lugar dentro y fuera del organismo. Hace referencia a los nervios que transportan impulsos desde los receptores sensitivos repartidos por el cuerpo hacia el SNC.

La división motora

Hace referencia a la red que transporta impulsos desde el SNC hasta los músculos y glándulas que se activan en forma de respuesta motora (o de movimiento). Esta división se divide a su vez en dos: *sistema nervioso somático* y *sistema nervioso autónomo*.

- Sistema nervioso somático (voluntario)

Nos permite controlar de forma consciente los músculos esqueléticos. Sin embargo, no toda la actividad muscular controlada por este subgrupo es voluntaria: sus fibras son responsables también de algunos **movimientos reflejo**, como, por ejemplo, retirar la mano de algo muy caliente, sin embargo, la manera en la que estas fibras están organizadas permite que se produzca un "**arco reflejo**" en la unidad motora en la médula, sin la necesidad de enviar una señal hasta el cerebro.

- Sistema nervioso autónomo (involuntario):

Regula las funciones involuntarias o automáticas del organismo (como la actividad del músculo cardíaco, las secreciones de las diferentes glándulas o la dilatación de las pupilas). Tiene dos partes: el *sistema nervioso simpático* y el *sistema nervioso parasimpático*.

- El sistema nervioso simpático activa el organismo en situaciones de tensión emocional o de agresiones físicas (cuando sentimos miedo o rabia, cuando nos sometemos a una operación o cuando hacemos ejercicio físico exigente). Se le conoce a veces como sistema de "lucha o huida", porque prepara el cuerpo para estas situaciones. Algunas de sus manifestaciones típicas pueden ser el aumento de la frecuencia cardíaca y la presión sanguínea, la dilatación de bronquiolos pulmonares, la concentración de glucosa en sangre, la dilatación de pupilas, la dilatación de los vasos sanguíneos de los músculos esqueléticos o el traslado de sangre desde el sistema digestivo al corazón y a los músculos esqueléticos, entre otras. El sistema nervioso simpático, en resumen, asegura las mejores condiciones posibles para responder a una amenaza.

- El sistema nervioso parasimpático hace más o menos lo contrario. Su actividad se lleva a cabo cuando el organismo está en reposo y no siente ningún tipo de amenaza. Por eso, a veces se le conoce como "sistema de descanso y digestión". Se encarga de funciones como la digestión, la eliminación de desechos, la conservación de la energía y la relajación de la actividad cardíaca. Algunas de sus manifestaciones pueden ser la reducción del ritmo cardíaco, respiratorio y de la presión sanguínea, el traslado de sangre al sistema digestivo y a las capas superficiales del cuerpo, o el estrechamiento de las **pupilas**. El sistema nervioso parasimpático es, por tanto, el sistema que nos permite relajarnos y **recuperarnos**.

> *¿Sabías que…?*
>
> *El cerebro es incapaz de sentir dolor. Es el único órgano que no tiene receptores de dolor. Esto resulta paradójico porque es el encargado de procesar todas las sensaciones de dolor del cuerpo. De modo que, si te duele la cabeza, no te está doliendo el cerebro, si no alguno de los huesos, músculos o arterias que lo rodean.*

Vocabulario

(los) cables eléctricos electric wires
(los) movimientos reflejo reflex movements
(el) arco reflejo reflex arc
(las) pupilas pupils
recuperarnos recover

12.2 LAS NEURONAS: LAS MENSAJERAS DEL SISTEMA NERVIOSO

> - *Las neuronas son los bloques básicos del sistema nervioso central.*
> - *Las neuronas tienen diferentes partes: el cuerpo, las prolongaciones y las terminales axónicas.*
> - *Las neuronas pueden clasificarse según su función (sensitivas, motoras y de asociación) o según su forma (multipolares, bipolares y unipolares).*

Las neuronas son los **ladrillos** con los que se construye el sistema nervioso. Son células especializadas en transmitir información en forma de impulso nervioso.

Las neuronas son el componente central del tejido nervioso. Ese tejido nervioso es el más diferenciado dentro de todo nuestro organismo y está compuesto por células nerviosas, fibras nerviosas y neuroglia[34].

Las neuronas controlan tanto las funciones voluntarias como las funciones involuntarias de nuestro organismo. Existen cerca de **billones** de ellas alrededor de nuestro cuerpo. La mayoría se encuentran en el cerebro, pero

---

[34] La *neuroglia* es el nombre que se le da a las células de soporte del SNC. Es el pegamento nervioso. Está constituido por varios tipos de células que sirven de protección, aislamiento y soporte para las delicadas neuronas.

también podemos encontrar grandes cantidades de ellas en la médula espinal, en los nervios y, como hemos mencionado previamente en este libro, en el sistema digestivo.

ESTRUCTURA DE LAS NEURONAS

Hay varios tipos de neuronas, pero todas tienen algunas características comunes.

Todas, tienen un cuerpo o soma. Ese soma es el cuerpo metabólico de la neurona y contiene el núcleo de la célula, una zona rugosa que lleva el nombre de *sustancia de Nissl* y unos filamentos llamados *neurofibrillas* que ayudan a mantener la forma celular.

Todas tienen también una serie de prolongaciones o fibras. Estas prolongaciones tienen forma de brazo y su longitud puede variar mucho (desde ser microscópicas a tener más de un metro). Dentro de estas prolongaciones podemos encontrar las dendritas y los axones. Las *dendritas* transportan los mensajes entrantes en forma de señal eléctrica hacia el soma. Los *axones* generan impulsos eléctricos y los transportan desde el soma a otros lugares. Una neurona puede tener cientos de dendritas que se extienden como las ramas de un árbol, pero un solo axón (aunque se debate que los axones pueden presentarse acomodados en diferentes configuraciones, lo que puede crear la ilusión de que poseen más de un axón).

Ese axón único, sin embargo, puede ramificarse durante su recorrido y también en su extremo final. Esas ramificaciones terminales llevan el nombre de *terminales axónicas* y puede haber cientos o miles de ellas por neurona. En esas terminales encontramos los *neurotransmisores*, que son pequeños saquitos membranosos que contienen sustancias químicas que se liberan cuando los impulsos eléctricos alcanzan las terminales.

Las neuronas pueden estar muy cerca, aunque no llegan a tocarse. La "unión" entre neuronas se llama *sinapsis*.

Las fibras nerviosas están cubiertas de *mielina*, una sustancia blanquecina y grasa parecida a la **cera** que sirve para proteger y aislar las fibras, y hacer que la velocidad de transmisión de los impulsos nerviosos sea más rápida. Funciona de forma similar a como los cables eléctricos están recubiertos por una gruesa capa de plástico que aisla la corriente del exterior y permite que se conduzca la electricidad.

CLASIFICACIÓN DE NEURONAS

La clasificación de las neuronas se puede hacer según su forma o según su función.

Según su función

Esta clasificación depende de la dirección en la que viaja el impulso nervioso. Las neuronas se dividen en sensitivas, motoras y de asociación.

- Neuronas sensitivas

Transportan los impulsos desde los receptores sensitivos de la piel y los órganos internos hacia el SNC. Su función es informar de lo que ocurre dentro y fuera del organismo.

- Neuronas motoras

Transportan impulsos desde el SNC hasta los músculos, vísceras y glándulas del cuerpo. Estas neuronas son las que controlan la actividad muscular voluntaria esencial (como hablar, caminar, respirar, tragar, etcétera).

- Neuronas de asociación

Las neuronas de asociación conectan las neuronas sensitivas y las neuronas motoras. Sus somas están situados siempre en el SNC.

Según su forma

La clasificación según la estructura tiene que ver con la cantidad de **prolongaciones** que surjan del soma. Pueden ser neuronas multipolares, neuronas bipolares y neuronas unipolares.

- Neuronas multipolares

Tienen varias prolongaciones y son el tipo de neurona más frecuente. Todas las neuronas motoras y las neuronas de asociación son multipolares.

- <u>Neuronas bipolares:</u>

Tienen dos prolongaciones: un axón y una dendrita. No son muy comunes en los adultos. Solo podemos encontrarlas en algunos de los órganos de los sentidos especiales (como los ojos y la nariz). Allí, su función es el procesamiento sensitivo.

- <u>Neuronas unipolares</u>

Tienen solo una prolongación. La prolongación es corta y se divide rápidamente en dos. Un ejemplo de este tipo de neuronas se encuentra en los ganglios del SNP.

¿Sabías que...?

Un cerebro adulto genera unas mil cuatrocientas neuronas nuevas cada día. Así lo demostró un estudio del Instituto Karolinska (Suecia) en 2014. Esto choca con la creencia anterior, que establecía que solo se creaban neuronas durante la etapa infantil. Lo que sí es cierto es que esa capacidad de neurogénesis se ralentiza con la edad. También se ha demostrado que nuestros comportamientos pueden cambiar las estructuras neuronales de nuestro cerebro. Por eso es más fácil reproducir algo que ya estaba en nuestra cabeza que iniciarlo de cero. Nuestras acciones generan estructuras cerebrales concretas, lo que significa que, según las experiencias que vivamos, tendremos un cerebro u otro. Además, se sabe que el sistema nervioso tiene la capacidad de crear nuevas conexiones neuronales en base al aprendizaje. ¡Con todos estos descubrimientos casi se podría decir que es posible estrenar un cerebro nuevo cada día!

Vocabulario

(los) ladrillos bricks
(los) billones trillions
(la) cera wax
(las) prolongaciones extensions

12.3 LOS COMPONENTES DEL SISTEMA NERVIOSO

> - *El sistema nervioso central está compuesto por el encéfalo y la médula espinal.*
> - *El sistema nervioso periférico está compuesto por los nervios.*
> - *Los nervios pueden surgir del encéfalo o de la médula y ser, o bien motores, o bien autónomos.*

Como ya hemos visto, el sistema nervioso se compone de dos partes diferenciadas: el sistema nervioso central (SNC) y el sistema nervioso periférico (SNP). Cada uno de estos sistemas tiene unos órganos y unas estructuras que lo componen. En este capítulo, haremos un resumen general de esos componentes y esas estructuras.

COMPONENTES DEL SISTEMA NERVIOSO CENTRAL

Los componentes del sistema nervioso central son el encéfalo y la médula espinal. Estos órganos están recubiertos por tres capas de tejido conectivo que llevan el nombre de *meninges*.

La función principal de las meninges es la protección del sistema nervioso central. Están compuestas por tres membranas que llevan el nombre de piamadre (la que más cerca se encuentra de las estructuras del SNC), duramadre (la capa intermedia) y aracnoides (la más alejada de las estructuras del SNC). Las meninges contienen líquido cefalorraquídeo[35] y rodean a la delicada médula espinal.

Encéfalo

El encéfalo está encerrado dentro del cráneo. Es un órgano compuesto de un tejido entre gris y rosa, arrugado y en forma de nuez. Pesa alrededor de kilo y medio y su textura recuerda a un plato de **gachas** que se ha quedado frío. Esta apariencia no muy espectacular —e incluso un poco cómica— encierra capacidades verdaderamente espectaculares. El encéfalo es el órgano más grande, complejo y misterioso de nuestro cuerpo. Suele dividirse en tres regiones: el cerebro, el cerebelo y el bulbo raquídeo.

- El cerebro

Es la parte más importante y más amplia del encéfalo. Está situado en la parte superior y más visible de ese encéfalo. Su superficie no es lisa, sino que tiene arrugas: unos **surcos** conocidos como *circunvoluciones*. Se divide incompletamente en dos partes llamadas *hemisferios*

---

[35] El *líquido cefalorraquídeo* es un líquido similar al plasma sanguíneo que circula entre los espacios del cerebro, la médula espinal y entre las meninges. Es una sustancia muy importante para proteger el cerebro y la médula espinal, para mantener la presión interna estable, nutrir las células del sistema nervioso central, transportar hormonas y desechar residuos, entre otras funciones.

cerebrales. Aunque sus funciones están interrelacionadas, cada hemisferio cuenta con nervios que atraviesan de lado a lado a través del *cuerpo calloso*, permitiendo controlar la parte contraria del cuerpo. Esos hemisferios tienen varias zonas que se conocen como *lóbulos* (llamados *frontal*, *parietal*, etcétera en función de los huesos con los que entran en contacto) que se dividen uno de otro por medio de las **cisuras**. El *diencéfalo* (allí encontramos el *tálamo*, el *hipotálamo* y la *hipófisis* y el *epitálamo*) y el *cerebro medio* son las partes más profundas del cerebro. Sus principales funciones tienen que ver con controlar y regular el funcionamiento de los demás centros nerviosos. También reciben sensaciones y elaboran las respuestas conscientes a esas situaciones particulares. Este es el órgano encargado de las facultades intelectuales: memoria, lógica, inteligencia, creatividad y atención, entre otras.

- El cerebelo

Es más pequeño que el cerebro (pesa ciento veinte gramos, mientras que el cerebro pesa un kilo doscientos gramos) y su forma recuerda a una **mariposa** con las alas **extendidas.** Su estructura se divide también en dos hemisferios que se unen en una superficie plegada que también forma surcos. El cerebelo procesa la información que proviene de otras zonas del cerebro, la médula espinal y de los receptores sensoriales. Con esa información es capaz de indicar el momento preciso para realizar los movimientos coordinados del sistema muscular esquelético. Es decir, es el encargado de coordinar las actividades motoras (como caminar, saltar y mover las articulaciones), así como de integrar la información que obtiene de los oídos para ayudarnos a mantener el equilibrio al movernos o caminar.

- El bulbo raquídeo

Es una estructura que une la médula espinal con el cerebro medio (a través de una zona conocida como *Puente de Varolio*). La médula se hace más gruesa al entrar en el cráneo y forma el bulbo raquídeo. El bulbo raquídeo se encarga de regular el funcionamiento del corazón y de los músculos respiratorios, así como de los movimientos de masticación, la tos, el estornudo y muchos otros. Se trata de una zona muy delicada. Si se sufre una lesión en esta zona del encéfalo se produce la muerte instantáneamente por paro cardiorrespiratorio.

Médula espinal

La médula espinal es una especie de cordón cilíndrico encerrado dentro de la columna vertebral. Es de color blanco. Su función principal es conducir la corriente nerviosa que lleva las sensaciones al cerebro, así como los impulsos nerviosos que conducen las respuestas del cerebro a los músculos y a otras zonas del cuerpo. La médula espinal desciende del cráneo y termina en la zona lumbar. Su recorrido lo hace a través del canal vertebral por medio de nervios espinales que se van extendiendo a las diferentes partes del tronco y de las extremidades superiores. La agrupación de nervios del extremo inferior de la médula recuerda a la cola de un caballo (de ahí su nombre científico:

cauda equina). Los nervios de esta "cola de caballo" envían y reciben mensajes en dirección a los órganos pélvicos y las extremidades inferiores, y viceversa.

LOS NERVIOS DEL SISTEMA NERVIOSO PERIFÉRICO

El SNP está compuesto por un conjunto de nervios. Los nervios son una especie de cordones delgados o hilos hechos de tejido nervioso que se ramifican para alcanzar los órganos y las diferentes zonas del cuerpo.

Algunos de estos nervios salen del encéfalo y llevan el nombre de *nervios craneales* (o *pares craneales*). Otros, los que salen a lo largo de la médula espinal, son los *nervios espinales* (o *nervios raquídeos*).

Por otro lado, los *nervios motores* son aquellos que llevan los impulsos eléctricos del cerebro a los músculos esqueléticos y a los tejidos somáticos. Esto da lugar a los movimientos voluntarios o conscientes —así como a algunos movimientos reflejos—. Los *nervios autónomos* regulan la actividad del músculo liso, el músculo cardíaco y las glándulas. Los movimientos que generan estas actividades son siempre movimientos involuntarios o inconscientes.

Algunos de los nervios o grupos de nervios más importantes de nuestro cuerpo son los que forman el *plexo braquial* (conjunto de nervios que se originan en la zona del cuello y se ramifican hacia los miembros superiores para controlar su movimiento), los nervios toracoabdominales (que se encuentran en la zona del tórax y el abdomen), el *plexo lumbar* (que incluye el *nervio femoral, obturador* y *safeno* —todos ellos en la zona lumbar—), y el *plexo sacro*, donde destaca el *nervio ciático* (que es el principal nervio que baja por la pierna tras surgir de la zona pélvica).

¿Sabías que…?

El cerebro nunca descansa, ni siquiera cuando dormimos. De hecho, estudios recientes han probado que el cerebro se encuentra igual o más activo durante ciertas fases del sueño que durante la vigilia. No se sabe exactamente qué está haciendo el cerebro mientras dormimos, pero se piensa que algunas de sus actividades pueden estar relacionadas con la organización del funcionamiento de las neuronas. Esto podría ser esencial para temas como la consolidación de nuestros recuerdos, así como para muchas otras actividades cerebrales.

Vocabulario

(las) gachas porridge
(los) surcos grooves
(las) cisuras fissures
(la) mariposa butterfly
extendidas extended
(el) paro cardiorrespiratorio cardiopulmonary arrest

12.4 LOS SENTIDOS

- *Nuestro cuerpo cuenta con una serie de sentidos que nos permiten recibir información del mundo e interactuar con él.*
- *Estos sentidos son la vista, el oído, el olfato, el gusto y el tacto.*
- *Hay teorías que establecen que estos sentidos están interrelacionados entre sí.*

El cerebro es como un potente y complejo ordenador capaz de procesar una cantidad enorme de información y reaccionar ante ella de diversas maneras. El cerebro es capaz de procesar muchos datos, pero necesita conseguir esa información de alguna manera. La principal manera de conseguirla es utilizando los sentidos: la vista, el oído, el tacto, el olfato y el gusto.

Si nos ponemos a pensarlo, es absolutamente asombroso que podamos percibir el mundo que nos rodea. Que podamos mirarlo con nuestros ojos, tocarlo con nuestra piel, escucharlo con nuestros oídos, olerlo con nuestra nariz y saborearlo con nuestra boca. La mayoría del tiempo damos por hecho todas estas capacidades, pero si nos detenemos a analizarlas, nos damos cuenta de que son una auténtica maravilla de la naturaleza. Algo que nos permite interactuar y adaptarnos al entorno, disfrutar de la belleza y del placer y **confeccionar** la realidad en la que vivimos.

En este último capítulo vamos a hacer un **repaso** de esos

cinco sentidos principales del ser humano que nos permiten sentir el mundo.

LA VISTA

Empezamos por la vista porque es, quizás, el sentido más importante del ser humano. Sin tener en cuenta la inteligencia, la vista es probablemente el atributo que más **ventaja** competitiva nos ha ofrecido como especie. Aunque hay especies animales con capacidades visuales mucho más desarrolladas (por ejemplo, las águilas o los halcones), la vista del ser humano es de las más **nítidas** y **agudas** del reino animal.

La visión es la capacidad de distinguir los objetos y el entorno. Su principal órgano es el ojo. El ojo capta las vibraciones de luz en forma de ondas, que atraviesan la *córnea*, entran por la *pupila* y se concentran en el *cristalino* para formar una imagen en la *retina*. La retina transforma esa imagen en un conjunto de impulsos nerviosos que después se transmiten al cerebro a lo largo del *nervio óptico*. El cerebro entonces recibe esos impulsos y crea una imagen única, que es la que nosotros vemos.

Los globos oculares están protegidos por las cavidades óseas llamadas *órbitas*. En el exterior, los párpados, cejas y pestañas son como un escudo que sirve para proteger el ojo del sudor y de cuerpos extraños. Los ojos también cuentan con una película protectora hecha de lágrimas (que salen del *lagrimal*) que mantiene el ojo lubricado y protegido.

EL OÍDO

Los sonidos, al igual que la luz, son una forma de vibración. El principal órgano de audición es el oído. Este órgano se encarga también del equilibrio del cuerpo. Tenemos dos oídos, uno a cada lado de la cabeza. Estos órganos se dividen en tres partes: el oído externo (o la oreja), el oído medio y el oído interno.

El *oído externo* o la oreja es un repliegue de piel y cartílago que se envuelve sobre sí mismo. Dentro de esa estructura hay un agujero llamado conducto auditivo que consiste en un canal profundo que se cierra en el fondo con una membrana llamada ***tímpano***. En el tejido que recubre el canal, hay unas glándulas que segregan cerumen, una sustancia protectora que impide que entren polvo y otros agentes externos.

A partir del tímpano, entramos en el *oído medio*. El tímpano es la membrana donde chocan las ondas de vibración sonora que más tarde se convierten en impulsos nerviosos que el cerebro transforma en sonidos reconocibles. El oído medio acaba en una fina membrana ósea que tiene dos pequeñas aperturas. Estas aperturas llevan el nombre de *ventana oval* y *ventana redonda*, y conectan el oído medio con el oído interno. Además, hay otra apertura llamada *trompa de Eustaquio* que comunica el oído medio con la garganta. La principal función de este conducto es nivelar la **presión atmosférica** que hay dentro y fuera del oído (es decir, a ambos lados del tímpano). Dentro del oído medio hay tres huesos pequeños que se mueven: el ***martillo***, el ***yunque*** y el ***estribo***. Estos huesos están conectados entre sí, con el tímpano y con el laberinto del oído interno. Esta cadena de conexión hace posible la transmisión de las vibraciones que recibe el tímpano hasta el oído interno.

El *oído interno* es la parte central de la audición. Tiene dos partes: el *laberinto* y el *caracol*. Parte de ese tubo en espiral que es el caracol está recubierto por una membrana llamada *órgano de Corti*. Esa membrana tiene unos filamentos que se doblan y responden ante las diferentes vibraciones. Ese movimiento estimula las fibras del nervio auditivo, que conecta el oído interno con el cerebro. El cerebro entonces interpreta y decodifica los impulso que le llegan a través del nervio auditivo en función del tipo de vibración sonora.

Además, el oído cuenta con unos pequeños conductos en su interior. Por ellos, fluye un líquido que se acomoda dependiendo de la orientación que tome nuestra cabeza. De esta manera, si nos inclinamos, giramos la cabeza, o estamos de cabeza, este líquido se mueve y estimula unos receptores que le dejan saber al cerebro (específicamente al cerebelo) en qué posición nos encontramos. Cuando este órgano se ve afectado o no funciona correctamente, da lugar a una condición llamada *vértigo*. Cuando tenemos vértigo, el cuerpo recibe o capta la información de la posición de manera incorrecta, lo que causa mareos importantes.

EL OLFATO

El olfato es el órgano que nos permite percibir olores. No es el órgano más desarrollado que tenemos. De hecho, si comparamos este sentido con el de muchos animales, salimos perdiendo **por goleada**. Sin embargo, la importancia del olfato en el ser humano sigue siendo crucial, por razones de supervivencia y —como ya hemos visto— de reproducción.

El órgano encargado de las funciones olfativas es la nariz. Concretamente, la encargada de recoger la información del olor y transmitirla al cerebro es una mucosa amarilla que hay en la parte superior de la nariz. Esa mucosa amarilla está repleta de terminaciones nerviosas que provienen del nervio olfativo. Lo que ocurre es que las células receptoras del olfato situadas en esa mucosa son estimuladas por sustancias químicas que el aire arrastra en forma de partículas olorosas. Esas moléculas se adhieren a la mucosa nasal y, de ahí, la información pasa al *bulbo olfativo*[36] para acabar en la corteza cerebral. Esa corteza es la que interpreta la información y nos hace conscientes del olor.

Hay otra mucosa de color rojizo que contiene muchos vasos sanguíneos y que se encarga de calentar el aire. Estas dos mucosas crean la *membrana pituitaria*, que recubre las paredes de las fosas nasales. La estructura de la nariz está diseñada para que podamos percibir la mayor cantidad de olores. Esto es gracias a que tiene tres pliegues que aumentan la superficie sensorial y a los nervios que transmiten la información olfativa al cerebro.

---

[36] El **bulbo olfativo** es una masa redonda de tejido compuesta por varios tipos de células nerviosas que juegan un papel esencial en el sentido del olfato. Hay dos bulbos olfatorios, uno a cada lado del cerebro, encima de cada fosa nasal. Los bulbos olfatorios reciben información acerca de los olores que llegan a la nariz y la envían al cerebro por medio de los tractos olfatorios.

El olfato es un sentido que está bastante relacionado con el gusto. Esto se debe, entre otras cosas, a que la boca y la nariz están conectadas. Incluso se pueden clasificar los sabores dependiendo de si primero los detectamos con el olfato o con el gusto. Y es por esto que, al tener la nariz congestionada durante un resfriado, las cosas pueden tener un sabor distinto.

EL GUSTO

El gusto es el sentido que nos permite saborear una deliciosa comida. El órgano principal encargado de esto es la lengua (y, más concretamente, las **papilas gustativas**). Las papilas gustativas son unos pequeños abultamientos que contienen receptores del sabor. Esto es gracias a unas células que son sensibles a las sustancias químicas disueltas en la saliva. Existen diferentes tipos de papilas gustativas, cada una con su forma y su especialidad. Hay más de nueve mil células (o botones) olfativas en la punta, los lados y la base de la lengua.

Alrededor de esas células gustativas hay ramificaciones de nervios que transmiten los estímulos a la médula. Una vez allí, la información se traslada al cerebro para convertirse en alguno de los gustos básicos: dulce, salado, ácido o amargo (y sus respectivas combinaciones); recientemente se ha propuesto la existencia de un quinto sabor, conocido como *umami*, descrito por un científico japonés quien comenta este es el sabor encargado de dar esa sensación particular que captamos al comer carne o champiñones, ya que estos alimentos contienen una serie de sustancias químicas que producen esa sensación tan particular que queda en la boca después de comer un jugoso trozo de carne.

EL TACTO

Y terminamos con el tacto, un sentido del que ya hemos hablado un poco en la sección sobre la piel, pero del que diremos un par de cosas más.

Como ya sabemos, la piel (o *epidermis*) contiene gran cantidad de terminaciones nerviosas que aportan información al cerebro acerca de las cosas que tocamos. El tacto, por tanto, es el sentido más repartido por el cuerpo, porque sus receptores se encuentran por toda nuestra superficie corporal. Sin embargo, hay zonas de la piel más sensibles que otras. Esto se debe a que la distancia entre los receptores del tacto es mayor en algunos lugares del cuerpo (por ejemplo en algunas zonas de la espalda) y menor en otras (por ejemplo en las orejas o en los órganos sexuales).

El tacto es un sentido esencial ya que nos mantiene en contacto con el entorno. Su papel en cuestiones de supervivencia es **indudable** (nos permite percibir el dolor y reaccionar ante él), pero también lo es en relación al desarrollo cognitivo de las personas, especialmente durante las fases más tempranas de la vida.

¿Sabías que...?

*Aunque normalmente entendemos que los sentidos son cinco, hay teorías que hablan de que en realidad solo hay uno. Estas teorías argumentan que el cerebro funciona en red y elabora una imagen mental con varios procesos sensoriales simultáneos. Lo que dicen los defensores de esta teoría es que los sentidos ofrecen información de forma interdependiente, no autónoma. El cerebro luego procesa esa mezcla de percepciones y da lugar a la imagen que tenemos del mundo. Para probar esta teoría, algunos investigadores realizaron un experimento en el que un grupo de personas tenían que degustar una copa de **cava** mientras escuchaban música. La melodía cambiaba con cada cata, pero el cava era el mismo. Sin embargo, los sujetos del estudio percibían un sabor diferente cuando cambiaba la melodía. ¡Esto probaría que los sentidos interaccionan entre sí!*

Vocabulario

confeccionar make
(el) repaso review
(la) ventaja advantage
nítidas clear
agudas acute
(el) tímpano eardrum
(la) presión atmosférica atmospheric pressure
(el) martillo hammer
(el) yunque anvil
(el) estribo stapes
por goleada by a landslide
(las) papilas gustativas taste buds
indudable undoubted
cava wine cellar

REFERENCIAS

Almodóvar, M. Á. (2014). *El segundo cerebro: Descubre la importancia del sistema digestivo para tu salud (Cuerpo y Salud)*. Paidós.

Alonso, M. (2016, 24 de marzo). *Seis curiosidades sobre tu cerebro de las que no tenías ni idea*. El Mundo. https://www.elmundo.es/f5/2016/03/24/56e6f3f3268e3e063a8b45df.html

Barone, L. R., Rodríguez C. E., Ghiglioni M. L., González, C. D., Luna, S. S. (2004). *Anatomía y fisiología del cuerpo humano*. Cultural Librera Americana S. A., Grupo Calsa.

Barenque L., & Mora P. (2017). "Tejido nervioso". Fortoul van der Goes D.I.(Ed.), *Histología y biología celular, 3e*. McGraw Hill. https://accessmedicina.mhmedical.com/content.aspx?bookid=1995&sectionid=150300743

Bertrán Prieto, P. (Sin fecha). *25 curiosidades y datos interesantes sobre el corazón*. Médico Plus. https://medicoplus.com/cardiologia/curiosidades-corazon

Bertrán Prieto, P. (Sin fecha). *25 curiosidades y datos interesantes sobre el cerebro*. Médico Plus. https://medicoplus.com/neurologia/curiosidad-cerebro

Buckberg, G., Nanda, N., Nguyen, C. (2018). *What is the Heart? Anatomy, Function, Pathophysiology and Misconceptions*. Journal of Cardiovascular Development and Disease.

Castillero Mimenza, O. (Sin fecha). "¿Por qué parpadeamos automáticamente?". *Psicología y mente*. https://psicologiaymente.com/psicologia/por-que-parpadeamos

Da Nóbrega, C. A. M. (2007). Technoetic Arts: A *Journal of Speculative Research* Volume 4 Number 3. "Biophoton – The language of the cells. What can living systems tell us about interaction?" http://m.b5z.net/i/u/10033096/f/MSBiophoton2007.pdf

Equipo de comunicaciones de Centros para el Control y la Prevención de Enfermedades. (Sin fecha). *Información básica sobre la hemofilia.* CDC. https://www.cdc.gov/ncbddd/spanish/hemophilia/facts.html

Equipo de comunicaciones de Clínica Dermatológica Hernández Gil. (2020, 23 de febrero). *10 cosas que no sabías sobre tu piel.* Clínica Dermatológica Hernandez Gil https://www.dermahg.es/10-cosas-que-no-sabias-sobre-tu-piel/

Equipo de comunicaciones de Neurocirugía Equipo De la Torre. (2021, 2 de noviembre). *Las siete funciones vitales del líquido cefalorraquídeo.* https://www.neurocirugiaequipodelatorre.es/las-siete-funciones-vitales-del-liquido-cefalorraquideo

Equipo de comunicaciones de Enciclopedia Salud. (2016, 2 de febrero). *Definición de miocardio.* Enciclopedia Salud. https://www.enciclopediasalud.com/definiciones/miocardio

Equipo de comunicaciones de Enfermepedia. (2021, 17 de marzo). *Curiosidades sobre el sistema urinario.* Enfermepedia. https://www.enfermepedia.com/index.php/the-news/curiosidades/16228-curiosidades-sobre-el-sistema-urinario.html

Equipo de comunicaciones de la Fundación Española del Aparato Digestivo. (Sin fecha). *¿Por qué el estómago es el segundo cerebro?* FEAD (Recuperado de El Español). https://www.saludigestivo.es/wp-content/uploads/2020/11/¿Por-qué-el-estómago-es-el-segundo-cerebro-min.pdf

Equipo de comunicaciones de Fisioterapia Online. (Sin fecha). *Definición - ¿Qué es la placa motora o la unión neuromuscular?.* Fisioterapia online. https://www.fisioterapia-online.com/glosario/placa-motora-o-union-neuromuscular

Equipo de comunicaciones del Instituto Nacional del Cáncer. (Sin fecha). *Endorfina.* (Diccionario del NCI). NCI: Instituto Nacional del Cáncer. https://www.cancer.gov/espanol/publicaciones/diccionarios/diccionario-cancer/def/endorfina

Equipo de comunicaciones del Instituto Nacional del Cáncer. (Sin fecha). *Glóbulos blancos* (Diccionario del NCI). NCI: Instituto Nacional del Cáncer. https://www.cancer.gov/espanol/publicaciones/diccionarios/diccionario-cancer/def/globulo-blanco

Equipo de comunicaciones del Instituto Nacional del Cáncer. (Sin fecha). *Líquido tisular* (Diccionario del NCI). NCI: Instituto Nacional del Cáncer. https://www.cancer.gov/espanol/publicaciones/diccionarios/diccionario-cancer/def/liquido-tisular

Equipo de comunicaciones del Instituto Nacional del Cáncer. (Sin fecha). *Linfocitos* (Diccionario del NCI). NCI: Instituto Nacional del Cáncer. https://www.cancer.gov/espanol/publicaciones/diccionarios/diccionario-cancer/def/linfocito

Equipo de comunicaciones de la Junta de Andalucía. (Sin fecha). *El cuerpo humano. Introducción. I.CC. Salud.* Agrega - Junta de Andalucía. https://agrega.juntadeandalucia.es/repositorio/27012016/42/es-an_2016012714_9125937/cuerpo_humano/introd.htm

Equipo de comunicaciones de Mayo Clinic. (2021, 29 de julio). *Agua: cuánto tienes que beber todos los días.* Mayo Clinic. https://www.mayoclinic.org/es-es/healthy-lifestyle/nutrition-and-healthy-eating/in-depth/water/art-20044256

Equipo de comunicaciones de Mayo Clinic. (2019, 19 de marzo). *Control del estrés.* Mayo Clinic. https://www.mayoclinic.org/es-es/healthy-lifestyle/stress-management/in-depth/stress/art-20046037

Equipo de comunicaciones de Medical. (Sin fecha). *¿Por qué se dice en un abrir y cerrar de ojos?* Blog de Medical Óptica. https://medicaloptica.es/blog/por-que-se-dice-en-un-abrir-y-cerrar-de-ojos/

Equipo de comunicaciones de Medlineplus. (Sin fecha). *Enfermedades del cartílago.* NIH: Instituto Nacional de Artritis y Enfermedades Musculoesqueléticas y de la Piel. https://medlineplus.gov/spanish/cartilagedisorders.html

Equipo de comunicaciones de Medlineplus. (Sin fecha). *Fósforo en la dieta.* Medline Plus. https://medlineplus.gov/spanish/ency/article/002424.html

Equipo de comunicaciones de Medlineplus. (Sin fecha). *Hormonas.* Medline Plus. https://medlineplus.gov/spanish/hormones.html

Equipo de comunicaciones de Medlineplus. (Sin fecha). *Trastornos del pericardio.* NIH: Instituto Nacional del Corazón, los Pulmones y la Sangre. https://medlineplus.gov/spanish/pericardialdisorders.html

Equipo de comunicaciones de la Universidad Nacional Autónoma de México (UNAM). (Sin fecha). *Datos curiosos.* UNAM http://www.universum.unam.mx/bodyworlds/mx/vital/curiosidades

Equipo de comunicaciones de Teens Health. (2019, octubre). *La piel, el cabello y las uñas.* Teens Health. https://kidshealth.org/es/teens/skin-hair-nails.html

Equipo de comunicaciones de USGS. (Sin fecha). *El agua en ti.* USGS. https://water.usgs.gov/gotita/propertyyou.html

Equipo de comunicaciones WHO. (2019, 31 de diciembre). *20 health tips for 2020.* WHO https://www.who.int/philippines/news/feature-stories/detail/20-health-tips-for-2020

Equipo de comunicaciones WHO. (Sin fecha). *Cardiovascular diseases.* WHO https://www.who.int/health-topics/cardiovascular-diseases/#tab=tab_1

Goñi, M. (2015, 12 de enero). *Flora Intestinal.* Cinfa Salud. https://cinfasalud.cinfa.com/p/flora-intestinal/

Lewis L.J. (2020, junio). *Hiperhidratación.* Msd Manuals. *https://www.msdmanuals.com/es-es/hogar/trastornos-hormonales-y-metabólicos/equilibrio-h%C3%ADdrico/hiperhidratación*

Li, P. K., Spittler, C., Taylor, C. W., Sponseller, D., Chung, R. S. (1997). *In vitro effects of simulated gastric juice on swallowed metal objects: implications for practical management.* Gastroint est Endosc. 46(2):152-5.

Marieb E. N. (2008). *Anatomía y fisiología humana.* Pearson Education S. A.

McLarnon, A. (Sin fecha). *Médula Ósea.* British Society for Immunology (immunology.org).

Menendez Valderrey, J. L. Medio interno y homeostasis. *asturnatura. com [en línea]* Num. 705, 01/10/2018 [consultado el 12/04/2022]. https://www.asturnatura.com/cuerpo-humano/medio-interno-homeostasis.html

Menendez Valderrey, J. L. Concepto de anatomía y fisiología. *asturnatura.com [en línea]* Num. 705, 01/10/2018 [consultado el 13/04/2022]. https://www.asturnatura.com/cuerpo-humano/anatomia-fisiologia.html

Menendez Valderrey, J. L. Niveles de organización del cuerpo humano. *asturnatura.com [en línea]* Num. 705, 01/10/2018 [consultado el 13/04/2022]. https://www.asturnatura.com/cuerpo-humano/niveles-de-organizacion.html

Montagud Rubio, N. (Sin fecha). 30 curiosidades sobre el cuerpo humano que te sorprenderán. *Psicología y mente.* https://psicologiaymente.com/cultura/curiosidades-sobre-cuerpo-humano

Nakano, T., Kato, M., Morito, Y., Itoi, S., Kitazawa, S. (2013). *Blink-related momentary activation of the default mode network while viewing videos.* Proc Natl Acad Sci U S A. 110(2):702-6. doi: 10.1073/pnas.1214804110.

Odya E. & Norris M. (2017). *Anatomy & Physiology for Dummies.* Wiley Publishing, Inc.

Oliver, T. (2021, 16 de febrero). *Los billones de virus que viven en tu cuerpo y ayudan a mantenerte vivo.* BBC Science Focus. https://www.bbc.com/mundo/n

Redacción Pamplona Actual. (2015, 29 de noviembre). *¿Por qué los ácidos corrosivos del estómago no provocan su propia digestión?* Pamplona Actual. https://www.pamplonaactual.com/articulo/ciencia/por-que-los-corrosivos-acidos-del-estomago-no-provocan-su-propia-autodigestion/20151129112953216245.html

Redacción BBC. (2018, 30 de agosto). *5 curiosidades sobre el semen que quizás no conocías (incluyendo que se llegó a pensar que transportaba adultos pequeñitos).* BBC News. https://www.bbc.com/mundo/noticias-45358973

Redacción BBC. (2016, 18 de octubre). *Cómo se encarga tu cuerpo de encontrarte la pareja sexual ideal sin que lo sepas.* BBC News. https://www.bbc.com/mundo/noticias-37691227

Redacción BBC. (2018, 26 de septiembre). *Por qué lo llaman "el segundo cerebro" y otros 6 datos sorprendentes sobre el intestino.* BBC News. https://www.bbc.com/mundo/noticias-45640966

Saavedra J., & Domínguez A. (Eds.). (2014). Tejido epitelial. *Texto Atlas de Histología. Biología celular y tisular, 2e.* McGraw Hill. https://accessmedicina.mhmedical.com/content.aspx?bookid=1506&sectionid=98182304

Saavedra J., & Domínguez A. (Eds.). (2014). Tejido conectivo. *Texto Atlas de Histología. Biología celular y tisular, 2e.* McGraw Hill. https://accessmedicina.mhmedical.com/content.aspx?bookid=1506&sectionid=98182414

Saavedra J., & Domínguez A. (Eds.). (2014). Tejido muscular. *Texto Atlas de Histología. Biología celular y tisular, 2e.* McGraw Hill. https://accessmedicina.mhmedical.com/content.aspx?bookid=1506&sectionid=98182664

Weinhaus, A.J., Roberts, K.P. (2005). *Anatomy of the Human Heart. Handbook of Cardiac Anatomy, Physiology and Devices.* Humana Press.

FIN

THANKS FOR READING!

I hope you have enjoyed this book and that your language skills have improved as a result!

A lot of hard work went into creating this book, and if you would like to support me, the best way to do so would be to leave an honest review of the book on the store where you made your purchase.

Want to get in touch? I love hearing from readers. Reach out to me any time at *olly@storylearning.com*

To your success,

Olly Richards

MORE FROM OLLY

If you have enjoyed this book, you will love all the other free language learning content I publish each week on my blog and podcast: *StoryLearning*.

Blog: Study hacks and mind tools for independent language learners.

www.storylearning.com

Podcast: I answer your language learning questions twice a week on the podcast.

www.storylearning.com/itunes

YouTube: Videos, case studies, and language learning experiments.

www.youtube.com/ollyrichards

COURSES FROM OLLY RICHARDS

If you've enjoyed this book, you may be interested in Olly Richards' complete range of language courses, which employ his StoryLearning® method to help you reach fluency in your target language.

Critically acclaimed and popular among students, Olly's courses are available in multiple languages and for learners at different levels, from complete beginner to intermediate and advanced.

To find out more about these courses, follow the link below and select "Courses" from the menu bar:

https://storylearning.com/courses

"Olly's language-learning insights are right in line with the best of what we know from neuroscience and cognitive psychology about how to learn effectively. I love his work!"

Dr. Barbara Oakley,
Bestselling Author of "A Mind for Numbers"

Milton Keynes UK
Ingram Content Group UK Ltd.
UKHW030829181124
451360UK00001B/21

9 781914 190209